本书为国家哲学社会科学基金资助项目（课题编号10BZX065）

道德耻感论

The Study on
Moral Shame

杨峻岭／著

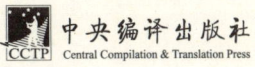
中央编译出版社
Central Compilation & Translation Press

序

《道德耻感论》这部近30万字的学术著作，是杨峻岭在其博士论文和博士后出站报告基础上修改完成的，凝结着近七年来她在学术研究道路上挥洒的心血和汗水。付梓之际，作为导师，欣然挥毫，写几句激励的话。

道德耻感是人类特有的一种道德情感，也是社会生活领域中的一种普遍现象，它反映了社会伦理价值取向和个体道德的发展水平，关系到个体道德人格的塑造、社会风气的清明和民族整体文明素质的提升。道德耻感问题，是伦理学研究不容忽视的基本理论问题，也是我国社会主义思想道德建设面临的重要课题。自2006年胡锦涛同志提出社会主义荣辱观的科学论断后，耻感问题开始成为我国哲学、伦理学、心理学、教育学、美学、社会学、思想政治教育学等诸多学科领域的研究热点。然而，迄今为止仍鲜有学者从伦理学维度对其进行深入系统的学理性研究。一定意义上可以说，杨峻岭撰写的《道德耻感论》一书的问世，弥补了我国学术理论界在荣辱观研究领域存在的一些空白或不足。

该书不乏可圈点之处，尤其值得一提的地方有如下几点：

一是本书遵循从历史分析、文化对比，到基本理论阐述、实际应用分析的研究厘路，逐层展开，逐级拓展，逻辑结构科学严谨。

二是本书没有局限于道德心理学、现象学的层面研究耻感，而是坚持唯物史观的基本立场、观点和方法，坚持逻辑与历史、分析与综合、思辨与实证的统一，从马克思主义人性二重性理论出发，揭示道德耻感的起源和本质，视野开拓，立意高远。

三是本书立足伦理学研究视阈，借鉴吸纳哲学、心理学、社会学、现象学等多学科的相关研究成果，对耻感与羞感、愧感、辱感等相近概念，以及耻感与自由意志、道德人格、道德内化等相关概念之间的联系和区别进行清晰、精到地分析,科学界定了道德耻感的科学内涵,深刻揭示了道德耻感的本质属性、基本特征、主要功能及其类型。

四是本书针对我国现实社会中存在的种种耻感缺失、耻感淡薄现象,提出培育耻感德行,重在教育;并大胆探索了耻感教育的基本原则、主要内容、属性特征、基本过程和阶段性目标以及培育和保护我国民众耻感美德的社会举措和个体修为,体现了作者务实的学术态度和正确的学术研究方向。

清华大学　吴潜涛

2103 年 7 月 22 日于清华大学善斋 225 室

摘　要

　　一个缺失耻感的人，必然是一个堕落的人；一个缺失耻感的社会，无疑是一个无序的社会；一个缺失耻感的民族，必然是一个颓废的民族。

　　历经三十多年改革开放风雨的洗礼，中国社会的面貌发生了翻天覆地的变化，中国人民的精神面貌也发生了历史性变化。随着社会经济成分、社会结构、社会组织形式、社会利益格局发生的深刻变化，人们思想活动的独立性、选择性、多变性、差异性日益增强，社会价值观念领域呈现出多元、多样、多变的纷繁复杂态势。随着多元、多样价值观念的潮水般涌入以及相互之间的交融碰撞，人们以往秉承的价值观念、善恶观念、是非观念、人生态度，似乎已逐渐失却其现实合理性而显得苍白无力，社会道德生活领域出现了某种程度的混乱和失序。它或者表现为民众对社会不正之风、无耻现象的容忍和麻木，或者表现为人们的是非不分、善恶混淆、荣耻颠倒。这种现象警示我们：人们对道德的敬仰和敬畏日渐淡薄，人类所特有的道德情感——道德耻感在日渐缺失乃至遗忘。这种现象的肆意蔓延，必将严重弱化社会规则的效力，破坏正常有序的社会秩序，败坏社会风气。"风俗之美，在养民知耻"。树立良好的社会风尚，重在培育和保护民众的道德耻感美德。

　　人类对道德耻感的认识历史源远流长，古今中外的先哲圣贤，都曾以不同的思维向度，触及耻感这一长青话题，为后世留下了丰厚的思想资源。耻感是中国传统伦理思想的本然之色，尤其儒家文化中将耻感视为个体的立身之本、处事之基和国家治理、社会治教之大端。中国传统耻感文化中内省、慎独思想，反映的也是个体在外部有形的监督者缺失的情况下，强化道德意志，催生道德耻感以保证自身行为取向的正确性的道德境界和道德品性。日本的耻感思想起源于中国，经后世社会历史的发展，逐渐形成具有日本特色的注重道德他律性、缺乏恒定的善恶标准的日本耻感文化，造就了日本民族的强烈而又有些偏激的耻感意识和顽强而又不失灵活、变通的雪耻意志。西方罪感文化中的原罪意识、忏悔赎罪思想更多强调的是个体的内在完善，从一定意义上说，有利于实现人的全面发展。

道德耻感是人的自我意识能力、道德选择能力和道德评价能力的综合体现，是人们道德良心的情感表现，也是人类对自身存在本质、应然本质存在的觉知。道德耻感具有自身显著的特征，具体表现为：先天性与后天性的统一、主观性与客观性的统一、自律性与他律性的统一、历史性与继承性的统一、功利性和超功利性的统一以及伦理根源与道德根源的统一等。道德耻感的内容丰富多彩，并通过多种多样的羞耻心理体验形式表现出来，其主要类型包括：自然耻感和道德耻感、自律性耻感和他律性耻感、先耻感和后耻感、个体耻感和群体耻感、德耻感和才耻感等。道德耻感是人类维系和谐稳定道德秩序的重要手段，也是人类道德智慧的重要体现。它不仅内在地蕴含着人类对善的驱同和对恶的摒弃，而且对人们道德实践活动具有预测、激励和赏罚等外显性功能。

人性是人们组织各种社会关系的感情纽带，也是道德耻感产生的精神土壤。没有人性，不可能产生道德，更不可能萌生道德情感。人性被踩躏，道德也会被践踏，道德情感就会因之而泯灭。因此，道德耻感研究应以人性为逻辑起点。马克思主义认为，人的存在具有二重性（个体存在物与社会存在物的对立统一、实然存在与应然存在的对立统一），决定其利益二重性（个人利益与社会共同利益对立统一）。人存在的二重性和利益的二重性，是道德产生的根源，也是道德情感、道德耻感产生的人性依据。马克思主义人性论为道德耻感产生的必然和可能提供了理论支撑，道德内化的规律则为这种可能和必然转化为现实提供了实践依托。这是因为，道德耻感是个体道德内化过程中必然产生的道德情感，也是个体道德内化的关键环节；道德耻感是个体道德内化实现的重要标志，也是促使个体道德内化实现的巨大情感动力。道德耻感的发展如同个体道德内化过程一样，也要经历一个从外在的原则规约到内在的理性内化这样一个逐层提升的过程。这个过程大体可以划分为两个阶段，即他律阶段和自律阶段。影响道德耻感形成与发展的因素是纷繁复杂、多种多样的，既包括个体的智力发展水平、心理因素（移情水平、归因特点、个性特征）等内在的因素，也包括物质基础、社会风俗、社会制度等外在因素。道德耻感与个体自由意志、道德人格等密切关联。道德耻感是行为主体对自身自由意志能力合理规约的情感体现,是行为主体自由选择能力、自我超越能力的情感体现;是个体道德人格塑造过程不可或缺的精神要素,也是促使个体追随崇高,走向完善的内在精神动力。

培育民众的耻感德行,重在教育。耻感教育的对象是一个个具体的、现实的,且有主体意识的人,因此,唯有坚持以人为本,民主平等的原则才能有效地发挥耻感教育的作用。耻感教育的内容是丰富的,主要包括:道德感、荣誉感、责任感、尊严感、敬畏感以及荣辱观等。其中,荣辱观、道德感是耻感教育的基本内容。耻感教育的特点是鲜明的,具体表现为:现实性与超越性的统一、践履性与评价性的统一、兼进性与多端性统一等。耻感教育的过程是逐层递进的。它是一个由道德认知动情——道德感受体验——道德理解认同——道德观念人格化四个环节构成的教育过程,各环节之间是一种相互联系、相互过渡、逐层递进的关系。耻感教育的目标是具有阶段性的。它只有循着在儿童时期确立的培养儿童的同情心、责任感,提高其移情能力,到少年时期培养自信、自尊心,再到青年时期培养道德同一感情感教育方向,并在原有的友谊、关爱、自尊的基础上,衍生出正义感、责任感、荣誉感、道德感等更广阔的情感范围和更丰富的情感内容的教育路径规划教育目标,才符合情感教育的发展规律。

培育道德耻感,推动社会道德向个体道德的转化,消除由于道德耻感的缺失、淡薄而导致的道德冷漠、人际隔阂现象,促进个体道德人格的健全发展,实现民族道德情感的优化,促进社会在温馨和美的道德情感的浸润中形成尚荣知耻的良好风尚,是道德耻感及耻感教育研究的主旨,也是道德耻感研究的逻辑归宿点。培育道德耻感是一项庞大的系统社会工程,需要各种社会力量的积极参与,努力建设公正的社会制度,营造优良的道德环境,增强民众的守法精神,提高耻感教育的针对性和实效性。培育道德耻感也是一项复杂的系统心理工程,需要个体在真实的道德生活体验过程中,通过增强道德认知、建立道德认同、养成道德习惯、升华道德信仰而得以形成、发展和完善。

目 录

绪 论 ……………………………………………………………………… 1
  第一节 研究意义 ………………………………………………………… 1
  第二节 相关学术研究成果综述 ………………………………………… 3
  第三节 研究方法、创新思考及逻辑框架 ……………………………… 5
    一、研究方法 ………………………………………………………… 5
    二、创新思考 ………………………………………………………… 7
    三、逻辑框架 ………………………………………………………… 7

第一章 东西方传统耻感思想溯源 ……………………………………… 8
  第一节 中国传统耻感思想 ……………………………………………… 8
    一、中国传统耻感思想的历史发展轨迹 …………………………… 8
    二、中国传统耻感思想的基本特征 ………………………………… 17
  第二节 西方传统荣耻思想 ……………………………………………… 19
    一、古希腊罗马时期的荣辱思想 …………………………………… 19
    二、中世纪基督教的罪感及忏悔思想 ……………………………… 23
    三、近代西方荣辱思想 ……………………………………………… 29
  第三节 日本传统耻感思想 ……………………………………………… 47
    一、日本耻感思想的主要特点 ……………………………………… 47
    二、日本耻感思想的价值 …………………………………………… 50

第二章 道德耻感释义 …………………………………………………… 53
  第一节 耻感相近概念分析 ……………………………………………… 53

一、耻感与羞感 …………………………………………………… 53
　　二、耻感与愧感 …………………………………………………… 55
　　三、耻感与辱感 …………………………………………………… 56
第二节　道德耻感的概念界定 ……………………………………… 58
　　一、情感、道德情感 ……………………………………………… 58
　　二、道德耻感的涵义 ……………………………………………… 60

第三章　道德耻感的本质与特征 ……………………………………… 67
　第一节　道德耻感的本质属性 ……………………………………… 67
　　一、道德良心的情感表现 ………………………………………… 67
　　二、人存在本质的情感体现 ……………………………………… 72
　第二节　道德耻感的基本特征 ……………………………………… 75
　　一、先天性与后天性的统一 ……………………………………… 75
　　二、伦理根源和道德根源的统一 ………………………………… 76
　　三、自律与他律的统一 …………………………………………… 78
　　四、主观性与客观性的统一 ……………………………………… 80
　　五、历史性与继承性的统一 ……………………………………… 81
　　六、功利性与超功利性的统一 …………………………………… 83

第四章　道德耻感的类型与功能 ……………………………………… 85
　第一节　耻感的分类 ………………………………………………… 85
　　一、自然耻感与道德耻感 ………………………………………… 85
　　二、自律耻感与他律耻感 ………………………………………… 86
　　三、先耻感和后耻感 ……………………………………………… 87
　　四、个体耻感与群体耻感 ………………………………………… 89
　　五、德耻感和才耻感 ……………………………………………… 91
　第二节　道德耻感的基本功能 ……………………………………… 94
　　一、激励功能 ……………………………………………………… 94
　　二、防御功能 ……………………………………………………… 96
　　三、赏罚功能 ……………………………………………………… 98

第五章 道德耻感的形成机制 ……………………………………… 101

第一节 人性与道德耻感发生 ………………………………… 101
一、马克思主义的人性二重性理论 ………………………… 102
二、道德的产生与人的存在二重性 ………………………… 106
三、道德情感产生与人的存在二重性 ……………………… 107
四、道德耻感产生与人的存在二重性 ……………………… 109

第二节 道德内化与道德耻感的发生 ………………………… 110
一、道德内化的含义及其特点 ……………………………… 111
二、道德内化的过程与个体道德耻感的发生 ……………… 115

第三节 自由意志与道德耻感的发生 ………………………… 120
一、自由与自由意志 ………………………………………… 121
二、自由意志与道德生成 …………………………………… 124
三、自由意志与道德耻感 …………………………………… 128

第四节 道德人格与道德耻感的发生 ………………………… 131
一、人格及其特征 …………………………………………… 131
二、道德人格及其特征 ……………………………………… 137
三、道德人格与道德耻感 …………………………………… 143

第五节 影响个体道德耻感发生的因素 ……………………… 147
一、内在因素 ………………………………………………… 147
二、外在因素 ………………………………………………… 160

第六节 个体道德耻感的发展阶段 …………………………… 164
一、他律阶段 ………………………………………………… 165
二、自律阶段 ………………………………………………… 166

第六章 道德耻感教育的原则、内容与特征 …………………… 169

第一节 道德耻感教育的基本原则 …………………………… 169
一、以人为本原则 …………………………………………… 169
二、民主平等原则 …………………………………………… 175

第二节 道德耻感教育的主要内容 …………………………… 177
一、道德感 …………………………………………………… 177

二、荣誉感 ··· 179
　　三、自尊感 ··· 182
　　四、义务感 ··· 183
　　五、敬畏感 ··· 186
　　六、正义感 ··· 188
　　七、荣辱观 ··· 190
　第三节　道德耻感教育的基本特征 ································· 193
　　一、现实性与超越性的统一 ·· 194
　　二、主体性与适应性的统一 ·· 195
　　三、践履性与评价性的统一 ·· 197
　　四、兼进性与多端性的统一 ·· 199

第七章　道德耻感教育的过程、目标及模式 ·························· 201
　第一节　道德耻感教育的内在发展过程 ······························ 201
　　一、认知情动过程 ·· 202
　　二、感受过程 ·· 204
　　三、体验过程 ·· 206
　　四、价值体系化——人格化过程 ···································· 209
　第二节　道德耻感教育的主要目标 ··································· 211
　　一、儿童时期目标 ·· 211
　　二、少年时期目标 ·· 214
　　三、青年时期目标 ·· 216
　第三节　道德耻感教育的主要模式 ··································· 220
　　一、情景教学模式 ·· 220
　　二、生命叙事模式 ·· 222
　　三、生态体验模式 ·· 226

第八章　道德耻感培育的原因及路径 ································· 231
　第一节　道德耻感培育的主要原因 ··································· 231
　　一、改善我国公民道德状况的客观要求 ······························ 232

二、现代道德教育规律的需要 ································· 238
　三、承接中国传统道德教育优秀成果的需要 ················· 239
第二节　加强道德耻感培育的社会举措 ·························· 240
　一、实现制度伦理 ··· 241
　二、优化道德环境 ··· 243
　三、培育守法精神 ··· 247
　四、深化道德耻感教育 ·· 254
第三节　加强道德耻感培育的个体修为 ·························· 258
　一、增强道德认知 ··· 258
　二、确立道德认同 ··· 260
　三、体验道德生活 ··· 262
　四、养成道德习惯 ··· 265
　五、建立道德信仰 ··· 270

主要参考文献 ·· 273
　一、中文文献 ·· 273
　二、英文文献 ·· 286

后　记 ··· 287

绪　论

第一节　研究意义

改革开放以来，我国社会发生了前所未有的转型和变迁。这种历史巨变，极大地冲击着人们的物质生活世界和精神生活世界。转型时期的中国社会既经历着"社会结构断裂"的考验，又承受着"道德精神断裂"的剧痛。"道德精神断裂"是一种道德失范现象，是指在社会转型时期，在人们以往秉承的价值观念、善恶观念、是非观念以及人生观念不同程度地失却其现实合理性，而新的有现实生命力的价值观念、善恶观念、是非观念以及人生观念尚未形成的新旧观念交替的过程中，道德领域呈现的某种程度的失序、混乱现象。它或者表现为对社会不正之风、无耻现象的容忍和麻木，或者表现为是非不分、善恶混淆、荣耻颠倒。这些现象的存在表明，在彰显自我、崇尚自由的市场经济时代，迫于利益驱使的人们易于远离耻感甚至会逐渐遗忘耻感。这一现象的日渐蔓延，将会弱化社会规则的效力，破坏正常有序的社会秩序，败坏社会风气。"风俗之美，在养民知耻"。树立良好的社会风尚，重在培养民众的道德耻感意识。因此，研究道德耻感的理论与实践，涵育和保护民众的耻感美德，是当前我国社会主义道德建设领域亟待解决的重大课题，事关民生幸福、经济社会的健康发展。

人是有意识、有理性的高级动物。人对事物的感受、体验和反映以及行为选择，对于个体自身甚至人类社会的历史发展都会产生一定影响，尤其是当人们的某种心理体验或心理反应形成定势，并在一定民族中达成共识、逐渐积淀成为一种社会习俗，进而形成一种世代承袭的文化传统时，就会成为影响人类活动重要因素，成为推动或制约人类社会发展的重要力量。道德耻感就是这样一种情感，它是人们在接受自我评价和社会评价过程中普遍产生的心理体验或情感感受，在中国传统文化中占有十分重要的地位。中国古代先贤哲人历来十分重视个体在行为过程中对"耻"的感受及其行为调整功能，将耻感视为立身之本、处事之基和社会治教之大端。孔子主张"行己有耻"，视其为理想人格的基本精神；主张"有耻且格"，视其为德治社会的理想境界；主张"知耻之勇"，视其为社会道德规范体系的基本内容。这些传世格言，赋予中国传统道德文化丰富的耻感内涵，给中国传统道德文化的历史画卷涂上了鲜明的"耻感"色彩。正如有学者认为，耻感是中华民族传统道德体系的基本元素和伦理精神的原色，它几乎具有与中国伦理道德的文化生命同在的意义。日本学者森三树三郎也认为：中国才是"耻文化"的真正发源地。① 因此，坚持历史与现实的统一，在理论与实际的结合上，研究道德耻感的理论与实践，对于我们继承发扬中华民族优秀文化遗产，承接中华民族美德，建设中国特色的社会主义道德体系，具有非常重要的理论意义和实践价值。

"养民知耻"是我国传统道德教育的突出特征，也是道德教育规律的体现。长期以来，我国的道德教育十分注重向受教育者实施正面积极的应然教育，重视道德教育的高境界，追求道德教育的高标准，形成了以理想人格教育为主导的英雄伦理或模范伦理的道德教育模式。实施单一的应然理想道德教育模式，对于人们道德境界的提升、道德人格的优化以及崇高道德理想的树立有时能够发挥其应有的积极引领作用，但常常不能如愿以偿，以至于使应然理想的道德教育沦为苍白无力的道德说教，甚至成为某些人的轻蔑笑谈。究其根本原因在于：片面的理想人格教育，从某种程度上脱离了不同个体身心发展以及修养境界参差不齐的实际，未加区别地向受教育者提出了一种整齐划一的高要求，忽视了道德教育的层次性特征。因此，研究道德耻感的理论与实践，坚持理想人格教育与底线伦理防范教育相结合的教育模式，在对受教育者进行应然道德理想教育同时，注重道德底线伦理教育。道德耻感教育是道德底线伦理教育的重要方式，加强道德耻感教育，对受教育者羞耻心、愧疚感的培养与保

---

① ［日］森三树三郎：《名与耻的文化——中国伦理思想透视》，乔继堂译，兰州：甘肃人民出版社1989年版。

护,对增强道德教育的时效性和影响力,具有重要的理论和实践意义。

第二节 相关学术研究成果综述

马克思说:"研究必须充分地占有材料,分析它的各种发展形式,探寻这些形式的内在联系。只有这项工作完成以后,现实的运动才能适当地叙述出来。"① 因此,系统梳理、分析已有相关学术成果,对于深入开展有价值的学术研究十分必要。纵观现有学术研究资料,道德耻感作为人之为人的基本道德情感和普遍的心理体验与个体道德品格的养成、社会风俗的纯化以及社会秩序的和谐密切相关,耻感研究属于一个跨学科的综合性研究课题,它是伦理学、思想政治教育学、社会学、心理学、现象学、教育学等学科领域学者们广为关注的热点课题。

当前国内理论界对于耻感问题的研究尚处于起步阶段,还没有学者从伦理学的角度对道德耻感问题进行专题研究,也鲜有关涉道德耻感问题的有影响的学术专著问世。国外学者的学术专著大多是从人类学、社会学、心理学的角度探索有关耻感文化模式、脸面、羞感、害羞等问题,如美国学者鲁思·本尼迪克特的《菊与刀——日本文化的类型》,舍勒的《论害羞与羞感》,日本学者森三树三郎的《名与耻的文化》、社会学者正村俊之的《秘密与耻辱——日本社会交流结构》等。2010 年 9 月高兆明教授主编的荣辱论丛在人民出版社出版发行,其中包括高兆明教授主编的《荣辱论》,汪凤炎、郑红教授合著的《荣耻心的心理学研究》,陈真教授的《荣辱思想的中西哲学基础研究》以及赵志毅教授的《荣辱观教育的当代路向——给予城乡中小学的实证研究》。

近年来,特别是胡锦涛同志论述了以"八荣八耻"为主要内容的社会主义荣辱观后,一批关于耻感研究的有价值的学术文章相继问世。据中国知网(CNKI)中国期刊全文数据库中精确检索显示,自 1980 年 1 月以来,以"耻"、"耻感"、"羞耻心"为关键词的文章共有 1000 余篇,其中,有代表性的论文有:朱贻庭教授的《社会风气、荣辱观、羞耻感》、宋希仁教授的《八

---

① 《马克思恩格斯选集》第 2 卷,北京:人民出版社 1995 年版,第 111 页。

荣八耻的道德哲学》、沙莲香教授的《耻感作为一种心理现象》、吴潜涛教授的《社会公德与耻感涵育》、高兆明教授的《耻感与存在》和《耻感与自由能力》、樊浩教授的《耻感与道德体系》、窦炎国教授的《儒家传统荣辱观及其当代价值》、汞华南教授的《孔子的"向耻而在"与"成人之道"》、曾建平教授的《耻恶荣善——道德心理学视野中的荣辱观》、倪梁康教授的《关于"羞耻之心"的伦理现象学思考》、尚杰研究员的《舍勒的羞愧现象学》、陈少明教授的《关于羞耻的现象学分析》、燕良轼教授的《论羞耻感教育》等等。学者们针对当前我国社会存在的民众耻感意识缺失的现状，论述了加强耻感教育的必要性和迫切性；挖掘中国古代传统耻感思想的基本内涵及其时代价值，结合实际提出了许多适应时代要求的应对举措。也有学者从现象学的角度分析了人类羞感的发生及意义，或从心理学、教育学或道德发展心理学的视阈论述了羞耻感培育的意义和方法。在CNKI硕博论文数据库中，通过精确检索显示：以"耻"、"羞耻心"为题名的硕士论文仅有8篇。这些论文大都限于史学、文学、语言学或心理学的研究视阈。至目前，尚未见以道德耻感为主题的博士论文。

概观国内关于耻感问题的研究，其内容大体可以归纳为如下几个方面：

一是关于耻感涵义的界说。心理学者认为，耻感是消极的心理反映，它是人的行为与个体的内在化群体意志冲突时产生的痛苦体验，是社会性嫌恶的个体内化表现，其直接根源在于行为主体害怕被社会所抛弃的恐惧感；伦理学者认为，耻感是一种积极的心理反映，它是行为主体意识到自己的思想、行为背离了其自身所认同的社会伦理规范而产生的一种道德情感；社会心理学者认为，耻感作为一种心理现象，是人们对某些和某种"耻"现象的感知、体验和表达，它不仅存在于某个人身上，是一种个体心理现象，而且表现在广泛的社会生活中，也是一种群体心理现象；从现象学的研究角度看，学者认为，羞感是人所特有的一种情绪，是人的自我感知形式，等等。从不同学科关于耻感内涵的不同理解看，目前国内学界对道德耻感概念的界定还有待于进一步深化，有待于从更深层面揭示道德耻感的本质与特征，更加清楚地厘定耻感与羞感、愧感、辱感等相近概念之间的细微差别以及耻感与荣誉感、荣辱观、自尊等相关概念之间的内在联系与区别。

二是关于当前我国社会耻感缺失的原因分析及对策研究。学界多从市场经济的负面效应、道德耻感教育的弱化以及我国现行制度体制的不完善等方面,对当前我国社会耻感淡薄现象凸现的主要原因进行了深刻分析。这些分析,多侧重于耻感缺失的外在原因的研究,着力于制度因素、社会因素、文化因素等问题的探索,而对道德耻感意识形成和适度发挥作用的心理因素的分析和研究相对关注不够。

三是关于道德耻感涵育的研究。关于道德耻感涵育的问题,学界形成如下共识:应该随着社会主义市场经济体制的不断完善发展,努力为道德耻感涵育营造良好的社会环境;应该深入挖掘、继承弘扬中国传统优秀耻感思想,重视道德耻感教育,创新耻感教育模式,构建与社会主义市场经济相适应、与中华传统美德相承接的新型耻感文化教育机制。这些共识,从应然的理论层面对问题进行了有价值的思考,但尚有待于从可操作性层面有针对性地对于防御道德耻感缺失和加强道德耻感涵育的具体方法、途径等问题进行开拓性探索。

四是关于中国传统耻感思想的研究。学者们一致认为,"耻"在中国传统文化中占有十分重要的地位。识耻、知耻、远耻,一直是中国传统伦理道德规范体系的重要原则,它具有为人之本、处世之基、治教之端以及风俗纯化等功能和作用。中华民族是一个有着源远流长的耻感文化传统的民族,耻感是中华民族精神的重要组成部分。系统梳理和研究中国传统耻感思想,对于当前我国社会主义道德建设具有重要启迪和借鉴意义。

第三节 研究方法、创新思考及逻辑框架

一、研究方法

首先,唯物史观的研究方法。马克思主义唯物史观的基本观点和方法,是我们认识人类社会发展规律、揭示各种历史现象本质的锐利思想武器,它与时俱进,永远充满生机。研究任何社会历史现象、文化现象等都不能脱离唯物史观的指导,否则就会难陷入歧途。研究道德耻感问题,也必须坚持唯物史观的基本观点和基本立场。马克思主义唯物史观认为,社会存在决定社会意识。任何思想行为都是一定社会关系的产物,尤其是一定经济关系和文化关系的产

物,它随着社会关系的发展而发展,是特定历史条件下的具体历史现象。作为人类自身特有的道德情感的道德耻感,是在特定的经济、政治以及文化传统结构中被塑造的,因而必然带有生活其中的传统、文化、制度以及民族心理的烙印。因此在研究过程中,应始终运用唯物辩证的方法、历史逻辑的思维方式以及社会结构分析方法,根据人们所处的特定的历史时期的社会经济结构的性质及其在社会经济结构中的地位,探究道德耻感的内涵、本质与特征;结合人们生活的社会经济、政治、文化环境实际,揭示耻感的历史类型、基本功能及其发展规律。

其次,综合研究法。道德耻感现象产生、存在和发展于一定的社会经济、政治和文化关系之中,建立在复杂的社会心理和个体自我内在心理基础之上,它是一种从特殊纬度反映复杂社会道德关系的心理体验,决不是一种孤立单纯的个体道德情感。因此研究道德耻感问题,需要借助不同学科知识进行综合研究,也需要针对不同的社会群体进行具体的社会调查研究。本课题立足于伦理学的研究视阈,综合运用哲学、社会心理学、道德心理学、教育学和现象学等多种学科知识和研究方法,对道德耻感问题进行系统分析,力图深入道德耻感问题的各个侧面,比较全面准确地把握道德耻感的多种特征及其功能,挖掘道德耻感的形成与发展的深层原因,为解决当前社会凸现的道德耻感淡薄现象和加强耻感涵育等社会问题提供理论支持。

第三,跨文化比较研究法。从现有的研究资料来看,关于耻感问题的研究并非我国所独有的,其他国家、民族也同样有着丰富的耻论资源。因此,研究道德耻感问题,尤其是研究耻感思想的历史渊源过程中,应当采用跨文化比较研究的方法。努力吸收和借鉴西方荣辱思想、基督教罪感以及日本耻感思想中的优秀成分,以期进一步丰富和完善中国耻感文化。

第四,案例分析法。案例分析法是一种从具体到抽象、从分析到综合、从特殊到一般的研究方法,是一种通过对一个个具体典型事例的个案分析,揭示事物的产生或发展规律的研究方法。道德耻感既是人所特有一种道德心理,也是社会生活中普遍存在的道德现象。在不同群体、阶层,乃至个体中选取有代表性、有研究价值的典型案例进行个案研究,有利于我们深入挖掘当前我国社会民众道德耻感普遍缺失的深层原因,寻找培育民众耻感美德的有效途径,增强道德耻感教育的针对性和时效性。

二、创新思考

本书对道德耻感的内涵、本质属性、基本特征、重要类型、基本功能，以及道德耻感的形成条件、发展规律等关涉耻感的基础理论问题进行了系统分析研究，并进行一些原创性思考，为道德耻感研究勾画了一个相对清晰的轮廓。这些基础性理论研究成果，在一定意义上说，具有填补国内学术界系统研究道德耻感问题的学术空白的价值，有利于对道德教育规律认识的深化，有利于社会主义道德体系内容的丰富和完善。本书在理论与实际的结合上，针对现实社会生活中存在的道德耻感缺失现象，深入分析了我国社会道德耻感缺失的原因，大胆地探索了道德耻感培育和保护的个体之为和社会之举，对于进一步加强国民道德教育、树立社会主义荣辱观，促进社会主义新型人际关系和良好社会风尚的形成，具有一定的理论意义和实践价值。

三、逻辑框架

本书由绪论和八章正文构成。

绪论部分简要介绍了本课题的研究意义、研究现状、研究方法和创新思考。

一至五章是课题研究的基础理论部分。该部分坚持唯物史观的基本观点，追溯了耻感的思想渊源，主要包括中国传统耻感思想、西方传统耻感思想和日本传统耻感思想的基本内容和主要特点；从多学科视角审视了道德耻感这一概念，厘清了道德耻感与其相关、相近概念的联系和区别，阐明了道德耻感的内涵、本质、类型、特征及其功能；依据马克思主义的人性二重性理论，揭示了道德耻感产生的人性根源，运用伦理学、心理学和教育学等多种学科知识和研究方法，分析了道德耻感与道德内化、自由意志、道德人格之间的关系，剖析了影响个体道德耻感形成发展的内外因素以及个体道德耻感的形成和发展规律。

六至八章是课题的应用研究部分，即耻感教育部分。该部分以上编关于耻感的基础理论研究结论为依据，立足于德育研究视阈，深入探究了耻感教育的基本原则、主要内容、主要过程、基本特征和典型模式；结合当前我国社会存在的耻感缺失、耻感淡薄现象，深刻分析了当前我国加强耻感教育的主要原因和培育民众耻感德行的根本路径。

第一章　东西方传统耻感思想溯源

中国、西方及日本的传统道德哲学中包含有许多与"耻感"相关的、值得借鉴的哲学思想。本章的主要目的就是对东西方道德哲学中的耻感、罪感思想进行较为系统全面的梳理，为国内道德耻感，乃至社会主义荣辱观理论研究提供思想资源。

第一节　中国传统耻感思想

在中国传统道德中耻感具有醒目的重要地位，源远流长的中华民族文化呈现着鲜明的"耻感"色彩。深入挖掘、系统梳理中国传统耻感思想，取其精华，弃其糟粕，对研究道德耻感问题，具有重要的借鉴和启迪意义。

一、中国传统耻感思想的历史发展轨迹

(一) 殷商时期传统耻感思想的萌芽

早在殷商时期，人们就开始把耻感作为一种高尚的精神境界予以追求，《礼记·表记》中说："殷人尊神，率民以示神，先鬼而后礼，先罚而后赏，尊而不亲。其民之敝，荡而不静，胜而无耻。"① 当时人们还认识到了耻感所具有的驱人向善的功能，《尚书·说命下》记载：商朝初年的丞相伊尹，在辅佐先王成汤时说："予弗克俾厥后唯尧舜，其心愧耻，若挞于市。"② 伊尹认

---

① 张文修编注：《礼记·表记》，北京：北京燕山出版社1995年版，第390—391页。
② 阮元校刻：《十三经注疏》，北京：中华书局1980年版。

为，自己身为国相不能使国家富强，不能辅助君王成就尧舜一样的事业，内心的羞惭体验如同"靰于市"的耻辱。正是由于伊尹愧己之不能，才有后来"伊尹放太甲"①的历史事件的发生。

到了周朝时期，人们对耻的认识更加深刻，赋予耻感以更加丰富的内涵。首先，耻是人存在的依据。《诗经·国风·相鼠》说："相鼠有皮，人而无仪。人而无仪，不死何为？相鼠有齿，人而无止（通耻）。人而无止，不死何俟？"②其次，耻是评价社会恶的尺度。《诗经·小雅》曰："缾之罄矣，维罍之耻。"③郑玄在《毛诗专笺》中说："缾小而尽，罍大而盈，言为罍耻者，刺王不能使富分贫、众恤寡。"对此，高亨先生解释说："酒瓶空了，是酒坛的耻辱。比喻人民穷了，是统治者的耻辱。"④认为统治者不能使百姓生活富裕幸福，就应被视为恶而遭受鞭打。其三，耻是惩罚邪恶的重要手段。《周礼·地官·司救》中记载："司救，掌万民之衺恶过失而诛让之，以礼防禁而救之。凡民之有衺恶者，三让而罚，三罚而士加明刑。耻诸嘉石，役诸司空。"⑤对此郑玄在《毛诗专笺》注曰："罚，谓靰击之也。明刑者，去其冠饰而书其邪恶之状，著之背也。嘉石，朝士所掌，天外朝之门左，使坐焉。"也就是说，西周时期对于邪恶的人，作为国家官员——司救，先通过礼教育、挽救他们；如果教育三次不改，就要对其进行惩罚；三罚还不奏效，则处以明刑，即让其坐在嘉石之上，羞辱他；然后罚做苦役。"耻诸嘉石"作为一种极重的刑罚或严厉的精神惩罚得以实施的前提在于：民智渐开、民众耻感的形成。这表明，远在商周时期的中国民众，就已经有了明确的耻感观念，就已经认识到了

---

① 太甲是商汤的孙子，继位后，由四朝元老伊尹辅佐其执政。伊尹常常教导太甲要遵照祖先的法制，努力做一位明君。然而，太甲继位两年后便破坏汤制定的法律，贪图享乐，暴虐百姓，使得朝政昏乱。伊尹屡规劝无效，便令人将太甲送到商汤墓地附近的桐宫（今河南省偃师县西南）居住反省。太甲住在桐宫，看到祖父身为开国君王，坟墓却十分简陋，又从守墓老人那里听到了许多关于祖父的许多艰苦创业，仁厚省俭的事迹。对照自己的所作所为，深感内疚，决心痛改前非。三年后，伊尹见太甲真心悔过，便带领文武百官，携带王服、冠冕，迎接太甲回亳都，并还政于他。从此，太甲始终以自己的一时失足为鉴，早朝晏罢，勤政爱民。遵守汤制定的法律，将天下治理得井井有条，商朝也逐渐繁荣起来，终成为一代中兴明君。

② 于夯译注：《诗经》，太原：山西古籍出版社2004年版。

③ 于夯译注：《诗经》，太原：山西古籍出版社2004年版。

④ 高亨编注：《诗经今注》，上海：上海古籍出版社1980年版，第308页。

⑤ 林尹注译：《周礼今注今译》，北京：书目文献出版社1985年版。

耻感对行为主体产生的惩恶扬善的规约和导引作用。

（二）先秦时期传统耻感思想的形成

先秦时期的儒家学说，从孔子开始就有着强烈的耻感取向，极为重视"耻"德的涵育与葆养。首先，有耻是理想人格的基本要求。子曰："行己有耻，使于四方，不辱君命，可谓士矣。"① 意思是说，对自己的行为、活动有羞耻意识，出使异国不辜负君王的使命，可以称之为"士"。可见，孔子十分重视人们在行为过程中对耻辱的感受能力，认为"有耻"是儒家理想人格——"士"所应具有的最基本的德行。其次，知耻是修己达人的根本保证。"三达德"，即智、仁、勇，是孔子提出的儒家基本道德规范。何谓"智、仁、勇"？《中庸》说："好学近乎知，力行近乎仁，知耻近乎勇。"好学、力行、知耻也是相互关联，不可分割的。行为主体好学而知是为修己，力行而仁是为达人，而知耻则是行为主体实现修己、达人的意志保证。第三，"有耻且格"是德治社会的理想境界。子曰："道之以政，齐之以刑，民免而无耻；道之以德，齐之以礼，有耻且格。"② 显然，孔子心目中的理想社会，应当是一个凭借德、礼建立起来的，和谐有序"有耻且格"的自律型社会，而不是一个仅仅依靠外在刑罚的震慑而得以维持有序的"民免而无耻"的他律型社会。第四，"远耻"是个体道德修养所要实现的最高境界。如何才能为"仁"？子曰："恭，宽，信，敏，惠"，"能行五者于天下者为仁矣"③。在孔子所列举的五种可以为仁的品德之中，"恭"居五者之首。何谓"恭"？子曰："恭则不侮"，《礼记·表记》中说："恭以远耻"，显然，"恭"本义在于远耻。在孔子的道德体系中，知耻、有耻和远耻分别是孔子倡导的理想人格的体现，德性修养的最高境界，也是其追求向往的德治社会的目标。

孟子是孔子思想的继承者，在孟子的道德哲学体系中，"羞恶之心"被视为人性之本。孟子主张"人皆有不忍人之心"。"无恻隐之心，非人也；无羞恶之心，非人也；无恭敬之心，非人也；无是非之心，非人也。"④ 他还把羞恶

---

① 《论语·子路》。
② 《论语·为政》。
③ 《论语·阳货》。
④ 《孟子·公孙丑上》。

之心与人性之善直接联系在一起，认为"恭敬之心"、"是非之心"、"恻隐之心"、"羞恶之心"这"四心"是人性中的人人皆有的"四善端"，是人们与生俱来的四种道德能力，如果将这些能力充分发挥出来，就成为仁义礼智四种德性。因此，孟子特别强调"耻"在个体道德人格形成中的重要作用。孟子曰："无羞恶之心，非人也"，"耻之于人大矣！""不耻不若人，何若人有？"①

荀子是先秦儒家思想的集大成者，他以其独特的理论视角更为全面深刻地阐发了儒家的耻感思想。首先，求荣避辱是人之共性，但求之之道不同。荀子说："物类之起，必有所始；荣辱之来，必象其德"。② 意思是说，任何事物的产生，都有其根源；一个人的荣辱观念源于其日常习行是行为主体的德性象征。他还说："好荣恶辱，好利恶害，是君子小人之所同也，若其所以求之之道则异矣"③。"疾为诞而欲人之信己也，疾为诈而欲人之亲己也；禽兽之行而欲人之善己也"④ 乃小人的求荣避辱之道；而"信矣而亦欲人之信己，忠矣而亦欲人之亲己，修正治辨矣亦欲人之善己"才是真正的君子求荣之道。如果以小人之道求荣，必然导致"虑之难知也，行之难安，持之难立也，成则必不得其所好，必遇其所恶焉"⑤。相反，若以君子之道求荣，才能实现"虑之易知也，行之易安也，持之易立也；成则必得其所好，必不遇其所恶"⑥ 的美好境界。其次，先义而后利或先利而后义是衡量荣或辱的基本价值尺度。荀子在继承孔子"见利思义"、"义以为上"和孟子的"仁则荣，不仁则辱"思想的基础上，明确了荣辱的界定标准，他说："先义而后利者荣，先利而后义者辱。""君子苟能无以利害义，则耻辱亦无由至矣。"⑦ 第三，区分了两种不同性质的荣与辱。荀子指出，荣与辱各有两端，即"义荣"和"势荣"、"义辱"和"势辱"。"义荣"是指"志意修，德行厚，知虑明，是荣之由中出者也"；"势荣"是指"爵列尊，贡禄厚，形势胜，上为天子诸侯，下为卿相士

---

① 《孟子·尽心上》。
② 《荀子·劝学》。
③ 《荀子·荣辱》。
④ 《荀子·荣辱》。
⑤ 《荀子·荣辱》。
⑥ 《荀子·荣辱》。
⑦ 《荀子·荣辱》。

大夫，是荣之从外至者也"。① 反之，"流谣汗漫，犯分乱理，骄暴贪利，是辱之由中出者也，夫是谓之义辱。受人斥责，被杖笞别膑，以至弃市暴死，车裂身死，或沦为刑徒，是辱之由外至者也，夫是谓势辱"。② 荀子所说的义荣是指个体通过自身得体的修行、淳厚的德行、明辨的理性获得的荣誉；而势荣则是指个体凭借他人赋予自身的尊贵地位、丰厚俸禄或显赫名声而获得的荣耀。相反，义辱是由于行为主体自身的不良品行所致，而势辱则源于外在的客观情势，而非行为主体自身的主观意志所能决定。显然，荀子所言的荣辱两端，虽同属荣辱范畴，但其内涵却有着天壤之别。荀子真正崇尚和赞誉的荣是"义荣"，即道义的光荣，而非"势荣"。因为义荣源自人们内心深处对道德的尊重（如康德所云"对义务的敬重心"），也唯有义荣之人才能"贵名起如日月，天下应知如雷霆"③。荀子指出，即使没有尊贵的爵位、丰厚的俸禄而身处贫贱，只要拥有义荣，依旧可以称为君子，进而成就君王之业。但如果只有势荣，而无义荣，即使身为君王，也无异于小人。据此，荀子得出君子与小人的荣辱观截然不同的结论。他说："君子耻不修，不耻见污；耻不信，不耻不见信；耻不能，不耻不见用。"④ 因此，"君子可以有势辱，而不可以有义辱；小人可以有势荣，而不可以有义荣。有势辱，无害为尧，有势荣，无害为桀。义荣、势荣，唯君子然后有之；义辱、势辱，唯小人兼有之。是荣辱之分也。"⑤

法家虽然坚持以"信赏必罚"、"专任刑法"的方式治理国家，但也含有许多有价值的耻感思想。古典法家著作《管子》就有突出的耻感特点。管子曰："国有四维，一维绝则倾，二维绝则危，三维绝则复，四维绝则灭。倾可正也，危可安也，覆可起也，灭不可复错也。"何谓四维？一曰礼，二曰义，三曰廉，四曰耻。在管子看来，如果人们知耻、远耻，就会"不从枉"，即不随从邪枉，不追随不正，不做违背道德规范的事；如果人人知耻"不从枉"，社会也就不会道德失范、伦理失序，相反，如果一个国家、一个民族失去了作为"四维"之一的"耻"，就会万劫不复。法家之集大成者韩非虽强调"务法

---

① 《荀子·正论》。
② 《荀子·正论》。
③ 《荀子·儒效》。
④ 《荀子·非十二子》。
⑤ 《荀子·正论》。

不务德",但也看到了耻感在人们行为中所起的重要作用。韩非在评价管仲雪桓公之耻①的做法时,把"义"作为衡量行为主体耻感意识真伪的标准,强调"遗义之耻"才是真正的耻辱,他说:"虽雪遗冠之耻于小人,而亦遗义之耻于君子矣",就是说,齐桓公以"遗义"为代价雪自己酒醉遗冠之耻,非但不能雪耻,反而因为"遗义"而招致更大的耻辱。

(三) 宋明以降传统耻感思想的发展

宋明以降的许多有影响的思想家,在强调耻感对于个体的德性修行的重要性的同时,将耻感与社会和谐、国家发展和民族存亡相联系,赋予耻感意识更大的社会价值,使耻感思想具有了更广泛更深刻的内涵。

首先,耻感是立人之节,为人之本。朱熹说:"耻者,吾所固有羞恶之心也。有之则进于圣贤,失之则入于禽兽,故所系甚大。"② 陆九渊说:"夫人之患莫大乎无耻,人而无耻,果何为人哉?"③ 明末思想家顾炎武在高度评价《管子》的"四维说"时说:"礼义治人之大法;廉耻立人之大节。""人之不廉,而至于悖理犯义,其原皆生于无耻。"因此,"四者之中,耻尤为要"④,"耻之于人大矣……士而不先言耻,则为无本之人。"⑤ 清代明儒李颙也曾指出,人无羞耻之心,犹如无本之木、无源之水,一切都无从谈起。他说:"论士于今日,勿先言才,且先言守,盖有耻方能守也。论学于今日,不专在穷深极微,高谈性命,只要全其羞恶之良,不失此一点耻心耳。不失此耻心,斯心为真心,人为真人,学为真学。道德经济,咸于本心,一真自无所不真,犹如水有源,木有根。"⑥ 其次,耻感是道德教化的前提。宋代思想家

---

① 《韩非子·难二》记载:齐桓公饮酒醉,遗其冠,耻之,三日不朝。管仲曰:"此非有国之耻也,公胡其不雪之以政?"公曰:"胡其善!"因发仓赐贫穷,论囹圄出薄罪。外三日而民歌之曰:"公胡不复遗冠乎!"或曰:管仲雪桓公之耻于小人,而生桓公之耻于君子。使桓公发仓囷而赐贫穷,讼囹圄而出薄罪,非义也,不可以雪耻;使之而义也,桓公宿义,须遗冠而后行之,则是桓公行义非为遗冠也?是虽雪遗冠之耻于小人,而亦遗义之耻于君子矣。且夫发囷仓而赐贫穷者,是赏无功也;论囹圄而出薄罪者,是不诛过也。夫赏无功,则民偷幸而望于上;不诛过,则民不惩而易为非。此乱之本也,安可以雪耻哉?
② 朱熹:《四书章句集·孟子集注》,北京:中华书局1983年版。
③ 陆九渊:《陆九渊集·孟子集注》,北京:中华书局1980年版。
④ 顾炎武:《日知录》《集释·廉耻》,上海:上海古籍出版社1985年版。
⑤ 顾炎武:《与友人论学书》,载《顾亭林诗文集》,北京:中华书局1983年版。
⑥ 李颙:《四书反身录》,清康熙二十五年刻本。

周敦颐说:"人之生,不幸不闻过,大不幸无耻,必有耻,则可教;闻过,则可贤。"① 陆九渊说:"人唯有知所贵,然后知所耻。"② 的确,相比较而言,"知所贵"对"知所耻"存在着逻辑上的优先性,人不知所贵者何? 其所耻之事就可能不是真正的"耻";与此同时,所耻又是所贵的基础,因为知所耻往往会进一步强化和巩固行为主体对自己"所贵"之物的理解和向往,从这个意义上说,知耻又是向善的前提,知耻可以激发行为主体的向善追求,促使其自觉地涵育德性,主动地接受道德教化。因此,清代文人魏禧在《衷言》中说:"耻字是学人喉关","人一无耻,便如病者闭喉,虽有神丹,不得入腹矣。"相反,"即盗贼娼优,若有些耻意在,便可教化。"因此,"圣人教人与小人转化为君子,皆从耻上引导,激发过去。"也就是说,激发人的耻感意识,是教人上进,劝人改恶迁善,由圣入贤的发端和基础。鉴于鸦片战争前社会普遍存在的道德堕落,以及士大夫寡廉鲜耻社会现象的泛滥,龚自珍也提倡知耻,他说:"农工之人,肩荷背负之子则无耻,则辱其身而已;富而无耻者,辱其家而已;士无耻,则名之曰辱国;卿大夫无耻,名之曰辱社稷。""上下皆无耻,则何以为国? 因此,要使国家振兴,当'教之耻为先'"③ 民国时期思想家、革命家章太炎指出:"道德堕废者,革命不成之原",因此,在辛亥革命之前,他呼吁建立"革命道德",他所创立的革命道德的第一项就是"知耻"。

其三,耻感是个人品德形成的基础。个体品德的培育和养成是一个不断趋善远恶的道德内化过程,在此过程中耻感是一个极为重要的环节,是个人品德形成的基础。宋代大儒朱熹说:"人有耻则能有所不为。"④ 石成金也说:"耻字乃人生第一要事。如知耻,则洁己励行,思学正人,所为皆光明正大,凡污贱淫恶,不肖下流之事决不肯为。如不知耻,则事事反是。"⑤ 康有为也曾说过:"人之有所不为,皆赖于有耻心。如无耻心,则无事不可为矣。"⑥ 根据先

---

① 周敦颐:《通书》,载《周濂溪集》,光绪六年公善堂校刊本。
② 陆九渊:《陆九渊集》卷22,《杂说》,北京:中华书局1983年版。
③ 龚自珍:《龚自珍全集·明良论》,北京:中华书局1959年版。
④ 朱熹:《朱子语类》卷13。
⑤ 石成金:《传家宝》卷2《人事通》。
⑥ 康有为:《孟子微》卷6,北京:中华书局1987年版。

哲的论述，我们可以说，行为主体在道德行为中，一旦其耻感防线决口，丑恶便会横行于世；人一旦失却了耻感意识，就会无视社会的道德规范和行为准则，也就不会顾及自己行为的社会影响，以至于无所不为，无恶不作。

其四，耻感是涵育社会风气的关键。顾炎武说："盖不廉则无所不取，不耻则无所不为。人而如此，则祸败乱亡，亦无所不至。"① 的确，对于个体而言，如果丧失了耻感，就会犯文乱理，无所不为，进而堕落成为一个丑恶的道德人格；对于群体而言，如果在某一问题上失却了耻感，就会给某一领域或行业，乃至整个社会造成不良风气。因此，作为个人，应视知耻为完善自身道德人格的基础，从知耻做起，涵育德行；作为国家、社会，则应把涵育耻感作为纯化风俗的关键，也从知耻教育做起，美化风俗。康有为曾经强调说："风俗之美，在养民知耻"。并针对当时的社会状况提出了"四耻说"，即"一耻无志。志于富贵，不志于仁义。可耻也；二耻循俗。循于风气，不能卓立，可耻也；三鄙吝，凡鄙吝者，天性必薄，为富不仁，可耻也，宜拔其根；四耻懦弱，曾子以懦弱为庸人，见义不为，可耻也"②。

（四）中国传统耻感思想的现代演化

进入现代后，中国传统耻感思想与中国文化中的"面子"、"脸"和"礼"紧密联系起来。近百年来，所有关注中国人的行为和性格的学者们几乎普遍认为，"面子"观念是支配中国人社会生活世界的一个核心概念。早在半个世纪前，林语堂先生就将"面子、命运和人情"喻为统治中国的三个女神，其中面子比人情和命运更重要。金耀基先生指出，虽然"面子"在中国传统文化的高文典册中几乎很少被提及，而事实上，无论是从日常的世俗生活，还是"中国最重要的儒家典籍《四书》中所屡屡提到的'耻'的概念即与'面子'密切相关。一般的观点是，当一个人的'面子'受到损伤时（失面子）便会产生一种'耻感'"。③事实上，在中国人的社会生活中，"脸"与"面"是二位一体、密不可分的，但它们的实际含意却各不相同。"面子"代表一种声誉和威信，是个体凭借自己的社会成就（权力、财富、才学等）而获得的名声。

---

① 顾炎武：《日知录》《集释·廉耻》，上海：上海古籍出版社1985年版。
② 康有为：《孟子微》卷6，北京：中华书局1987年版。
③ 杨国枢：《中国人的心理》，南京：江苏教育出版社2006年版，第250页。

从一定意义上说，它既是一个人社会资源、社会地位和个人能力的体现，也是社会对个人社会价值的认同和肯定的表现。胡先缙先生认为，"'脸'则是社会对个体道德声誉的尊敬……它代表了社会对自我的道德性格的完全信任，丧失了脸，一个人在社会上是很难正常生活的。"[1] 由此看来，"面子"具有浓厚的社会性特征，它是社会依据个人在社会阶梯上占据的身份地位以及个人为社会所作的贡献的大小赋予个人的，是社会对个人外显成就的承认，也是一个人对自己社会身份的判断。一个人一旦以社会我的身份存在，其行为就应该与社会对其身份地位期望乃至自己的理想我相符合。而"脸"则是个人对自己行为是否遵照了合宜的行为规范的判断。[2] 它是个体为人的道德底线。台湾学者黄国光指出："不论在任何情况下，每个人都必须保护自己的道德脸面，但他不会在任何时候都要争取社会脸面。"[3] 这是因为，"面子"表达的是人的社会成就，而"脸"所表达的是个人的道德人格。

"面子"本身的社会性特征以及"脸"本身的道德人格性指谓决定了"耻"、"面子"、"脸"、"礼"之间是相互联结的。儒家文化中"礼"的蕴意十分繁杂，然而究其根本则与法家的"法"相同，都是指社会行为规范。有的社会学家认为，"礼"是社会公认的合适的行为规范，合于礼就是说这些行为是做得对的、合适的意思。[4] 也有学者指出，"礼"代表着伦理实体的伦理秩序及其对个体行为的根本伦理要求。当个体的行为违背"礼"的要求时，不仅意味着其缺乏起码乃至必要的伦理素养，而且意味着他背离了社会对其本身的角色期待，也意味着他将得不到其所属集体和社会的认同和接纳。金耀基先生指出："在中国的文化中，一个人'不顾面子'是不可思议的事。如不顾自己的面子，几乎是无耻；如不顾他人的面子，则可以说是'无礼'的。"[5] 在某种特定的情况下，一个人或许可以"不要面子"；但在任何情况下，都不能"不要脸"。因为代表个体道德人格的"脸"是其的做人底线，无论在任何情景下都不能丧失。否则，他会因自耻而难以面对自己所属的社会，也为他人

---

[1] 杨国枢：《中国人的心理》，南京：江苏教育出版社2006年版，第260页。
[2] 同上书，第253页。
[3] 黄国光编订：《面子——中国人的权力游戏》，北京：中国人民大学出版社2004年版，第180页。
[4] 杨国枢：《中国人的心理》，南京：江苏教育出版社2006年版，第254页。
[5] 同上书，第258页。

和社会所不齿。一个人的社会性"面子"是由其道德性"脸"即其本人的道德人格所赋予的,脸是面的基础和前提,而个体行为合于"礼"的基本要求和身份要求,又是其维护自身脸、面的前提。因此,个体的脸、面与礼是互为前提的有机整体。正如美国哲学家费格里特在其著作《孔子:以世俗为神圣》一书中说:"耻的概念是一真正的道德概念,但它是以礼为中心取向的……与耻所相应的道德关系也是礼所规制的个人之身份与角色。"[①] 可见,在中国传统文化以及中国人的社会生活中,耻感、脸、面子和礼这四者是密切联系、相互贯通的。耻感的现实根源在于:个体的行为是否与其所属的集体(家庭、民族、国家)的具体要求(即礼)相一致。当个体的行为与集体的普遍性要求相悖时,就会因丢脸而耻;当个体的现实行为与集体对之的角色期待和其理想自我形成落差、距离时,个体也会因失了面子而耻。因此,道德耻感是以集体主义为其基本价值取向,其根本要求在于为集体或他人尽义务。

二、中国传统耻感思想的基本特征

中国传统耻感思想,蕴含着丰富的伦理意义和道德价值,它以其自身的鲜明的特征,深刻地影响着人们的思想和行为。具体地说,中国传统耻感思想的特征主要表现为以下几个方面:

(一)义利统一的道义原则

通过前文的论述,我们认识到:传统儒家耻感思想崇尚的荣是"义荣",而非"势荣";反对的辱是"义辱",而非"势辱"。他们认为,那种以不义之道所获之"势荣",必须唾弃;那种为寻求道义所遭遇的"势辱",不仅不是辱,反而是一种真正的荣誉,值得称颂。唯有"义辱",才是真正意义上的自取其辱。传统儒家耻感思想在以"义"为耻荣评价标准时,并没有否定排斥利。他们认为,作为义荣行为回报的势荣,是正当的,也是值得追求的。孔子的"邦有道,贫且贱焉,耻也",孟子的"古之人修其天爵,而人爵从之"[②]和荀子的"义荣势荣,唯君子然后兼有之"都体现了先秦儒家耻感思想的义利统一的道义原则。

[①] 杨国枢:《中国人的心理》,南京:江苏教育出版社2006年版,第255页。
[②] 《孟子·尽心上》。

（二）内省与外化相统一的作用模式

中国传统文化中所崇尚的道德耻感，是行为主体依据一定的善恶观念，进行自我评价和社会评价时产生的一种类似于内疚、自责、惭愧的否定性的心理体验。这种心理体验促使行为主体在内心建立起一种内省、反求诸己的心理机制。子曰："君子不重则不威，学则不固；主忠信，无友不如己者，过则勿惮改"①，"见贤思齐焉，见不贤而内省也"②，"三人行，必有我师焉，择其善者而从之，其不善者而改之"③。这种内省、反求诸己的思维模式，使耻感这种否定性的内在心理体验，在个体行为过程中转化为一种外在的行为约束力量，促使个体在行为过程中主动约束自身或他人的不良行为，达到改过、迁善，最终实现"至善"的理想境界。孟子的"有过则喜"、"闻善言则拜"④以及宋代朱熹所说的"知耻则有所不为"的思想反映的也是耻感的这种内省与外化相统一的特征。这一思想特征作为中华民族传统文化的精髓，成为历代中国的志士仁人追求的人生境界，在中国历史上起到了激浊扬清的整肃作用。

（三）知耻与求荣相统一的价值诉求

在先秦儒家耻感思想中，知耻是人之为人的本质属性。孟子曰："无羞恶之心，非人也"。先秦儒家耻感思想没有仅仅停留于对羞耻心、耻感的肯定层面，而是倡导知耻的目的在于求荣，主张"养民知耻"既是为了让人之为人，更是为了让民心向善、求荣避辱。孔子的"行己有耻"、"君子疾没世而名不称焉"⑤、孟子的"今闻广誉施于身，所以不愿人之文绣也"⑥、"好名之人能让千乘之国，苟非其人，箪食豆羹见于色"⑦以及"耻不若人"等思想，都是一种激发人们奋发向上，实现自己的求荣目标的精神动力。由此可见，先秦儒家思想耻感思想的逻辑理路是：从知荣辱到求荣避辱再到成为君子、圣人，最后通过为人之尊获得名誉、流芳百世而不朽。

---

① 《论语·学而》。
② 《论语·里仁》。
③ 《论语·述而》。
④ 《孟子·公孙丑上》。
⑤ 《论语·卫灵公》。
⑥ 《孟子·告子上》。
⑦ 《孟子·尽心下》。

第二节　西方传统荣耻思想

西方传统荣辱思想的历史发展大体经历了三个阶段,即从古希腊罗马时期以城邦荣誉为最高追求的荣辱标准,到中世纪以罪感思想为核心的基督教荣辱思想,再到近代思想家从哲学、现象学、心理学、社会学等不同研究视阈对荣耻思想的探索与分析。西方传统荣辱思想的演进过程,从一个侧面反映了西方伦理思想的发展过程。

一、古希腊罗马时期的荣辱思想

（一）前苏格拉底时期荣辱思想

西方的荣辱思想发源于古希腊的《荷马史诗》。荷马时代,希腊处于从氏族制度向奴隶制度过渡的时期,"为国捐躯,虽死犹荣"的爱国主义和英雄主义成为这一时期古希腊社会荣辱思想的核心理念。《荷马史诗》倡导社会成员要热爱祖国,强调集体荣誉高于个人荣誉。如《荷马史诗》通过对阿喀琉斯不计前嫌、为民族英勇杀敌,最后战死疆场的描写,宣扬了为群体和民族的利益不惜牺牲自我的原始集体主义道德。

雅典政治家、古希腊七贤之一的梭伦,当被克洛伊索斯问及"怎样的人最幸福?"时,梭伦提出,泰洛斯是最幸福,因为"泰洛斯的城邦是繁荣的而且他又有出色的孩子,他在世时又看到他的孩子们有了孩子,并且这些孩子也都长大成人了;因为他一生一世享尽了人间的安乐,却又死得极其光荣。当雅典人在埃列乌西斯和邻人作战的时候,他前来援助本国人,击溃了敌人并极其英勇地死在疆场上了。雅典人在他阵亡的地点给他举行了国葬并给了他很大的荣誉"。[①] 可见,在梭伦看来,繁荣城邦且为城邦利益牺牲自我的精神是最值得称赞的,拥有这样人生经历的人就是最幸福的人,应当给予最高的荣誉。

古希腊民主政治极盛时期的统治者伯利克里认为,为祖国利益战死的行为

---

① ［古希腊］希罗多德:《历史》上册,周永强译,西安:陕西师范大学出版社2008年版,第30页。

是最光荣的,而那些屈死逃生的行为则是耻辱的。他说:"他们贡献了他们的生命给国家和我们全体;至于他们自己,他们获得了永远长青的赞美,最光辉灿烂的坟墓——不是他们的遗体所安葬的坟墓,而是他们的光荣永远留在人心的地方;每到适当的时机,永远激动他人的言论或行动的地方。""一个聪明的人感觉到,因为自己懦弱而引起的耻辱比为爱国主义精神所鼓舞而意外地死于战场,更为难过。"① 伯利克里甚至提出,那些自身具有缺点的战士,即使在私人生活中曾经犯过一些错误,而与其为抵抗敌人、捍卫祖国的英勇行为相比,这些缺点和错误都是微不足道的。伯利克里不仅在演说词中给予那些为祖国荣誉而战的行为极高的赞誉,而且在现实生活中,希腊人也给予那些为祖国荣誉而战的英雄们以崇高的荣誉,而未获荣誉者则觉得羞耻。概括地说,热爱祖国,为维护国家的荣誉而战是古希腊罗马时期,特别是前苏格拉底时期西方传统荣辱思想的核心。

(二)柏拉图、亚里士多德的荣辱思想

柏拉图继承并发展了前苏格拉底时期的荣辱观念,并将自己哲学的思考赋予其中。他认为,个人荣誉与城邦荣誉是紧密联系在一起的。一个人只有在为城邦服务的过程中才能实现其自身道德的真正完善。个体无节制的物质欲望是招致耻辱的重要原因。真正的耻辱并不是由于贫穷或是某种肉体欲望的不满足,而是由于人们不能"意识到灵魂只不过是附着在身体上——在哲学来接引他以前,他只能够通过牢狱的铁窗,而不能够以它自己并通过它自己来观看真实的存在……并且由于欲念的缘故,他在自己的被俘期间已经成了主要的同谋犯了"。② 在柏拉图看来,只有不被物质欲望束缚的灵魂才是全然纯洁无瑕的;人们招致耻辱的根本原因在于个体自身无节制的物质欲望。因此,柏拉图提出,节制是美德,只有具有节制美德的人,才能成为真正的哲学家;作为城邦公民只有以城邦利益为重,尊敬城邦法律,节制物质欲望,才能远离恐惧、耻辱,获得荣誉,否则,将给其自己及家人招致无尽的耻辱。

---

① [古希腊] 修昔底德:《伯罗奔尼撒战争史》,谢德风译,北京:商务印书馆1960年版,第133—134页。
② [英] 罗素:《西方哲学史》(上卷),何兆武、李约瑟译,北京:商务印书馆1963年版,第187页。

亚里士多德是西方伦理思想史上第一位从德性和善的角度对荣誉与羞耻进行系统阐述的思想家。他继承柏拉图荣辱思想的基本观点，并在此基础上进一步阐明了荣辱与德性的关系，分析了获得荣誉的途径以及对待荣誉与耻辱的正确态度，并将其中道思想贯彻于荣辱思想始终，成为西方传统荣辱思想的重要组成部分。

关于荣誉与善及德性的关系。亚里士多德说："对于我们所追求的善来说，荣誉显得太肤浅。因为荣誉取决于授予者而不是取决于接受者"，"人们追求荣誉似乎是为确证自己的优点，至少是，他们寻求从有智慧的人和认识他们的人那里得到荣誉并且是因德性而得到荣誉。"① 可见，在亚里士多德看来，相对于善而言，荣誉是微不足道的！荣誉是德性的外化，但不是德性本身，因此，荣誉本身不是善，人们不能为了荣誉而追求善，因为荣誉的获得并不取决于接受者本人。但是，亚里士多德认为，荣誉一定是高尚的，它应该是奉献给善良和高贵的人们的德性的奖品，他说："我们认为奉献给诸神的东西，或者是那些高贵的人所企求的东西，以及对那些高尚人的奖品是最大的，这就是荣誉。在那些外在的善中它是最大的。"②

关于如何获得荣誉以及什么样的人配享荣誉。亚里士多德认为，只有凡事懂得适度且能做到适度的道德高尚者即"大度的人"才能配得上荣誉，因为"大度的人对得到荣誉和失去荣誉抱应有的态度。用不着讲什么道理就可以看得出来，大度的人就是重视荣誉，他们重视荣誉超过一切"。③ 荣誉的失去和获得对"大度的人"是至关重要的，因为荣誉已经是德性所能给予高贵的人的最大价值了。在追求荣誉的过程中，人们也应该贯彻"中道"的方法。他说："在荣誉的追求中，有时多于所应得，有时少于所应得，荣誉要求自应该的地方，以应该的方式，正如财物给予和接受中有中道，也有过度和不及一样。""尽管在荣誉上中道没有名称，但这样一种品质，也是要被称赞的。"④

---

① [古希腊] 亚里士多德：《尼各马可伦理学》，廖申白译，北京：商务印书馆2003年版，第12页。
② 苗力田编：《亚里士多德选集——伦理学卷》，北京：中国人民大学出版社1999年版，第86页。
③ 同上。
④ 同上。

亚里士多德认为，羞耻是一种情感，不是一种品质或德性。他说："说知羞是某种德性并不恰当，看起来与其说它是一种品质，还不如说它是一种感受。至少可以把它定义为对某种不名誉事物的惧怕，其结果类似于对某种可怕事物的惧怕。那些感到羞耻的人脸就变红，那些恐惧死亡的人脸就发白。两者都表现为某种身体的变化。这就表明它更多是感受而不是种品质①。"作为情感的羞耻，只用于青年人，因为青年人依靠个人情感生活，并且经常犯错误，而青年人只有认识到羞耻，才能避免错误。但是"一个有德性的人是不会有羞耻感的，因为羞耻来自卑劣的行为，而他是不会去做这样卑劣之事（羞耻有的是真正可耻，有的是众人所谓的可耻，两者并无区别，两者都不能做），所以他不应该感到羞耻。那些做可耻事情的人，都是卑劣的人。""如果一个人做了某种可耻之事就感到羞耻，以此为理由，就可以自认为是个好人，这是荒唐的"②。亚里士多德认为，知耻作为一种情感感受，只有在一定条件下才能成为好事，即发生在青年人身上，可以促使青年知错改错。而对于年长的人根本不应该去做可耻的事。因此，亚里士多德认为，知耻作为一种与惧怕类似的情感感受是高尚的，他说："惧怕是高尚的，而不惧怕则是卑劣……对耻辱惧怕的人是高尚的人和知耻的人，而不惧怕耻辱就是个无耻之徒了。"③

（四）伊壁鸠鲁和斯多葛学派的荣辱思想

亚里士多德以后的古希腊罗马荣辱思想主要体现在斯多葛学派的禁欲主义和伊壁鸠鲁学派的快乐主义之中。斯多葛学派主张德性是生活的最高目的，是至高无上的善；德性就是按照本性或自然而生活。他们继承了柏拉图的节制思想，认为在欲望支配下的行为，是愚蠢和羞耻的；人只有依靠意志去掉万恶之源的激情，抵制外界的种种诱惑，才能达到与神圣意志相一致的境界，才能过上愉快的生活。在他们看来，"依照本性生活就应该摒弃一切快乐、爱好、欲望和兴趣，永远与自己保持同一，享受内心的独立和性格的自由，这才是真正的快乐和幸福④。"

---

① 亚里士多德：《尼格马可伦理学》，苗力田译，北京：中国人民大学出版社2003年版，第90页。
② 同上书，第91页。
③ 同上书，第55页。
④ 苗力田、李毓章编：《西方哲学史新编》，北京：人民出版社1990年版，第113页。

伊壁鸠鲁学派在继承并改造阿里斯底波的快乐主义学说基础上，建立了自己的幸福主义伦理学。伊壁鸠鲁学派的荣辱思想主要体现在其快乐主义思想中。伊壁鸠鲁认为，快乐是最高和天生的善，人类的生活目的是追求幸福和快乐。伊壁鸠鲁把快乐分为两种，即肉体的快乐和精神的快乐。其中，精神快乐高于肉体快乐。他说："当我们说快乐是终极的目标时，并不是指放荡的快乐和肉体的快乐，就像某些由于无知、偏见或蓄意曲解我们意见的人所认为的那样。精神上的快乐胜于肉体上的快乐①。"在伊壁鸠鲁看来，真正的快乐是身体无痛苦和灵魂的无纷扰。因此，人们不应该选取所有的快乐，因为它可能带来更大的痛苦，这就要求我们必须适当放弃。可见，无论是斯多葛学派的禁欲主义还是伊壁鸠鲁学派的快乐主义，其实质都是将节制或者摒弃肉体的欲望作为人的德性和最高的善；缺乏节制美德，在欲望的支配下过度地追求肉体快乐，是可耻的。

从总体上看，古希腊罗马时期，人们普遍将"对荣誉的追逐，对耻辱的恐惧"视为一种美好的德性，而且主张城邦荣誉是最高的荣誉，为城邦利益而战，为城邦荣誉而不惜牺牲自己生命的行为是最大的善，这样人才是最值得称颂的人。相反，无节制的物质欲望则是人们招致耻辱的根本原因，要想规避耻辱，必须培养节制美德。

二、中世纪基督教的罪感及忏悔思想

中世纪基督教的罪感及忏悔思想是西方荣辱思想的重要组成部分，也是东西方荣耻思想相区别的重要标志之一。系统梳理中世纪基督教罪感及忏悔思想，可以为道德耻感及社会主义荣辱观研究提供一定的思想资源和理论启示。

（一）基督教的罪感思想

在希伯来语中，"罪"有多层涵义，意为未中靶子、越过界限、违背等。后来基督教借用了"罪"这一概念，使之成为基督教道德体系中的核心范畴。

---

① 苗力田、李毓章编：《西方哲学史新编》，北京：人民出版社1990年版，第118页。

"罪感"一词源出于基督教文化。《圣经》中说：上帝创造了人类的最早祖先——亚当和夏娃，他们幸福快乐地生活在伊甸园里。上帝告诫他们不要吃园中智慧之树上的果实。可是由于受到蛇的诱惑，亚当、夏娃违背了上帝的意旨，偷吃了智慧之果，犯下了人类第一个罪行。上帝因此将亚当、夏娃逐出伊甸园，到世间去经受生活的磨难与艰辛。从此，人类就有了与生俱来的"原罪"。"我是在罪孽里生的，在我母亲怀胎的时候就有罪了。"[①] 按照基督教教义的说法，人生来就是罪人，即使是婴幼儿也不例外。不是婴幼儿犯有什么过错，而是因为他的出身。《圣经》说："假如我们说自己没有罪，那是自欺，真理就不在我们心里了。假如我们承认自己的罪，上帝是公正的，他必宽恕我们的罪过，洗清我们的一切罪过。""我们必然有罪"，这就是西方人宗教意识中的"罪感"，这种"罪感"是普遍和必然的。此外，《圣经》中的道德戒律，也充分体现了中世纪基督教思想的荣辱思想。比如，戒律规定：不可凶杀，不可奸淫，不可偷窃，不可作假证人，不可亏负人，要孝敬父母。只有这样的人，才可以获得永生的荣誉。《圣经》还指出，所有的人都必须遵守律法或法律。"你们决不可设想我是来废除法律或先知。我来，不是要废弃它们，而是要加强它们。我老实告诉你们，只要天地存在，律法就必须遵行，连一丝一毫，也不能废弃。因此，无论何人轻视了戒律中最小的一条，并教他人也这样作，那么，他在天国中的地位就是最低的。反之，任何人遵行了戒律，并教他人也如此作，那么，他在天国中必占着高位。"[②] 律法是神圣、公正而善良的。只有遵从律法而生活的人，才是真正的"义人"。《圣经》还指出，人们应当彼此互相帮助，互相友爱，那些拥有钱财而不去帮助他人的人是可耻的。"亲爱的朋友，让我们彼此相爱吧，因为爱是从上帝来的，凡是实行爱的人，都是上帝的儿子，来自上帝。任何人如不实行爱，就不会认识上帝。因为上帝就是爱。""亲爱的朋友，上帝既这样爱我们，我们就应当彼此相爱！从来没有谁看见过上帝，但是，如果我们彼此相爱，那么上帝就住在我们里面，他的爱，也会在我们心内达到完满了。"[③]

---

① 《圣经》《诗篇 51》。
② 《圣经·马太福音》第 5 章。
③ 《圣经·约翰一书》第 4 章。

"原罪"思想不仅贯穿于《圣经》全书,还被一些早期的犹太哲学家所论及,比如:"罪恶并不是从天上降到地上来的,而是由人自身造成的。罪恶都记录在天上。你们这些罪人将要受永远的诅咒,并将永远得不到平安。罪人也许终身快乐,甚至在临终的时候也还是快乐的,但是他们的灵魂都要下阴间,并在那里忍受黑暗、枷锁和烈火。"① 神学家奥古斯丁指出,人除了犯了原罪外,还犯下不同程度的本罪。本罪也称"现犯罪",是指人在行为里表现出来的各种实际罪行。如不义、邪恶、贪婪、恶毒、嫉妒、凶杀、争竞、诡诈等。基督教义指出,无论是"原罪"还是"本罪",都包含有三重伤害:即伤害上帝、伤害邻人与团体,也会伤害罪人自己。在这种理念的支配下,基督教会在社会道德生活中极力渲染"罪"的危害性,强调救赎的必要性,指出人一生的最大使命,甚至全部使命就是为自己祖先的和自己的过失赎罪。因此,在"罪感文化"的背景下生存的每个人都背负着沉重的罪恶感,他们须努力倾注自己一生的精力去信仰上帝,并竭力通过禁欲主义保持自身崇高的道德境界,克服自己内心深处强烈深切的"罪感"。奥古斯丁认为,不依照凡人而皈依上帝生活的人,应该是善的爱好者,恶的憎恶者。因为没有一个人是天生恶的,恶人只是由于人沾染了坏的习惯,就如亚当、夏娃听取了蛇的诱惑一样。那么,德性的职责就是让人永久地与自身的恶习作斗争,这也就是说,我们只有通过不断地控制自身的肉欲,才能阻止心灵趋于恶业。那么,我们如何才能控制肉欲,最终获得幸福呢?奥古斯丁告诉人们,"我们得救了,我们乃是因希望而得幸福。如果我们还没有得到当前的解救,只有期乎未来的解救,那将是我们的幸福所在,我们只有忍耐。因为我们是被许多罪恶围困着,这些罪恶,我们应该耐心忍受。那解救,那有待乎来世的解救,其本身将是我们的至福。"② 在奥古斯丁看来,虔诚恭敬和信奉上帝,心甘情愿地隐忍现世的一切苦难,是灵魂得救,解脱原罪的唯一途径。

　　羞耻感、罪感本来应该是人所特有的内在情感体验,但在基督教文化中"罪"的最根本涵义则是指人偏离了对上帝的信仰。保罗·蒂利希曾经指出:

---

① [英]罗素:《西方哲学史》(上卷),何兆武、李约瑟译,北京:商务印书馆1963年版,第395页。

② 周辅成编:《西方伦理学名著选辑》(上卷),北京:商务印书馆1964年版,第376—377页。

"罪的本质是不信,一种与上帝疏离的状态,逃避上帝,反抗上帝,或将初级次要的关怀提升到终极关怀的地位。"① 有学者也将基督教中罪的涵义概括为:一、罪是一种深植于人的本性内部的悖逆上帝的倾向和背弃上帝的行为,是人顺从自己的私欲而违背上帝的法则;二、罪是对上帝冒犯和不敬,这种罪不仅是一种外在行为表现,而且是人的自由意志的产物。② 可见,基督教义中的"罪"不是法律意义上"罪",而是从宗教和道德意义上来说明罪。从宗教意义看,基督教义中的罪是指人违背神的意志,企图逾越神的地位,以自己为神;从道德意义看,罪是不义,是人以自我存在为中心,妄图将他人置于自己的意志之下。概括地说,基督教义中的罪就是人以自我为中心滥用自我意志所造成的罪的事实,是人以自我为中心的各种非道德的欲望。如果从关系的角度,用哲学的语言表述罪,就是"疏离",即"人与神"、"人与他人"、"人与自然"、"人与自己"等层面的"疏离"。这种"疏离"使人忘记了存在,导致了各种和谐关系的破坏。《圣经》说:"罪是从一人(即亚当)入了世界,死又是从罪来的,于是死就临到众人,因为众人都犯了罪"。因此,罪感意识就"是出于宗教信仰、源于对上帝不顺从与叛逆而产生的一种原罪意识。这种原罪意识亦是一种特殊的道德意识。原罪成为人的一种心理负担。这种原本具有罪孽,只有通过人们不懈地努力,才能获得宽恕,赎罪成为不可推卸的责任"③。部分经院哲学家还认为罪根源于自由,即罪的发生是因为人们关注自身而非全身心的趋向上帝。在上帝那里根本没有恶的概念,恶是由于人善理念的缺乏。

概而言之,基督教义认为,如果个人被世俗的名利或享乐所诱惑,违背了上帝的意志,触犯了上帝的戒律,就应该为自己的罪行感到羞耻,就应该向上帝作出坦诚的忏悔。而且,只有人们将因罪而引起的羞耻体验看做是忏悔的一部分时,羞耻才有意义。可见,在基督教义中,罪感、耻感以及忏悔之间有着密切的内在关联性。

---

① Paul Tillich. Biblical Religion and the Search for Ultimate Reality, Chicago: The University of Chicago Press, 1955, p. 55.
② 陈建明:《罪的定义——从旧约圣经到新约圣经》,载《中国天主教》,2004年第3期。
③ 高兆明、李萍:《现代化进程中的伦理秩序研究》,北京:人民出版社2007年版,第293页。

（二）基督教的忏悔思想

如何才能赎罪呢？基督教义中指出，只有敬信上帝，坦诚地向上帝承认自己的罪过，接受上帝为自己灵魂的救主，才能使自己的灵魂得救，进入天堂。西方基督教神学家奥古斯丁在其原罪论指出，在人的本性中，人人都有缺陷，人人皆非完美者。因此，人人都需要有一种忏悔和悔悟之心。这表明，在西方基督教传统背景下，人们的思想和行为受制于凌驾万物之上、洞察一切的上帝。他们坚信，上帝迟早会对尘世间人的善恶进行审判。善有善报，恶有恶报，进天堂还是下地狱完全取决于自己如何为人行事。在这种价值以及信仰观念的支配下，西方人对于为恶、犯罪表现出一种自觉的省察能力，当他们做错事时，往往可以通过直面上帝发出内心深处的忏悔，也可以直接体验自己的良心谴责，而无需向他人解释。忏悔是罪人消除罪感，获得"救赎"的必要条件，也是其信仰和道德的核心所在。《圣经》说："遮掩自己罪过的人，必不成功。无论是谁忏悔和放弃罪过，都将得到宽恕。"正因为此，向上帝忏悔成为每一个虔诚的基督徒不可或缺的日常功课。

忏悔就是一个人对自己所做的事感到后悔，它是个体心灵和行为从某种懊悔、自责及失望的状态向满足、坦然及和谐的情景转变的过程。基督教义认为，人如果不能无条件地信仰并热爱上帝，进而知罪并悔罪——即忏悔，就不可能得到上帝的垂怜和"救赎"。在中世纪的神学语境中，忏悔往往被区分为"完全忏悔"和"不完全忏悔"。完全忏悔是在对上帝之爱的积极回应过程中的幡然醒悟；不完全忏悔则是因为自身道德上的恶行而害怕上帝的惩罚而作出的悔罪。经院神学家托马斯·阿奎那认为，只有那种对上帝之爱的积极回应的完全忏悔才是一种真正的忏悔，因为它意味着个体是真实纯洁的，并随时准备去爱，去牺牲。忏悔作为基督教罪感思想的重要构成因素，也具有自身鲜明的特征。有学者将之概括为五个方面：首先，在基督教"罪感"文化的氛围中，忏悔已经成为人们日常生活中的普遍行为；其次，建立在宗教信仰基础上的忏悔，既是一种宗教戒律要求，也是个体道德自律的产物。忏悔者面对上帝及其代言人时表现出来的坦然与真诚，使忏悔本身得到了保障。第三，忏悔者的忏悔行为往往与其强烈的情感体验相伴而生，忏悔者在强烈的内心矛盾与冲突中直面自我的罪恶，重构内心世界的和谐，获得人生的感悟；第四，建立与忏悔相配套的惩罚机制，是发挥忏悔作用的有效辅助机制。基督教认为，仅仅有忏悔者的悔过与忏悔是不够的，应该用对忏悔者实施惩罚性的行为来确证其忏悔的严肃性；第五，忏悔可以促宽容。① 基督教宣称，一个罪人忏悔之后，就在上帝的"恩典"中获得了"救赎"，因此，他理所当然地应该得到其他人的宽恕和容纳。二战后，许多欧洲人之所以能够宽容那些真正忏悔的德国人，也是基于基督教忏悔背后所隐喻的宽容精神。

没有罪感作为道德情感基础，个体不会实施忏悔行为；同样，没有忏悔行为的保障，基督教宣扬的罪感也只是一种抽象、空洞的存在。基督教传统中的罪感思想，虽然在西方历史发展过程曾经一度充当过统治阶级奴役人民的精神工具，如果我们扬弃其消极因素，客观公正地审视基督教义中的原罪意义，可以发现这种特殊的宗教形式所蕴含的自我反思和良心发现的意义。有学者认为："在这种宗教罪感中，隐含着某种耻感。"基督教义中的上帝可以理解为"存在于人们心中信念、信仰，理解为存在于人们心中的带上神圣色彩的社会规范"，它是"人们亵渎具有普遍效准性的社会行为规范、背叛自己的理想信仰而内心又有警觉时，就会产生罪感"。② 也正是从这个意义上汤因比视罪感为一种积极的道德情感，他说："罪恶感则具有激励作用，因为它对犯罪者指出，邪恶毕竟不是外在的而是在他心里——只要他愿意遵行上帝的旨意，使自己可以承受上帝的恩典——因此它服从他的意志。基督徒曾一度陷入于其中的失望、与使他奔向'那边之门'的原动力之间的全部区别，就在于此。"③ 显然，汤因比所说的罪感内在激励作用在于，它能使人认识到罪恶存在于自己心中，人们只要听从自己内心神圣的声音，就能战胜邪恶。

总之，在中世纪基督教思想中，任何关注自身欲望的行为都是可耻的，虔诚地皈依上帝，热爱上帝及周围的一切人，甚至你的仇人，耐心地忍受现世的痛苦、等待来世的解救才是人生最大的荣誉。中世纪基督教荣辱思想虽然从本质上来说是为中世纪封建统治阶级服务的，具有一定的历史局限性，但同时也

---

① 肖立斌：《析中世纪基督教的道德情感》，载《石家庄学院学报》，2006年第6期。
② [德]布尔特曼：《生存神学与末世论》，李汇哲等译，上海：上海三联书店1995年版，第7页。
③ [英]汤因比：《历史研究》（中册），曹未风、徐怀启等译，上海：上海人民出版社1962年版，第262页。

蕴含了丰富的有关人类共同利益的荣辱思想，比如：博爱、守法、感恩等。中世纪基督教传统中的罪感以及基于罪感的忏悔思想，也与社会主义荣辱观建设中耻感思想有着部分相关和相似之处。在道德教育过程中，如何通过对人们荣誉感及耻感的培育和保护，引发人们悔过之心和忏悔之情，进而通过激发人们的忏悔之意而涵育民众的耻感美德，是社会主义荣辱观建设应该面对和解决的重要课题。因此，中世纪基督教的荣辱思想对于完善当代中国社会的荣辱观建设具有一定的借鉴意义。

三、近代西方荣辱思想

近代西方的荣辱思想主要体现在情感主义、理性主义、存在主义、现象学学派的思想中。其中情感主义学派的代表人物为英国哲学家大卫·休谟和亚当·斯密；理性主义学派代表人物为德国思想家康德、黑格尔；存在主义学派的代表人物为法国哲学家萨特；现象学派的代表人物为德国哲学家马克斯·舍勒。

（一）情感主义学派的荣辱思想

1. 大卫·休谟的荣辱思想

英国情感主义学派的代表人物大卫·休谟认为，同情是判断人类行为善恶的根本标准。他说："很可能，那宣判性格和行动是可亲或可恶、是值得称赞或令人谴责，那给它们打上光荣或耻辱、赞许或责难的印记，那使道德性成为一条能动的原则、并将德性规定为我们的幸福、而将恶行规定为我们的苦难的最终裁决：我是说，很可能，这种最终的裁决依赖于大自然所普遍赋予整个人类的某种内在的感官或感受。"① 休谟在此所说的感受，就是同情原则。由于同情能够使人们超越自我利益的范畴，对他人的利益和社会公共福利产生关切的情感，因此，同情也成为休谟判断荣辱的标准。

我们知道，荣辱感是行为主体获得他人赞誉或颂扬时产生的一种自我肯定、自我满足的积极情感体验。羞耻感则是行为主体受到他人贬斥、轻视时产生的一种否定性的心理体验。但休谟认为，"美名虽然一般说来是令人愉快

---

① ［英］休谟：《道德原则研究》，曾晓平译，商务印书馆2004年版，第24页。

的，可是我们从自己所尊重和赞许的人的赞美方面，比从我们所憎恨和鄙视的人的赞美方面，得到最大的快乐。同样，我们对他们的判断十分重视的那些人，如果对我们表示轻蔑，我们就要感到极大的耻辱。但我们对其余的人们的意见，则大部分是漠不关心的。"① 显然，在休谟看来，行为主体对赞扬者或轻视者的能力、品行的接受和认同程度，会对其荣辱感受度产生直接影响。这是因为，在现实生活，人们总是主动将自己的情感与自己尊重、亲近的人情感相呼应、相一致，那些与其关系最亲密的人或其最敬重的人的意见往往是他最重视的。休谟认为，对于情感而言，关系是必需的。因为"这些关系有一种影响，促使我们把自己对别人的情绪所产生的观念转化成那些情绪自身——这种转化是通过别人人格的观念和自我的观念之间一种联结"。② 割断这种关系必然减弱某种情感。因此，如果我们在现实生活中遭遇了耻辱，我们总是设法远离自己亲近的人；如果我们获得了荣誉，我们愿意让自己最亲近的人知道。因为"我们由赞美所获得的快乐发生于情绪的传导"。同样，情绪的传导也会增加我们因羞辱而产生的痛苦。

休谟认为，凡是能给社会带来好处的行为，由于这种行为为他人提供了可分享的效用和利益，就应该受到社会的热爱、称赞和尊重，从而使人产生荣誉感。而一个人如果放弃自己对社会所应尽的义务，他就会遭到别人的否定，从而产生耻辱感。比如，"诚实、忠实、真实，因为他们促进社会利益的直接趋向而受到称赞；但是一旦这些德性在这个基础上确立以后，他们也被当做是对这个人自己有益的，被当做是那种唯一能使人在生活中受到尊敬的信赖和信心之源。一个人如果忘记他在这方面对自己和社会所应尽的义务，就变得不仅可憎，而且可鄙。"③

从休谟的上述观点中可以看出：同情原则是休谟的荣辱思想的理论前提。从某种意义上说，这种思想冲破了中世纪基督教罪感思想束缚，体现了近代西方思想家对人、人性以及人的情感的彰显与关注。

---

① [英]休谟：《人性论》（下册），关文运译，北京：商务印书馆1980年版，第357页。
② 同上，第359页。
③ [英]休谟：《道德原则研究》，曾晓平译，北京：商务印书馆2004年版，第90页。

2. 亚当·斯密的荣辱思想

近代西方情感主义学派代表人物亚当·斯密继承并发展了大卫·休谟的同情理论，并在此基础上建立了自己的"公正的旁观者"理论。他认为，人人都有一种关心别人命运、牵挂别人幸福的本性，这种本性就是同情（sympathy）。同情，即感情同感或共鸣。它是行为主体设身处地地想象他人的处境而产生的一种情绪反应。但在现实生活中，并非所有的感情都能引起同情。只有当事人的原始感情与旁观者同情感觉完全一致时，对旁观者来说，那些原始感情才是正当与合宜的，才可能产生同情。斯密认为，这种公正旁观者的合宜感，即行为主体通过群体的情感反应感受自己的思想、情感、行为的恰当性，不仅是人们同情产生的情感基础，而且也是人们荣辱感产生的情感基础。斯密说："昧于实情、无根无据的赞扬不可能让我们感到可靠的快乐和经得起严格考验的满足。相反，虽然我们实际上没有得到赞扬，但是我们的行为在各方面都名副其实配得上称赞，按照通常的标准也一定会获得称赞和认可，想到这一点常常让我们感到真正的安慰。虽然周围的人并没有责备我们，但是我们通过反省感到自己理应受到责备，还是感到惭愧。"① 可见，在斯密看来，旁观者的情感或心理的感受，是个体评判自己思想、行为及情感善恶、荣辱的基本前提和依据。

关于什么是耻辱。斯密认为，一个因自己的困厄而陷于悲伤与颓丧的人，是可耻的；一个敢在世人面前自曝其短的人，他得到的是耻辱，而不是人们的原谅和怜悯。他说："他的行为让他们感觉到的，与其说是悲伤，不如说是耻辱；在他们看来，他这样使自己蒙受的耻辱，才是整个不幸中最可悲的。"② 这是因为人们比较容易完全同情他人的喜悦，而比较不容易同情他人的悲伤，即使人们将自身的处境完全暴露在世人眼前，却没有任何人可以感受到当事人痛苦的一半，因此，人生最大的耻辱，莫过于必须将我们的困窘展露在世人面前。另外，一个人的行为破坏了社会普遍认同和接受的原则，也是可耻的。斯密说："如果一个人的行为破坏了所有受人欢迎的原则。……只要他站在公正的旁观者的角度回顾自己的行为……就会感到无地自容。如果他的行为已经家

---

① ［英］亚当·斯密：《道德情操论》，韩巍译，北京：西苑出版社2005年版，第108页。
② ［英］亚当·斯密：《道德情操论》，谢宗林译，中央编译出版社2008年版，第58页。

喻户晓，他一定会觉得自己蒙受奇耻大辱。此时除非他对周围的一切视而不见，否则他无法在精神上逃脱他人的蔑视和嘲笑。"①

关于判断荣辱善恶的原则。斯密认为，良心是判断善恶和荣辱的重要原则。斯密认为，良心站在第三者的立场，能够对我们的行为正确与否作出公正无私的评判。他说："正是他告知我们慷慨宽宏的合宜，以及不公不义的丑恶；正是他告知我们，为了更大的他人利益而放弃我们自己最大的利益是合宜的，而对他人造成最小的伤害以便为我们自己谋取最大利益则是丑恶的。"② 如果人们违背了良心的原则，而去不公正地偏爱自己，或是为一己私利而牺牲他人更大的利益，那么，他将成为人们藐视和愤慨的对象，从而获得人生最大的耻辱。斯密认为，"不会有普通诚实的人不觉得这种行为的内在耻辱，以及这种行为将永远烙印在他自己心中的那个不能消除的污点，比完全不是由于他自己的过失，但可能他身上的最大的外来灾难更为可怕。"③ 在斯密看来，良心不仅具有价值判断能力，还是一种促使人们追求光荣和高贵品行的强烈情感驱动力。对于一个清白无辜的人来说，对其情感造成影响的那些外在的不幸当中，莫须有的名誉损失是最大的不幸。因此，人们必须要对损害自身荣誉的事情保持高度的敏感。当然，对于那些年纪较大的人来讲，由于他们阅历丰富，良心成熟，对于外界的非议或荣誉可以采取冷漠的态度，而那些良心不成熟的年轻人则容易受到外界的影响，而产生不适当的荣誉感或羞耻感。尤其是对于重大的罪行，如果他良心发现，则会感到无比的羞耻和悔恨，除非他是一个"最卑鄙和最恶劣的人，对荣誉和臭名，罪行和美德全然无动于衷的人，才能免受它的折磨"④。

（二）理性主义学派的荣辱思想

1. 康德的荣辱思想。

西方近代理性主义的荣辱思想，在康德的道德伦理思想体系有着鲜明的体现。康德是西方哲学史上第一位系统论证自我尊严的哲学家。他认为："人，

---

① ［英］亚当·斯密:《道德情操论》，韩巍译，北京:西苑出版社2005年版，第111页。
② ［英］亚当·斯密:《道德情操论》，谢宗林译，北京:中央编译出版社2008年版，第164页。
③ 同上书，第165页。
④ ［英］亚当·斯密:《道德情操论》，蒋自强等译，北京:商务印书馆1998年版，第147页。

一般说来，每个有理性的东西，都自在地作为目的而实存着，他不单纯是这个或那个意志所随意使用的工具。在他的一切行动中，不论对于自己还是对其他有理性的东西，任何时候都必须当做目的。"① 任何人在任何时候都应该永远把人当做目的，这样就必然产生一个由普遍客观规律约束起来的有理性东西的体系，即目的王国。在这个王国中，每个有理性的人都既是普遍立法者，同时也是法律、规律的遵守者。康德认为，目的王国中的一切，或者有价值，或者有尊严。康德指出："只有那种构成事物作为自在目的而存在的条件的东西……具有尊严。""道德就是一个有理性东西能够作为自在目的而存在的唯一条件，因为只有道德，他才能成为目的王国的一个立法成员，因此只有道德以及与道德相适应的人性，才是具有尊严的东西。"② 尊严是康德荣辱思想的出发点。康德认为，人并非是为荣誉而活，而是依靠或出于尊严而活，人生的真正荣誉只有一种，就是对道德规律的尊重。因为"人之所以崇高、尊严，并不是由于他服从道德规律，而是由于他是这规律的立法者，并且因为这样，他才服从这一规律"。而且，"既不是恐惧，也不是爱好，完全是对规律的尊重，才是动机给予行为以道德价值。"③ 显然，在康德看来，尊严是荣誉的本质。对于理性存在者而言，降低或抛弃自我尊严，就是最大的耻辱。如果人们违反意志自律原则，或未能按照普遍道德原则行事，必然带来尊严受损的心理体验，而这种体验就是羞耻的实质。此外，康德还将那些不计尊严、狂热地追求荣誉的人称为"荣誉癖"。他认为，那些荣誉不是出于内在道德责任而获得尊重，而是与"统治癖"、"占有癖"一样，是一种冷漠的情欲，它们是人类的"疾病"。

总之，在康德看来，荣誉的本质在于尊严的获得，真正的荣誉来自于理性存在者因敬畏道德本身而忠实地践履道德；羞耻源自于行为者在各种自然情感、欲望、爱好的驱使下，违反道德律令，放弃意志自律原则，其本质在于尊严的丧失。康德在其荣辱思想中高扬了道德以及与道德相适应的人性的尊严，揭示了道德敬畏、道德尊严与道德荣耻之间的内在关联，是对中世纪基督教以

---

① [德]康德：《道德形而上学原理》，苗力田译，上海：上海人民出版社2005年版，第47页。
② 同上书，第57页。
③ 同上书，第61页。

禁欲为目的的罪感思想有力的反击。

2. 黑格尔的荣辱思想

黑格尔是西方思想史上的最伟大的哲学家之一。他的哲学不仅是德国古典唯心主义哲学发展的顶峰，也是对西方理性主义学说和近代西方哲学发展的系统总结。黑格尔哲学思想中也蕴含着丰富而深刻的荣辱思想。其主要内容如下：

首先，荣誉是个体人格独立性的产物。黑格尔说："荣誉可以有多种多样的内容。……我可以把握身上一切有实体性的东西，如……忠贞……公正……严谨都看做我的荣誉。……却不是单凭它们本身就得到赞许和承认，而是只有当我把握的主体性（人格）体现在它里面时，它们才成为荣誉攸关的事。所以一个重荣誉的人在一切事情上总是首先想到他自己；他并不过问一件事本身是好是坏，而只问以他这样人来做或不做这件事是否符合他的身份，是否关系到他的荣誉。"显然，在黑格尔看来，荣誉与代表荣誉的实体本身并无关系，而是与行为主体自身对该事物的认同及接纳程度密切关联。黑格尔指出，现实生活中一切实体性存在，都可能成为荣誉的内容，但"荣誉的内容带有偶然性"，"荣誉发生效力要靠主体而不是靠荣誉本身的内在本质"。① 也就是说，行为主体只有将现实生活的某些实体性存在内化为自身主体性人格的一部分，这些实体性存在才能真正成为荣誉的内容。因此，黑格尔说："荣誉无论它所引起的冲突还是它的赔偿来看，都靠人格的独立性……即个性的独立性。……在荣誉里不仅有坚持自己的独立和凭自己去行动，而且这种独立性是和对自己的看法联系在一起的；正是这种对自己的看法形成了荣誉的真正内容……荣誉就是反映在自己心里的独立性，这种独立性就以这种反映为它的本质，不管它的内容是本身带有伦理性的和必要的，还是偶然的、无意义的。"② 可见，黑格尔认为，决定荣誉性质的根本不在于荣誉本身，个体人格的独立性才是荣誉产生、作用以及内容确定的基本前提。尽管黑格尔十分强调主体性、人格独立性在荣誉产生、作用过程中的重要意义，并提出，相对于个体人格独立性而言，荣誉的内容是偶然的，甚至是无意义的；但他坚决反对人

---

① ［德］黑格尔：《美学》（第2卷），朱光潜译，北京：商务印书馆2010年版，第322页。
② 同上书，第325页。

们追求那些空洞的、失去内容的、抽象的荣誉。他说:"荣誉也可以毫无内容而完全是形式。……在这种情况之下,荣誉就变成完全冷冰冰的、死的东西。"① 黑格尔认为,这种荣誉本身会因其缺乏实体性内容,而失却必然性,甚至会蜕变成完全的恶。

黑格尔在荣誉面前高扬了人性,强调主体性、人格独立对于荣誉的决定性意义,并以此为理论前提,提出了关于荣誉的一般原则。他说:"荣誉的一般原则的基本定性是,每个人都不应该通过自己的行动给旁人以凌驾于自己之上的权利,因此,不管他做了什么或遭受到什么,他在事前事后都把自己看做一个不可改变的无限的主体,并且也要求旁人这样看待他。"② 从一定意义上说,黑格尔这种以个体的主体性或人格独立性为界定标准的荣誉思想是对基督教以上帝为无上光荣的宗教荣誉思想的有力回应。

其次,侮辱是荣誉的被破坏。黑格尔认为,荣誉体现了个体自身的主体性人格,也反映着旁人的观念和承认。荣誉可以被树立,也能够被破坏。黑格尔将"对荣誉的破坏"称为"侮辱"。通过前文的论述,我们已经认识到,黑格尔认为,现实生活中决定荣誉性质的根本不在于荣誉本身,也不是荣誉所包含的内容,而是个体人格的主体性、独立性;同样,在现实生活中能够对人们的荣誉构成损害的也不应是荣誉本身或荣誉所包含的内容,而应是那些被行为主体视为与自身人格主体性命运攸关的实体存在。因此,黑格尔说:"对荣誉的损害所触及的不是有实在价值的具体事物如财产、地位和官职之类,而是单纯的人格,自己对自己的评价。……"③ "对荣誉的破坏(侮辱)也不是在内容问题上,我并不是在内容上感受到损害或侮辱,因为遭受否定的涉及人格,而人格的主体把这种内容认成自己荣誉攸关的东西。"④

再次,荣誉感是行为主体对自身人格主体性、独立性的最亲切的肯定意识,也是行为主体对自身所特有的实体存在的最高实现。黑格尔说:"在感到荣誉时,一个人对自己的无限主体具有最亲切的肯定的意识,不管这无限主体性的内容是什么。凡是一个人所占有的对他算是特殊的东西

---

① [德]黑格尔:《美学》(第2卷),朱光潜译,北京:商务印书馆2010年版,第323页。
② 同上书,325页。
③ 同上书,321页。
④ 同上书,324页。

（如果这东西丧失了，它的价值并没有丧失），荣誉感都可以使这东西具有主体性的绝对效力，他自己这样看，旁人也会这样看。所以荣誉的标准不是主体实际是什么样的人，而是他把自己看成什么样的人。""荣誉是主体自己看到的主体的外貌和反映，主体性本身既是无限的，它的外貌也就是无限的。由于这种无限，荣誉的外貌同时也就是主体所特有的实际存在和最高现实，而每一个特殊的品质只要由荣誉照耀到，主体都把它看成自己的组成部分，它就凭这种外貌而提高到具有一种无限的价值。"① 显然，在黑格尔看来，现实生活中任何实体性存在，一旦被行为主体视为荣誉般的存在，其价值将会得到最大限度的实现。也就是说，荣誉感可以赋予现实生活中一切实体性存在以无限主体性和无限价值。因此，呼吁民众珍视荣誉、敬畏荣誉，并帮助民众树立正确的荣辱、善恶观，是任何国家任何时代都应普遍关注的问题。

（三）存在主义学派的荣耻思想

法国存在主义思想家萨特从存在主义的研究视阈分析羞耻。他认为，羞感是一种情绪。情绪"是对新的关系和新的要求的把握。只是因为把握某一对象变得不可能，并同时导致一种无法忍受的紧张状态，于是意识通过其他途径来把握，或者试图把握它，即意识通过改变自己来达到改变对象的目的"。萨特认为，当意识领悟到无法改变世界时，当意识走向世界的通道被中断时，由意识所引导的身体就通过非反思行为非反思地改变个体自身而改变世界，情绪就会出现。关于羞感作为一种情绪的原因。萨特列举了如下两个相关事例予以说明。

一是"我刚才做出了一个笨拙的或粗俗的动作……我既没有判断它也没有指责它，我只是经历了它，我以自为的方式实现了它。但是这时我突然抬起头：有人在看着我。我一下子把我的动作实现为庸俗的，并且我感到羞耻……他人是我和我本身之间不可缺少的中介：我对我自己感到羞耻，因为我向他人显现"。②"让我们想象我出于嫉妒、好奇、怪癖而无意中把耳朵贴在门上……

---

① ［德］黑格尔：《美学》（第2卷），朱光潜译，北京：商务印书馆2010年版，第321页。
② ［法］萨特：《存在与虚无》，陈宣良译，北京：三联书店2007年版，第282—283页。

然而……这时有人在注视我……"①

通过这两个实例，萨特得出结论：羞感既不在我的意识之中，也不在我的身体之中——以潜能的形式存在；同时也不在他人之中，而是存在于某种结构之中。这个"结构是意向性的，它是对某物的羞耻的领会，而且这某物就是我。我对我所是的东西感到羞耻。因此，羞耻实现了我与我的一种内在关系：我通过羞耻发现了我的存在的一个方面"②。可见，在萨特看来，羞耻并不是面对某物或某事而感到羞耻，而是在他人面前，对自我的羞耻；体现了主体我与客体我的一种内在关系。因此，萨特认为，羞耻向我揭示我是这个存在。他说："羞耻假设了一个对别人而言的对象——我，但是同时也假设一个感到羞耻的自我性，并且这表述中'我'完整地体现了这种自我性。这样，羞耻是对以下三维的统一领会：我在他人面前对我感到羞耻。"③ 显然，在萨特看来：羞耻产生必须具备三个基本条件：即我、我的现实存在、他人的在场。萨特为什么要把他人的在场视为羞耻产生的必要前提呢？他说："羞耻是对我原始堕落的体验，不是由于我犯下了这样或那样的错误，而是由于'我'落入了世界，没于事物之中，并且我需要他人为中介以便是我所是的东西。"④ "正是羞耻和骄傲向我揭示了他人注视和这注视终端的我本身，使我有了生命。……羞耻是对自我的羞耻，它承认我就是别人注意和判断着的那个对象。我只能因为我的自由脱离了我已变成给定的对象而对我的自由感到羞耻。"⑤ 而"我通过我的经验经常追求的，是他人的感觉，他人的观念，他人的意愿，他人的个性。……他人不仅是我看得见的人，而且也是看得见我的人"。可见，在萨特看来，任何自我都是在与他人的相互关系中认识自己的。我也是在他人的注视中体验到他人的存在，认识自己的本质。是他人的存在，他人的注视，让我羞耻。

德国思想家舍勒批驳了萨特的羞感思想，他认为，若想探寻羞感产生的根本原因，就应该把视线投向对象以及对象的意义和价值，而不是朝向个体自

---

① [法] 萨特：《存在与虚无》，陈宣良译，北京：三联书店2007年版，第336—337页。
② 同上书，第282页。
③ 同上书，第362页。
④ 同上书，第361页。
⑤ 同上书，第328页。

我、自我性质或状态，这是因为"害羞"始终是为某事而害羞。它与某个事实相关，这个事实自发地要求害羞，这与个体的"我"之状态毫无关系。① 针对萨特主张的他人在场、他人的注视是羞感产生的根源这一观点，舍勒作出了完全不同的回答。他认为，羞耻感是一种"回转自我"的感觉。他说："知道被人注视本身还不一定引起羞感。以一个很怕羞的女人为例，假设她作为模特在画家眼前，或作为病人在医生面前，甚至入浴时在仆人面前出现，她几乎不会感到害羞，正如她在面对情人忘我地注视她一样——尽管出于完全不同的理由。只要她觉得自己被交给画家，作为审美现象的场景和具有艺术价值的景物，就不会发生那种回转；或者她知道自己被作为'病例'交给医生，作为女主人交给仆人，情况亦然。"② 只有注视者与被注视者的精神意向发生冲突时，羞感才会出现。如果画家、医生和仆人的精神意向转移到这个女人的身体上而且女人可以感觉到，那么模特、病人、女主人的感觉就会立即消失，这个女人便会立刻产生剧烈的羞感反应。因此，舍勒认为，"回转自我"是羞感产生的原动力。我们认为，舍勒的"回转自我"思想较为合理地揭示了羞感不仅以自我意识为前提，而且以自我意识为表现。但是舍勒所说的"回转自我"的自我意识仅仅是一种停留在感性层面的自我意识状态，没有上升到人对象化自我过程中应该达到的对自我本质的认识层面。

尽管羞感的产生离不开他者的在场与注视，但舍勒认为，这种他者在场、他者注视并不是羞感产生的充分必要条件。对此，舍勒以自己的亲身经历为例提出：在现实生活中，我们还会产生面对自己而羞的体验，有时还会替他人害羞。"譬如某人讲述一个不太正经的故事，如果在场的都是男人，它根本不会让我害羞，但是如果有一位年轻的姑娘在场我的感受则截然相反。"③

综合上述观点，我们认为，羞耻感是个体的一种负罪感、愧疚感。这种情感既可以指向自我，也可以指向他人。但人们一定是为某事而产生羞耻体验的，也就是说，羞感出现的形式不是羞感本身的萌动，也不是受到羞感的侵袭

---

① [德] 马克斯·舍勒：《价值的颠覆》，刘小枫编，罗悌伦等译，北京：三联书店1997年版。
② 同上书，第180页。
③ 同上书，第183页。

或触动而产生的。它一定与某个事实相关,是某种事实导致了害羞感觉的产生。它也一定与行为主体感官体验与理性认识能力密切相关。

(四) 现象学派的荣辱思想

德国思想家舍勒在其著作《论害羞与羞感》中对羞感问题进行了专门研究,提出了许多有价值的思想和主张,对于我们深入研究道德耻感问题具有重要的借鉴意义。其主要内容可概括为如下几个方面:

首先,羞感是人所特有的能力。舍勒认为,羞耻感的产生必须具备两个基本要素:肉体和精神。神没有肉体,动物没有精神,因此,神和动物都不会害羞。人是肉体与精神的统一体。肉体是羞感产生的物质前提,人因肉体而必然处于害羞的境地,因精神而可能产生害羞的感觉,因为,唯有精神才能使人能够自己在自己心中的上帝面前害羞。而且,只有人能够在内心深处感知自己是介于两种存在秩序(上帝与动物)和本质秩序(身体与精神或曰"灵"与"肉")之间的一道桥梁、一种过渡。在这个桥梁和过渡界限之外,无论向那一端延伸,都没有任何存在者和生存者能够具有羞感。因此,人类在世界生物的宏伟的梯形建构中的独特地位和位置,唯有通过羞感,才能被鲜明地体现出来。

其次,羞感是人类的精神意识到某种观念的"应然"与"实然"的矛盾和冲突的产物。舍勒认为,羞感绝不是一种社会的感觉,也不是纯粹的性感觉。就像在他人面前害羞一样,人们也存在面对自己的羞涩和面对自己感到害羞,因此,羞感属于自我感觉的范围,是人们对其自身感觉的一种形式。舍勒认为,羞感一般存在于人类两种冲突经历:一是当人们体验到他人注视的目光或者精神意向和自己预期的精神意向发生冲突时,羞感的原动力——回返自身就会被引发,羞感就会产生。因此,羞感本质是个体回返自身的自我感觉,即面对一切普遍性东西的领域产生的一种对自身以及自我价值的保护感。二是当人们活动的本质要求、本真意义和个人的出发点与其具体和现实的存在方式发生冲突时,羞感也会被引发。因为在这种冲突经历中,存在着一种"堕落"观念。"按照《旧约》的说法,就是人从本来可以将自己视为并感觉为'上帝的形象'的高度的堕落。《旧约》神话中将亚当、夏娃的偷食禁果的行为,直接描述为羞感的根源。'他们二人的眼睛就明亮了,才知道自己是赤身裸体,便拿无花果树的叶子，为自己编做裙子'。"① 舍勒认为，神话的观点与他的观点不谋而合，只不过神话的表达方式是神秘而形象的，不能作为其科学的立论依据。事实上，在人的精神需求与人的身体需求之间，必然存在着某种天然的不平衡和不和谐，恰恰是这些不和谐、不平衡构成了羞感产生的基本条件。

从舍勒的思想中我们不难看出，羞感始终产生于人类较高的意识等级和较低的意识等级之间的冲突中，它是人类精神意识到某种观念的"应然"与"实然"的矛盾和冲突，或者是两类不同等级的价值（更高的应然价值和较低的现存价值）的冲突。从这个意义上说，羞感的本质在于：行为主体在对象化自身的过程中，因认识到自身本质性欠缺（实然与应然的差距）而产生的一种否定性情感体验。羞感的产生意味着人具有了一种对自我应然、实存以及两者之间差距的认识能力。

其三，身体羞感和灵魂羞感是羞感的两种基本形式。舍勒认为，羞感可以划分为两种基本形式，即身体羞感（生命羞感如性羞感）和灵魂羞感（精神羞感）。身体羞感中存在生命本能和感观本能的对立；灵魂羞感中存在精神人格的爱、意愿、思想与生命本能之间的对立。每一种羞感都具有甲乙两种意识功能，即较低级的无价值差异的意识功能和较高级的进行价值选择甚至价值发现的意识功能。舍勒指出，两种形式的羞感在本质上都具有"自我保护"的功能。一方面抵制较低级的本能追求的诱惑，使人免于沉沦；另一方面呵护较高级的具有普遍性本质追求，使之免受亵渎。据此，舍勒提出：羞感是人类灵魂的"天然罩衣"，它像"一种灵敏的氛围——不可伤害的屏障，像界限一样围绕着人的身体"②。由于身体羞感以感官和生命的本能感觉为前提，灵魂羞感以精神的个人存在为前提，因而身体羞感普遍地存在于人的身上和某个人或民族的发展的任何时间之内，而灵魂羞感则不是人的普遍属性，也不会出现在个体发展和民族发展的每个阶段。但舍勒认为，一个失却灵魂羞感的人，一定是一个不懂得呵护自己生命尊严的人；一个缺乏灵魂羞感的民族，也必定是一个堕落的民族。

---

① ［德］马克斯·舍勒：《价值的颠覆》，刘小枫编，罗悌伦等译，北京：三联书店1997年版，第183页。

② ［德］马克斯·舍勒：《舍勒选集》上卷，刘小枫编，上海：三联书店1999年版，第553页。

其四，羞感是克制人的本能冲动，造就高贵的人的重要辅助力。舍勒认为，对羞感的高度评价和保护它不受伤害，是一种意义深远的道义要求。因为，羞感阻止并排除高贵生命与卑贱生命相混合，间接保护了性本能和生殖本能，使其尽可能地在生物学上发挥最高的效能。在舍勒看来，羞是高贵生命针对卑贱生命的一种自我保护。一个种族或某个个体的血统关系越高贵，这个种族或个体的羞感就越强烈、越纯真。在女人身上，羞怯和贞节赢得诗人的最高赞誉，在骑士般的日尔曼英雄身上，人们所描述的那种纯真的羞感也十分令人感动。回顾近代历史的发展历程，任何一个时期出现的羞感的明显衰退现象决不像某些人们断言的那样，是更高级和上升文化发展的结果；恰恰相反，它是种族退化的一种确凿的心灵标志。这是因为，羞感的损失或弱化，意味着人类不再受羞感限制的本能会愈益无选择地实现自我满足，出于功利主义的选择会代替爱的选择。因此，真正的文化决不应该使羞感减轻，而只会导致风俗习惯上的羞感表达缓慢转化，即从较强制的形式到较灵活的形式，从偏重身体的形式偏重到灵魂的形式。

（五）精神分析学派的荣辱思想

弗洛伊德，奥地利著名精神病医生，精神分析学派创始人。弗洛伊德运用精神分析学的原则和方法解释个人、历史和社会文化现象，在西方掀起一股精神分析运动，弗洛伊德主义因此而得名，并成为一种具有世界影响的社会思潮。弗洛伊德的精神分析学说中也蕴含着丰富的羞耻感思想。其主要内容概括如下：

首先，羞耻感是一种因恐惧外界权威而产生的社会性焦虑情绪。在弗洛伊德的精神分析学中，羞耻感就是内疚感，两者没有严格的区分。他认为，羞耻感或曰内疚感是一种基于对权威力量的恐惧而产生的焦虑情绪。这种情绪并不是人们做了他们知道的"很坏的"事情而感觉到犯了罪才产生的，一个人即使没有干坏事，而仅仅是有一点做坏事的念头时也会产生罪恶感。人们尽管能够认识到有的邪恶并不会损伤或危害其自身，而且可能是人们所期望的、能带来快乐的东西，但也会基于罪恶感的驱使而放弃邪恶，因为人们同时又能够预测到邪恶会被作为一种不该干的事情而受到指责。这意味着，促使人们放弃邪恶乃至邪恶动机的不是他们自身，而是外界的影响，在人们自身之外肯定有一个强有力的人物在影响着他——一种害怕失去爱的动机。假如一个人失去了他所依赖的人的爱,他也将丧失对危险的防御,而且可能冒着受强有力的权威人物惩罚的危险。由于害怕失去爱,人们必须努力避免这种丧失。弗洛伊德称这种由于害怕失去爱而不干坏事的良心为"坏良心",它属于良心发展的第一阶段,反映了一种社会性焦虑。在此阶段,人们的羞耻情绪反应受着外界强制惩罚力量的制约,不是行为主体自身的主观自觉认识的反应。

其次,羞耻感也是一种因恐惧超我权威而产生的焦虑情绪。弗洛伊德将个体的心理结构划分为三个层次:即本我、自我和超我。本我是最原始的、潜意识的、非理性的心理结构,充满着本能和欲望的强烈冲动,受快乐原则的支配,一味追求满足;自我是受知觉系统影响,经过修改的来自本我的部分。它代表理智和常识,按照现实原则来行事。它既以大部分的精力来控制和压抑发自本我的非理性的冲动,又迂回地给予本我以适当的满足。超我是人格中高级的、道德的、超自我的心理结构。它以道德良心、自我理想等至善原则来规范自我。弗洛伊德指出:"自我主要是外部世界的代表,是现实的代表,而超我与之形成对照。是内部世界的代表,是本我的代表。自我与理想之间的冲突……最终反映现实的东西和心理的东西之间、外部世界和内部世界之间的这种对立。"① 在弗洛伊德看来,超我是道德规范、社会情感在个体精神世界的内化,它"保持着父亲的性格"②,"随着儿童的长大,父亲的作用就由教师或其他权威人士继续承担下去,他们把指令权和禁律权都交给了自我理想,并且以良心的形式行使道德的稽查作用。在良心的要求和自我的实际表现之间的紧张是作为罪恶感或内疚感被经验到的。"③ 可以看出,弗洛伊德所说的"超我"是通过个体的道德良心、道德理想的方式支配着"自我",一旦个体作为现实代表的"自我"的思想和行为违背了个体自我内化、认同的道德义务规范时,便会产生良心不安,这种不安来自于个体因惧怕社会舆论或担心自己蒙羞而产生罪恶感、羞耻感、内疚感。弗洛伊德认为,内疚感是严厉的超我和附属的自我之间的紧张,它是作为一种惩

---

① 车文博主编:《弗洛伊德文集》《自我与本我》,长春:长春出版社2004年版,第134页。
② 同上书,第133页。
③ 同上书,第135页。

罚需要表现出来的。只有当个体人格结构中牢固地形成了超我，并且由超我把那些外界权威内化之后，真正的良心才能出现。这是良心发展的第二阶段。在此阶段，行为主体对自身不良行为的克制不是迫于外界强有力的权威的压力，而是源于内心超我发出的道德命令。

因此，弗洛伊德认为，羞耻感（弗洛伊德称为内疚感）有两个根源：一个是对外界权威的恐惧，另一个是对超我权威的恐惧。对权威的恐惧虽然能够促使行为主体克制自己的本能冲动，但行为主体的愿望依然存在。这种愿望是无法隐瞒超我的，因此即使个体良心发展到第二阶段，依然会产生羞耻感体验。这对于人而言，是很不幸的，因为超我给个体带来的内疚羞耻感会导致人的内心世界的永久紧张性。同时，这也意味着，人类为了达到社会文明和进步正在付出巨大的代价，即每个人因增强了内疚感而丧失了幸福感。对弗洛伊德的上述观点，陈会昌教授作了如下评价："弗洛伊德所说的良心、内疚，绝不是狭义的、只是与性欲有关的道德，它可以推及到人的其他社会关系和其他道德品质的发展，因为早期良心和内疚感的形成方式是一种模式化的东西，而不仅仅是某一种道德内容，这种早期个人道德模式肯定会影响人一生的道德生活实践。"①

精神分析学派学者 Horney 也认为，羞耻感与理想自我紧密相联，是个体在觉察到实际自我与理想自我的差异时产生的情绪体验。后来，Thrane 进一步将这一观点深化，认为个体不但在没有达到理想自我时会产生羞耻感，甚至在觉察到自己未能达到自己所重视和崇尚的人对自己的期望时也会产生羞耻感。② 心理学家林德女士也认为，耻感与自我认同有密切的关系。她说："一个人可以没有逾越任何规则，没有做任何犯禁的行为，可以符合社会的所有规矩……但他仍然会感觉不可取或不足……"③。事实上，我们在现实生活中，经常会遇到这样的情景：即许多人通常会为自己设想一个理想的境界或者理想的"自我认同"，当通过自己的努力不能达到此理想境界或不能满足自我的认同感时，羞耻感或曰愧疚感就会油然而生。

---

① 陈会昌：《道德发展心理学》，合肥：安徽教育出版社 2004 年版，第 80 页。
② Michele S. Reimer." Sinking into the ground": The Development and Consequences of Shame in Adolescence. Developmental Review, 1996, 16: 321-363。
③ H. Lynd, on Shame and the Search for identity, p. 18. N. Y, Harcourt Brace Jovansvich, 1958。

虽然精神分析学派、存在主义学派以及现象学派在分析羞耻感产生的原因时，所采用的论证及分析方法不同，但我们认为，他们在这一问题上的基本观点是有相通之处的。无论是精神分析学派的"超我的恐惧"，存在主义学派的"欠缺"，还是现象学派的"实然"与"应然"的冲突，事实上都是在强调，羞耻感是行为主体的自我意识的情感反映，即它是行为主体意识到实然自我与应然自我之间距离时产生的一种否定性情绪反映。

（六）罗尔斯的羞耻感思想

现代美国著名哲学家家罗尔斯在其著作《正义论》中对引发羞耻的原因也作了深刻的剖析。他认为，羞耻感与人的自尊感、正义感密切关联，其具体内容表现在如下三个方面：

首先，羞耻产生的直接原因是个体自尊受到伤害或损害。罗尔斯说：羞耻是"某人经受了对手对他的自尊的一种伤害或对于他的自尊的一次打击时所产生的那种情感。"① 在罗尔斯看来，自尊是一种基本善。这种善包含两方面的内容：一是个体秉承的基本价值理念和善理念以及个体对自己生活计划能够实现的肯定性信念；二是个体对自己实现自己意图的能力的自信。罗尔斯说："没有自尊，那就没有什么事情值得去做，或者即便有些事情值得去做，我们也缺乏追求它们的意志。"② 反之，当一个人人生计划的实现能够充分激发他的价值感，他就会显得十分自信。而拥有一个有着共同利益的社会团体，是个体实现自尊的必要条件。因为，社会团体可以帮助其社会成员"减少失败的可能性"，并为其提供"抵制自我怀疑的力量"。简而言之，共同体能够为其社会成员的价值感建立提供可靠的基础。同样，共同体也可以强化社会成员的挫败感、自我贬低感，降低其自我价值感，因此，有着共同利益的共同体也是羞耻感产生的必要条件。

其次，理想我与现实我之间的差距或欠缺也会导致羞耻。罗尔斯认为，羞耻是由行为主体的生活计划或生活理想决定的。他说："羞耻感是和我们的渴望、我们奋力以求的事物以及我们希望去与之联系的那些人们联系的。"如一个缺乏音乐天赋且无意成为音乐家的人，绝不会为自己缺乏音乐才能而羞耻。

---

① 罗尔斯：《正义论》，北京：中国社会科学出版社1988年版，第445页。
② 同上书，第442页。

因此，羞耻感必然与人们所要实现的人生目标，与实现这些目标所必须的美德或优点的缺乏以及在目标实现过程中我们表现出的人格缺陷和行为失败相关。依据此观点，罗尔斯将羞耻感分为自然羞耻和道德羞耻。自然羞耻不是直接由某种不可分析的善的损失或缺乏而产生的，而是由于行为主体没有或不能运用某种美德或优点而使其自尊受到伤害而引发的，如外貌的缺陷、思维的迟钝等。虽然这些缺陷并不是我们自愿造成的，我们也无需对之进行责备。但是，由于羞耻与自尊密切相关。这些缺陷也给行为主体的生活带来诸多不便，也使其不能或者较少能够得到他人的赞扬。因此，罗尔斯认为，引发自然羞耻的根本原因在于：个体外在行为或特性的缺陷。

第三，美德的丧失也会引发羞耻。罗尔斯认为，个体丧失了任何一种自己拥有的善都可能引发悔恨（悔恨是我们认为对我们是善的那些东西的损失或缺乏而引起的一般感情），如丧失金钱、机会等。但羞耻不同，对个体自身而言，羞耻一定是由于我们损失了一种特殊的善，即自尊受到了打击而产生的情感。美德就是这样一种特殊的善，因为美德能够帮助我们实现提高我们生活主宰感的、让我们更满意的生活计划，通过它我们可以得到那些与我们有联系的他人的赞扬，他人从中得到了快乐，我们也从中获得了自尊。因此，失却或丧失美德必然引发羞耻；而失却机会或财产等仅仅对于拥有或运用它的人是善，则只会导致悔恨。羞耻感可以引发人们重新审视自己的生活计划，重新反省自己的能力和特性，甚至会促使个体不断修正自己的思想和行为。

在现实生活中，"每个人都有至少一个有着共同利益的共同体……在这个共同体中他感到他的努力受到他的伙伴的肯定"。在这个共同体中，"公民们相互尊重他人的目的，并且也按照支持着他们的自尊的方式调整他们的政治要求。"罗尔斯认为，这样的共同体是需要正义原则予以维护的。在这样的共同体中，人们相互依存、共同促进。作为共同体有机组成部分的每一个社会成员必须具备一定的美德或优点，才能实现自己的人生计划，缺乏这些美德或优点，不仅自己的人生计划无法实现，而且可能妨碍他人人生计划的实现。于是，"当一个人把他的生活计划所需要并内在鼓励的那些德性估价成他的人格优点的时候，他就可能面临道德的羞耻。"因为，在现实生活中，这些优点或德性是行为主体自身及其所处共同体或共同体中的他人要求他必须具备的特性，拥有这些品性，他就会得到共同体其他成员的尊重和重视，如果自己在他人面前表现或暴露出自己人格中缺乏这些品性，就会感到羞耻。罗尔斯说："无论从我们自己的观点还是从他人的观点来看，它们（美德）都是善。缺乏它们将会破坏我们的自尊和我们伙伴对我们的尊敬，因此这些缺点一旦表现出来就会伤害我们的自尊，就会产生一种羞耻的情感。"显然，在罗尔斯看来，自然羞耻和道德羞耻都是与自尊密切相关，且以自我贬低的形式表现出来的情感；引发这种情感的根本原因在于善的缺乏，罗尔斯个体由于某种客观或不可抗拒的原因使自己无法有效运用某种优点或德性，而使自己的自尊受到伤害所产生的羞耻感称之为自然羞耻。而将行为主体因为将自身的主观原因失却了自己本该拥有并发挥作用的优良品性，而使自己的自尊受到伤害而产生的羞耻感称为道德羞耻。罗尔斯说："当一个人把他的生活计划所需要并内在鼓励的那些德性估价成他的优点的时候，他就可能面临道德的羞耻"。① 这就是说，在一个正义的社会中，由于社会成员秉承着普遍的共同的道德评判标准，并在彼此之间建立起了比较稳定的思想或行为预期。因而，可以准确判断什么样的思想和行为可以受到赞扬、尊敬，什么样的思想或行为可能会妨碍到其社会成员的基本善或阻碍自己人生合理计划的实现，从而会伤害我们的自尊。显然，在罗尔斯看来，越是正义的社会，越利于催发人们羞耻感；越是耻感强烈的人，越能够坚守社会正义。

为了进一步说明羞耻感与正义原则之间的关系。罗尔斯将羞耻感和负罪感进行了区分。他认为，二者作为两种不同的痛苦形式，都与正义原则相关。它们都是关系的产物，都是行为主体秉承的正义原则受到侵犯时产生的否定性情感表现，但两者产生的原因和具体表现形式不同。当行为主体意识到自己的思想或行为侵犯了他人的正义要求，且他人对自己实施的伤害或侵犯表示不满或义愤时，就会产生负罪感；而当行为主体意识到他的痛苦感受来自于自己自尊的丧失，如由于没有实现自己的既定目标而感到自我沮丧，因自己从他人那里得到的尊重越来越少而感到焦虑，或因自己没有实现自己的理想引发自我贬低，就会产生羞耻感。

---

① 罗尔斯：《正义论》，北京：中国社会科学出版社1988年版，第432页。

第三节　日本传统耻感思想

在日本文化中，耻感思想居于重要地位。20世纪40年代，美国文化人类学家本尼迪克特在其著作《菊与刀》中曾经提出，"耻感在日本伦理中权威的地位与西方伦理中的'纯洁良心'、'笃信上帝'和'回避罪恶'的地位相等。"① 系统梳理日本耻感思想，深入分析日本耻感思想的特点及其价值，对于我们充分地借鉴、吸纳国外耻感思想的优秀成分，创新性进行道德耻感以及社会主义荣辱观研究，也是十分必要的。

一、日本耻感思想的主要特点

道德耻感同道德一样，也具有鲜明的民族性。日本学者中村雄二郎曾通过对比方法，揭示了日本耻感文化与西方"罪感文化"的不同。一是与西欧的"罪感文化"相比，日本有其"耻感文化"，其最大的特点在于日本人很在意世人对于自身行为的看法；二是西方"罪感文化"的基础是罪恶感或负罪感。日本"耻感文化"的基础则是羞耻感。它是人们由于没有遵守妇孺皆知的明确的善行指针而产生的平衡感缺失；三是日本"耻感文化"中的最高德行是"知耻"。在日本人看来，只有知耻的人才是德行高尚的人。② 依据中村雄二郎对日本耻感文化与西方"罪感文化"的比较分析，对照中国传统耻感文化的内容与特点，我们可以把日本耻感文化的主要特征概括为如下方面：

首先，对耻的原初体验不同于西方罪感文化。日本最早的史书《古世纪》中记载：伊耶那岐与伊耶那美使天地从混沌中分离出来后，结合并孕育了日本的国土。伊耶那美不幸因难产而死去，深爱妻子的伊耶那岐追到黄泉之国，想带回妻子。当他按捺不住思念之情、违反约定偷看了伊耶那美的面容时，面目狰狞的女神却恼羞成怒地大喊道："你让我受了耻辱！"并拔腿向受惊逃跑的

---

① [美] 本尼迪克特：《菊与刀》，吕万和等译，北京：商务印书馆1990年版，第155页。
② [日] 中村雄二郎：《日本文化的罪与恶》，孙彬译，北京：北京大学出版社2005年版，第103页。

丈夫追去。在这段神话故事里，描述了一个十分有趣的细节，即伊耶那美的怒吼。女神并没有将伊耶那岐触犯禁忌、违反约定的行为视为不可原谅的罪行，而是强调因被窥视而遭受了耻辱。这与《圣经》中亚当、夏娃因偷食禁果违反了与上帝的约定而被问罪的情节形成了鲜明的对比。从中我们可以感受到日本民族对耻感的原始体验与基督教中描述的耻感原始体验的明显差异。前者是一种因耻而罪，耻感先于罪感；后者则是因罪而耻，耻包含在罪中，耻从属于罪。

其次，缺乏恒定的是非善恶标准。史书记载：上古日本人凭借着优越的自然环境，建立了相互协作的农耕共同体，过着以稻作农耕为主的、融合共通的生活，形成了独具日本特色的社会文化。日本学者津田左右吉曾经这样总结日本的文化特征：在日本文化中，顺应社会秩序、服从社会权威就被认为是善，而反抗者则被称为恶。善恶两面的识别是非常简单而明快的。……因此，善人并非是指那些理想崇高、为了改善人类生活不断努力的人，而只是指那些拘泥于琐碎世风和所谓义理者；与此相应，恶人也只是代表其反面的，违背义理而想逞私欲的人。真正诅咒人生本身、以行恶为乐，具有恶魔性质的罪恶性格在日本文化中是不存在的。① 因此，自古以来，在日本民族传统思想里就缺乏善与恶的深刻对立。在日本传统文化的背后更多蕴含的是一种亲和力，它试图消除对立，实现万事万象共同融合。这种缺乏认识对立契机的思维模式，导致了日本人对社会、人生矛盾认识的淡漠。因此，在日本人的道德意识中，是非原则、善恶标准是十分模糊的。例如，在传统日本人看来，"持久不变的目标是名誉"。为了名誉，他们可以不顾事实，不分善恶；他们可以为了名誉而复仇，为了名誉而自杀，所有这些都被视为一种美德。日本学者高桥敷曾经在《丑陋的日本人》中对日本人的名誉心进行过深刻而辛辣的嘲讽和批判，他说："日本人为了追求名誉，人类的幸福就可以忘记，即使有时要受阴谋诡计的折磨，有时被迫卑屈地淹没人性，也要抢先立功，等到什么时候俯视周围的民众，含泪叙说劳苦，这就是比生命还要宝贵的日本传统美德。"② 日本人的这

---

① 津田左右吉：《東洋文化とは何か》，《シナ思想と日本》，《津田左右吉全集》第 20 卷，東京：岩波書店 1965 年版。
② ［日］高桥敷：《丑陋的日本人》，北京：工人出版社 1983 年版。

种视名誉为生命，名誉高于正义、重于责任、重于情操的名誉观与中国传统儒家所致力实现的"对内在心性的主动塑造和追求远重于对外在规范的严格遵循和顺应"的精神境界相去甚远。正如本尼迪克特指出的那样："通观日本历史，日本人似乎在某种程度上缺乏辨认恶的能力，或者他们不想解决这个恶的问题。"① 由于缺乏恒定的是非标准，日本人"能够在没有精神痛苦的情况下从一种行为方式转向另一种行为方式"。如二战结束后，日本人对战败结果的坦然接受和对美国占领军的友好配合与其在战争中表现出的顽抗、凶猛、极端形成了巨大的反差。

第三，注重"耻"的他律性。日本的耻感文化极度重视耻辱本身的外部规约和激励作用。本尼迪克特在《菊与刀》中曾经这样描述，"别人的评价"成为"日本人人格塑造的主要动力"。日本人眼中的人生存在价值完全依赖他人对自己的承认，他们十分注重个体在社会中的位置和被群体的认可程度。这与强调个人心灵皈依和灵魂忏悔的西方"罪感文化"有很大的差异。日本学者中曾干枝在《纵式社会的人际关系》一文中说："日本人更重视场所，他们在自己的生存场所充分意识到纵式关系和等级序列的作用。"② 这种强烈的场所意识以及对场所约束作用的畏惧，使日本文化极端重视社会规范、集团规约的建立，如给人们的行为规范、姿态仪容等礼文都作出细节规定，并对集体成员遵守和执行情况施行严格的监督。这种文化特征造就了日本人对外在名誉、尊严执著追求和极度尊崇的性格。本尼迪克特笔下的日本国民是一个"极端自尊，在乎名誉，害怕失败、被辱和讥笑"的民族。即使在血与火的战争中，鼓动日本军人奋力还击、勇猛顽抗的口号也是"全世界的眼睛在注视着我们的一举一动"。即便是在日本海军官兵遭到鱼雷攻击而不得不弃舰时，官兵们也要求以最出色的姿态转移到救生艇上，否则"会人所耻笑"。在日本人看来，世人是如何看待他们所作所为、一举一动的，才是最重要的。本尼迪克特在研究日本文化的过程中还发现，在日本"耻感文化"中，一个人只有受到公开的耻笑、排斥，才会感到羞耻。而"有的民族中，名誉的含义就是按照自己

---

① ［美］本尼迪克特：《菊与刀》，吕万和等译，北京：商务印书馆1990年版。
② 李泽厚：《波齐新说》，香港：天地图书1999年版。

心目中的理想自我而生活,这里,即使恶行未被人发觉,自己也会有罪恶感"①。如中国人做了羞耻之事会惶惶不安,基督徒做了羞耻之事会产生深刻的内心忏悔。对于日本人而言,他人在场,至少觉得会被他人知道是耻感产生的必要条件。倘若某件耻辱之事不会为人所知,不良行为不会暴露,那么自己就不会觉得羞耻,自己也不必惧怕,更不用忏悔。他们认为,有错误的人即便是当众认错或忏悔也不会感到解脱,只是自寻烦恼。可见,日本耻感文化与中国传统耻感文化、西方罪感文化传统是有明显差异的。

第四,关注"耻"的伦理意义。道德良心是道德耻感产生的不可缺少的主观条件。但是因文化背景不同,民众良心生成的根源也会表现出很大差异。如西方罪感文化背景下人们良心的根源在于人与神、人与宗教的关系,日本耻感文化中人们良心的根源则在于人与人的关系,这使得日本文化十分重视等级身份的维持而具有明显的等级特征。在日本文化中,等级制度具有合理、合法的地位。本尼迪克特指出,日本人坚持等级制度的正当性,并在政治上给予其存在的合法性。日本人对等级制的信赖,是建立在他们对人与人、个人与国家之间的关系所持的整个观念之上的②;日本人的家庭观念极强,有着比较紧密的家庭关系。"在家庭以及人际关系中,年龄、辈分、性别、阶级决定着适当的行为。在政治、宗教、军队、产业等各个领域中,都有十分周到的等级划分,无论是上层还是下层,一逾越其特权范围,必将受惩罚。只要'各得其所,各安其分'得以维持,日本人就会毫无不满地生活下去。他们就感到安全。"③ 在各自不同的等级秩序的框架中,日本人都强调处理好人际关系,保持社会、组织的稳定有序。因此,他人、组织、社会对自己的看法与评价成为日本人关心的首要问题。迎合世人的"期望",避免让世人"失望",成为日本人的基本人生信条和生活准则。只有坚持这样生活信条的人,才是"惜名知耻"的善人,才可能为自己的家庭、家乡和国家争得荣耀。

二、日本耻感思想的价值

独具日本特色的耻感文化虽然含有其自身不可避免的局限性,然而综观日

---

① [美] 本尼迪克特:《菊与刀》吕万和等译,北京:商务印书馆1990年版,第154页。
② 同上书,第31页。
③ 同上书,第66页。

本社会历史的发展，我们也能够清晰地看到这种文化对日本教育、经济以及社会发展所产生的积极推动作用。

首先，"嘲讽式"的知耻教育有效地培育了日本民族的知耻性格。日本家庭在对幼儿的培养和教育过程中，潜移默化地渗透着一种"嘲讽式"知耻教育。在幼儿需要断奶时，母亲们都会用嘲弄的语气对幼儿说"如果要吃奶，那就还只是个小娃娃"。或者说："瞧！那小孩在笑话你哩！你已经当哥哥了还要吃奶。"当男孩哭鼻子时，母亲就会说"你又不是个女孩子"、"要知道你是个男孩子"。当孩子做了坏事后，母亲总是伤心地说："我盼望你成长为出色的人，小时候我是怎样花费心血培养你，你是不知道的，你竟然做起那样的事，妈妈比任何人都感到难过和伤心。"① 高年级的孩子有时还会被迫关在家里"谨慎"，即"悔过"。从孩子能听懂说话起，父母就事事处处使用这些类似嘲讽、讥笑的办法敦促孩子各方面的成长和进步。这种特殊的知耻教育方式，让受教育者在幼儿时代就在心灵深处埋下了"知耻"的种子，在幼年时期就培养起强烈自我否定感、羞耻感，也逐步地培育出一种对于违规行为的特殊罪恶感，从而奠定了日本人对耻辱感的极度敏感性的性格基础。

其次，不甘受辱的民族心理是日本经济社会迅速发展的强大精神支撑。纵观日本经济以及社会发展的历史，我们或许可以得出这样一个结论：日本耻感文化是对传统儒家"知耻近乎勇"思想的最好诠释者和践行者。在日本耻感文化中，有一个最为鲜明的行为倾向就是崇拜强者。面对强于自己的人，日本民族可以将耻辱转化成为一种奋进动力，他们能够从屈辱中寻找到差距，能够迅速放下"尊严"，认真向施辱者学习，直到自己强大得可以超过对手。例如，公元663年，日本与中国为争夺朝鲜半岛发生了白江口之战。战败后的日本认识到中国唐朝的先进和强大，转而将失败的耻辱化为学习中国的巨大热情，他们学习唐代法律制度，全盘吸收中国唐代文化，大大巩固了日本大化革新的成果，促进了日本经济社会的发展和进步。1853年，美国海军舰队用火炮轰开了日本禁闭了200多年的锁国之门，迫使日本签订了一系列不平等的通商条约。日本朝野视之为奇耻大辱。但日本民族却采用日本人所特有的雪耻方

---

① ［日］石井透：《日本战后教育的回顾与反思》，广州：暨旦大学出版社1991年版，第135—136页。

式，即实行全盘西化的政治改革——明治维新。1945年，战败后的日本被美军占领，日本没有发生美国政治家所担心的街道巷战、山区丛林战。从天皇到百姓都积极配合盟军占领，配合盟军在日本实施各项民主政治改革，建立了一个民主体制框架下的新日本，并在美国先进的科学技术、文化和资金的大力扶持和帮助下，逐步实现战后日本经济的崛起、繁荣。耻感文化造就了日本民族勤奋、勇敢、自强、不甘受辱的特殊民族性格，也成就了日本人谦虚地学习态度和积极吸收世界先进文化科技的决心，使其赢得了20世纪中、后期国民经济的进步、腾飞。

其三，日本耻感文化的宽容性有利于世界的和平与稳定。关于日本耻感文化的价值，中村雄二郎还曾提出这样的观点：由于耻感文化与罪感文化形成的宗教基础不同，致使两种文化模式产生了不同的社会影响。罪感文化建立在具有绝对价值的一神教的宗教基础上，而日本耻感文化是建立在多神教的宗教基础之上。多神教的宗教基础，使耻感文化背景下的日本人民生活在一个能够融合、宽容多种善恶标准和价值观念的社会中。这种道德以及善恶标准的相对性特征，决定了日本民族能够对那些和其文化背景、立场、观点等持有不同看法的个人或集体采取比较宽容的态度。因此，在耻感文化中，很少产生在一神教社会中经常出现的极端的非宽容现象。如古罗马时期的"十字军东征"以及现代的"海湾战争"。中村雄二郎认为，作为一个从属"耻感文化"的日本人，无法理解为什么罪感文化背景下的某些民族，能够把自己一方的立场如此极端地绝对化。罪感文化的非宽容性特点具有随时将世界推向灭亡的境地。相比较而言，具有宽容特征的日本耻感文化或许更利于实现世界的和平与稳定。①

---

① ［日］中村雄二郎：《日本文化的罪与恶》，孙彬译，北京：北京大学出版社2005年版。

第二章 道德耻感释义

在伦理学、社会学、心理学等学科领域，有些概念与耻感关系密切，它们或者在其内涵层面、或者在其外延层面与耻感概念有不同程度的重叠交汇，厘清这些与耻感相关相近的概念内涵，是我们确切地把握道德耻感概念的理论前提之一。

第一节 耻感相近概念分析

耻、辱、羞、愧等词所指称的现象属于人类的一种相似或相近的基本情感体验，仅通过字面含义是难以把他们相互区别开来的。无论是《说文解字》，还是各种现代辞书，耻、辱、羞、愧等词常常被互相替代或循环定义。但这并不意味着这些词语在任何情况下都没有区别，也就是说，不能把这些概念视为等同概念。通过对行为主体切身的情感感受的分析，就能够理解这些概念各自的确切涵义和相互之间的细微差别。因此我们以耻辱感或羞耻感为统称，以耻、辱、羞、愧这四单字为特称，对耻辱感或羞耻感进行类型区分，并对其结构关系进行深层分析，有利于我们更好地认识和理解道德耻感的基本内涵和本质属性。

一、耻感与羞感

在社会日常生活中，特别是在女人、儿童以及不经常在公开场合中抛头露面的人们当中，常常发生被人们称为"脸皮薄"或"腼腆"的现象。例如，儿童见到陌生人或得到师长的赞许和肯定时，常常会感到不好意思而脸红；年轻的女性意识到自己正在被异性打量和关注时，总会感到羞涩、不自在；有的人在大庭广众之下说话时，就会感到窘迫、不自然。对于这种感受，有学者这样描述："在我们觉得羞耻感特别强烈的一个短短时段内，我们被一种想从身体内逃出来的冲动所征服。……这种想要逃开的心理是为了在世界宣判我们有罪之前，把自己和身体分离开来。"① 人们通常把这种本能的情绪反映，称之为羞感，它是人性的一种自然情绪体现，是感受主体在没有实施任何不道德的举动，或没有遭到任何恶意的侵犯的情势下产生的一种本能的身体反映，因其不具有道德意义而同后面我们要论述的耻感而明晰地区别开来。羞感虽然不具有道德意义，例如，脸红，目光转移，转过身去，用手捂脸，眼睛不自然地发亮等都是羞耻感现象的重要体征表现。从一定意义上说，羞感是构成羞耻感家族的不同类型的羞耻感的自然本性因素，甚至可以说是最为根本的因素，因此，人们通常把羞感作为理解耻感现象的自然基础。德国思想家舍勒曾经给予羞感以极高的评价，他认为，"羞即'爱的良知'……它是与我们的精神的一切更高级和更高级的功能之间的伟大和唯一的统一之创立者，可以这样说，它填补了精神与性欲之间的巨大空虚：仿佛它从精神那里获得了它的尊严和庄重，又由此获得了它的优雅，以及它那邀请般的引人趋向爱的美。在一个人身上，精神的志向与生命力和性欲之间的鸿沟越深，羞的分量就必然越重，以便阻止个人分裂。"② 舍勒认为，"羞涩是'美的'，因为它是一种美的、完全直接的美之承诺……因为这种承诺是无意的承诺，通过对美的东西的掩饰，它才无意识地指出了美的品质的隐秘存在③"。他说："羞决不像懊恼那样原本指向否定价值，更不指向道德上的否定价值。与展露某种缺点相比较，展露某种个体的优点——无论在他人面前，或只是在自己的逻辑意识的光亮之前——甚至可能引起更深刻更纯真的羞感。"④ 羞感中抵制成分和抗拒成分能够长久地克制人的那种满足本能的要求，直到爱达到足够的强度、执着和清晰度。因

---

① ［英］斯图亚特·沃尔顿：《人性：情绪的历史》，王锦、刘建鸿等译，上海：上海科普出版社 2007 年版，第 197 页。
② 刘小枫选编：《舍勒选集》（上卷），林克译，上海：三联书店 1999 年版，第 595—596 页。
③ ［德］马克斯·舍勒：《价值的颠覆》，刘小枫编，罗悌伦等译，北京：三联书店 1997 年版，第 211 页。
④ 同上书，第 186 页。

此，羞感是人的整个性的"天然的灵魂罩衣"。舍勒指出，如果我们想从现象学的角度清楚、正确地观察事物，我们就必须将羞感看做一种不可伤害的屏障和像界限一样围绕在人的身体周围的一种灵敏的氛围。虽然舍勒对羞感的理解和认识，是以其自身所怀有的浓郁宗教情结和深厚基督教文化背景为前提的，更多强调的是人的身体羞感，但舍勒把羞感本身视为一种人性美的象征，把羞感看做一种对人性欲望的克制的认识以及舍勒对羞感与尊严感关系的分析，认为羞感淡漠必然伴之以尊严感的淡漠等思想，无疑是非常深刻的。舍勒指出，"羞感的明显衰减绝不像人们肤浅断言的那样，是更高级和上升文化发展的结果，而是种族退化的一种确凿的心灵标志。"① 的确，从某种意义上说，羞感是美的化身，同时还具有提升人性本能之功能。人性的纯真需要羞感来维持，人性本能的进化也需要羞感的魅力，人类羞感的丧失与减轻就意味着人性的退化，人类德性之完备也会因失去其自然基础而无从谈起。

二、耻感与愧感

上述分析告诉我们，羞感是人们的本能反映，它与感受主体的自身行为没有直接关联性。而愧感或愧疚感则不同，它与行为主体的行为直接相关，尽管这种行为不一定关涉不体面、不光彩的道德问题，而是更多地同行为主体的行为能力和行为后果相关。愧感是持有一定荣辱价值观念的行为主体在对某种行为后果进行自我评价或接受社会评价时，因自身能力的不足或才华的欠缺致使行为后果与其主观愿望、渴望目标反差太大或相去甚远而产生的一种否定性情感体验。西楚霸王项羽自刎于乌江，是因为兵败而产生的愧疚感，使其"无颜见江东父老"。孟子所言："立乎人之本朝，而道不行，耻也。"② 意为身为一朝之臣，应以不能有效地为国家履行职责，发挥作用为耻。《荀子》中记载孔子曾经说："吾有耻也，吾有鄙也，吾有殆也：幼不能强学，老无以教之，吾耻之。"孔子认为，人在年轻时不努力学习，到年长时没有什么本领教予后人，是一件让人感到耻辱的事。孟子和荀子所言之"耻"及孟子的"耻不若

---

① [德] 马克斯·舍勒：《价值的颠覆》，刘小枫编，罗悌伦等译，北京：三联书店1997年版，第251页。
② 《孟子·万章句》。

人"之"耻",确切地说,应该是一种愧疚感。因为"立乎朝而道不行"、"老以无教"以及"耻不若人"的行为本身并不涉及道德问题,它更多地与行为主体的使命感、义务感及其行为能力密切相关。在现实生活中,这种情感体验也经常出现,例如,有的人由于终日忙于工作未能很好地履行赡养父母的义务,一旦父母突然辞世,使他(她)永远失去了孝敬父母的机会,其内心就会产生一种强烈的愧疚感。夺冠呼声很高的运动员,出乎预料地失利赛场,也会产生一种不愿面对公众的愧疚感,等等。因此,愧疚感同行为主体行为的公开性和行为主体的主观愿望紧密相联。当感受主体的行为发生时,周围的人对行为主体越是充满期待,行为主体的主观愿望越强烈,一旦行为后果偏离其预期目标,其愧疚感就会越强烈。愧疚感还同行为主体的价值意识紧密相关。一个人可能会因为自己棋下得不好而愧疚,或因自己歌唱得不好而惭愧;另一个人则可能完全不以为然。从愧疚感的形成条件中可以看出:愧疚感是行为主体对某种社会规约、社会价值取向或荣辱观念内化的产物,因此它常常会促使行为主体努力实践其内心趋向的、为社会所认同的行为举止,以挽回其曾经丢失的尊严或"脸面"。

即使在日常生活中,我们也可以发现,当人们的愧感或羞感发生时,在其体征表现方面会有许多共同之处,如行为主体都会面红耳赤、低头、视线转移、目光回避等,他们都是行为主体的一种指向自身的痛楚情感或情绪感受。但作为人的先天潜能与后天习得相交织、相统一的复合型情感或情绪体验,当愧感与羞感被诱发时,它们又包含着各自不同的情绪成分。如心理学家伊扎德在研究中发现:羞怯或羞愧产生时,感受主体体验为蜷缩自己,并极力回避外界,这种情绪更多指向自我,自我的状态占据了整个意识。羞怯或羞愧中包含有很多害怕成分,有时也掺杂着厌恶或痛苦,甚至也有快乐和兴趣成分于其中。然而在愧感或愧疚感中更多包含的是痛苦,也有害怕成分,但却较少有快乐的成分包含其中。

三、耻感与辱感

许慎在《说文解字》中曾将"耻"与"辱"互训,"耻,辱也","辱,耻也"。虽然耻感和辱感这两个概念的含义有时极为相近,但我们也不能因此把两者完全等同。在现实的道德情景中,如果从个体的切身情感感受层面进行分析，我们就会发现二者的明显差异。"耻"和"辱"虽然都是个体的人格尊严受到某种损害或侵害时而产生的一种心理体验，但产生这种心理体验的外在条件是不同的。个体耻感体验产生的原因来自于个体自身的不当思想或行为，个体辱感体验产生的原因来自于他人或社会。有学者认为，在侮辱行为中，蒙受侮辱的人不是行为的发动者，而是被动的接受者。一般来说，施辱者的动机和类型有两种：一种是性侵犯，施辱者的目的是为了满足自身欲望；另一种是有意羞辱，施辱者的目的不是为了从受辱者身上谋取某种利益，而是为了攻击，乃至摧毁受辱者的人格尊严，甚至是为了对受辱者实施一种惩罚。[①] 例如，早在商周时期就有"耻诸嘉石"的记载，即让邪恶的人坐在嘉石之上，使其蒙受羞辱，侮辱成为一种惩治邪恶的手段。历史上韩信蒙受的胯下之辱，司马迁历经的宫刑之辱，以及我国文革期间的批斗会、剃阴阳头、戴高帽游街示众的行为，都是一种摧毁受辱者自尊心的野蛮行为，是对受辱者实施的一种的精神侵害。可以看出，辱感的产生及其作用发挥的重要条件之一，就是施辱者对受辱者实施侮辱行为必须是公开于他人的。施辱者要想达到其有意羞辱受辱者的目的，就要让他人，特别是与受辱者相关的所有人都知晓侮辱行为。道德耻感则不然，无论有无他人在场，只要当事人意识到了思想、行为之恶与耻，耻感都会油然而生。

综上所述，耻感、羞感、愧感和辱感等情感，是一系列表面类似的情感体验。这些情感体验具有基本相同的构成要素，如当事人、相关者、当事人的名誉感（脸面）、当事人的主动行为或被动行为，等等。因此可以将其统称为羞耻感家族。由于这些情感体验各自构成要素的排列组合不同，因而形成了其各自不同的质的规定性并呈现出不同的社会意义。深入剖析羞耻感家族中不同羞耻现象的联系与区别，既有利于我们准确地理解和认识各种不同的羞耻感现象的特征和表现，也有助于我们更加清晰地界定和分析道德耻感的内涵与外延，以及东西方耻感、罪感文化传统中羞耻感思想所蕴含的差异。

---

① 陈少明：《关于羞耻的现象学分析》，载《哲学研究》，2006 年 12 期。

第二节 道德耻感的概念界定

在系统分析研究与道德耻感相关、相近概念的内涵、特征及其相互关联的基础上,进而从概念自身的内在规定性的视角,科学界定道德耻感这一概念,是揭示道德耻感本质、特征及其发展的理论前提,也是作为一个整体系统存在的道德耻感理论的逻辑起点。

一、情感、道德情感

道德耻感是人类情感的重要表现形式,也是人所特有的道德情感表现之一。因此,对情感和道德情感的含义进行系统的归纳和分析,是科学界定道德耻感内涵的必然要求。

英文中与情感现象有关的单词有很多,如 desire、emotion、feeling、passion、sentiment 等,这些词都可以用来表示情感、感情、情绪等意义。但在具体用法上有明显的差异。如 desire 多指由肉体欲望引起的情绪反映;emotion 通常译为"情绪"、"心境",它的原意是活动、搅动、扰动,后来被用来指个体精神状态的激烈活动。一般来说,满足后的快乐、失败后的痛苦都可称之为情绪。情绪常常用来描述个体精神的运动过程。情绪上的自我感觉,往往会在一定时期内对人的思想、行为产生影响;sentiment 与其他词相比较暗含有更多的理智成分,通常指由某种思想唤起的情感,有时也指一种细腻、敏感的情感反映;而 passion 则是一种非常强烈的感情体验,常译为"激情",它具有猝然发作的特点,这种情绪发作时人的行为会受其支配 。"情感"一词中的"感"包含有感觉之意,它以"情"为前提。英文中的 feelings 一词既包含有感觉、知觉之意义,也有同情、体谅的内含,即 feelings 同时具有情与感的双重蕴意,常被译为"情感"。

汉语中关涉情感现象的词汇区分有很多种,其中对于研究道德情感比较有意义的是同属于情感现象的感情、情绪和情感等词汇。人们把"区别于认识活动、有特定主观体验和外显表现,并同人的特定需要相联系的感性反应统称为感情(affect)。……它一般地包容着情绪和情感的综合过程,既有情绪的含义，又有情感的含义"①。有学者认为，情绪标识的是个体感情性反应的心理过程，是一种动态的感情表现；情感标识的是感情的内容，它是一种包含有稳定而深刻的社会性含义的感情性反应，体现了个体对引发其感情反应的客观事物意义的深刻体验。② 苏联心理学家雅科布松说："情感是在相应的情绪反应中表现出来的、个人对周围一切事物的稳定情绪态度、固定的心理状态。"③ 现代心理学者普遍倾向于把与行为主体生理需要满足与否相联系的态度体验或反应称为情绪，而把与行为主体社会关系需要相联系，并随着社会条件、社会关系的变化而变化的态度体验或感情反应称为情感。事实上，人的社会性本质已经决定了人们在现实生活中不可能存在什么纯粹的生理需要，因而情绪与情感是一对密不可分的感情性反应。情绪是情感的基础和外在显现形式，其发展、变化总是受到情感特征的影响和制约；情绪是多变的、易逝的，情感则是深沉、稳定的，两者共同通过感情反应、态度体验的方式反映着主体与客体之间的价值关系，是行为主体社会性需要是否得到满足的产物。

道德情感是人所特有的一种高级社会性情感，反应了人与道德之间的价值关系，是人的道德需要是否得到满足的心理体验。道德需要的满足与否是个体道德情感产生的心理基础。所谓道德需要是指人类"为保证社会和谐发展和个人实现自我肯定、自我完善而产生的对自律体系的倾向性"④。它反映了人与道德之间的内在联系，表现了人对道德的依赖性和倾向性。苏联心理学家雅科布松认为，道德情感"是人们从道德原则出发，从社会所制定的道德范畴出发来认识客观现实的各种现象时所体验的情感"。他说，"道德及其标准，不是在简单地被人认识的时候，而是当它成为情绪态度的客体的时候，才能成为人的行动基础。"⑤ 我国也有学者认为："道德情感是基于一定的道德认识，对现实道德关系和道德行为的一种爱好或憎恶的情绪体验，它是一个人根据一

---

① 孟昭兰主编：《情绪心理学》，北京：北京大学出版社 2005 年版，第 7 页。
② 同上书，第 8 页。
③ ［苏］雅科布松：《情感心理学》，王义琴、李春生等译，哈尔滨：黑龙江人民出版社 1988 年版，第 18—19 页。
④ 曾钊新、涂争鸣等：《心灵的碰撞——伦理社会学的虚与实》，长沙：湖南人民出版社 1993 年版，第 12 页。
⑤ ［苏］雅科布松：《情感心理学》，王义琴、李春生等译，黑龙江人民出版社 1988 年版，第 187 页。

定的道德标准，在处理相互道德关系和评价自己或他人的行为时所体验的道德心理活动。"① 因此可以说，道德情感是行为主体从自己认同和接纳的道德原则和伦理规范要求出发，来认识和评价社会各种客观实存的道德现象时产生的态度反应和心理体验，是一种具有道德价值的高级社会性情感。

道德情感与行为主体关注他人、集体、社会利益的行为实践之间有着必然关联性，其产生必须具备两个基本条件：一是在社会生活中的个体，通过环境的熏陶、道德知识的学习和一定的道德行为实践活动，掌握、理解并接纳认同社会主流的道德原则和伦理规范，并具备一定的道德判断、选择和评价能力；二是在社会生活中的个体，积极参与社会生活实践，创设道德情景，营造道德情感产生的土壤。只有行为主体的情感体验与某种伦理规范、道德原则或道德评价相结合时，才能产生道德情感；只有行为主体认识到社会、集体或他人利益是一种比个体自身的个人欲望、利益和意向更为重要的东西时，才能产生真正的道德情感。

二、道德耻感的涵义

道德耻感是行为主体基于一定的道德原则和伦理要求，在对自身或他人的思想行为进行自我评价或接受他人或社会评价时产生的一种否定性情感体验。作为人所特有的一种高级社会性情感，其具体内涵可归结为如下几个方面：

首先，道德耻感是个体自我意识能力的重要体现。黑格尔说："人之所以异于禽兽，且因而异于一般自然，即由于知道他自己是'我'"，"动物不能说出'我'，因为只有人才能思维"。② 因此，黑格尔认为，"人世间最高贵的事就是成为人"③。黑格尔在此强调的"我"、"思维"，即自我意识和自我意识能力。这种自我意识是怎样产生的呢？黑格尔认为，主体只有将自身对象化才能产生自我认识。对象化就是将自身关系化、客观化，即在客观关系中认识自我。一个没有对象化，没有与周围世界建立关系的存在，不可能产生真正的自我意识。自我意识是人"对自己作为一个独特存在的个体的认识，是作为主

---

① 曾钊新、李建华：《道德心理论》，长沙：中南大学出版社2002年版，第135页。
② 黑格尔：《小逻辑》，贺麟译，北京：商务印书馆1980年版，第212、82页。
③ 黑格尔：《法哲学原理》，范扬、张启泰译，北京：商务印书馆1961年版，第46页。

体的我对自己以及自己与周围事物的关系,尤其是人我关系的意识,它包括自我认识、自我评价和自我调整。其发生是个性社会化的结果,是社会实践的产物。"① 那么,什么是自我呢?德国哲学家费希特说:"自我是主体与客体的统一,是能意识者与所意识者、能直观者与所直观者、能思维者与所思维者的永恒统一。"② 也就是说,主体自我和客体自我是自我构成的基本要素,自我意识就是主体自我对客体自我的认识。马克思用"自己的生命活动本身"高度抽象概括了自我意识的丰富内涵,他曾明确指出:"动物和它的生命活动是直接同一的……人则使自己的生命活动本身成为自己意志和意识的对象。"③ 这就告诉我们,自我意识包含了关于人自身存在的一切内容,它既包括人们对自己的感性认知,又包括对我的本质、我的存在目的、我的社会地位、角色、我的现实与理想以及我的实然与应然之间的关系的理性把握。主体自我与客体自我双方的相互承认、交互作用,使主体自我形成对客体自我的自觉认识,是自我意识产生的根源。对此黑格尔曾指出,自我意识之作为自在自为的存在,是"由于、并且也就因为它是为另一个自在自为的自我意识而存在的;这就是说,它所以存在只是由于被对方承认"。④ 自我意识是人之为人的根本,也是人与动物区别的重要标志之一。正如康德所说:"人能拥有自己的自我表象这一点,使人大大高于地球上的一切生命,因此人才是个人,又由于意识在人可能发生种种变化的情况下具有统一性,人才始终是个人,亦即有身份和尊严的、不同于物——例如无理性的、可以任意处置和支配的动物的存在物。"⑤也就是说,只有具有自我意识的人才是真正意义上的完整的人,才能从事真正意义的人的活动。

道德耻感与个体自我意识密切关联,它是个体自我意识中作为主体的自我对客体自我觉知的产物。有学者称之为自我意识的分化,即把自我分成观察者或评价者的自我与被观察者、被评价者的自我。一般来说,前者指"理想的自我",后者则指"现实的自我"。行为主体只有具备了自我意识的觉知能力,

---

① 顾明远:《教育大辞典》(下卷),上海:上海教育出版社1998年版,第2149页。
② [德]费希特:《人的使命》,北京:商务印书馆1982年版,第79页。
③ 《马克思恩格斯全集》第42卷,北京:人民出版社1979年版,第96页。
④ [德]黑格尔:《精神现象学》上卷,北京:商务印书馆1979年版,第122页。
⑤ [苏]科恩:《自我论》,北京:生活·读书·新知三联书店1986年版,第28页。

才可能出现自我意识的分化，进而内在地产生道德耻感。德国思想家舍勒认为，"羞和羞感的本质在于：它是高层次的价值意识与低层次的价值意识之间的紧张关系，其作用在于使人朝向高层次的价值实现自身的存在意义而免于向低层次的价值沉沦。"① 因此，羞耻感就是自我应然理想与实然存在之间的落差、矛盾、冲突的结果，是自我的本质要求与现实生活或自我的本真意义与世俗存在之间不和谐的产物。从这个意义上说，道德耻感是个体自我意识能力的反映，它体现了个体在其道德实践活动中对自身实存与自我理想应然要求之间的差距或距离的自觉，是基于个体对自身在现实生活中的欠缺、不足的自觉而产生的羞愧难当、无颜以对的心理体验。萨特说：人的存在总是欠缺的。当然，萨特所说的"欠缺"是一种外部生活世界（社会交往关系、日常生活世界等）的欠缺，除此之外，人还会经常处于一种内在精神世界的欠缺状态。应该说，这种欠缺状态是一种更深层次的不足，即精神的欠缺与不足。它是一种主体对自我实存与善、自我理想、自我存在本质之间差距的特殊认识能力或反思能力。这种意识能力中既包含着行为主体对自己的存在本质、善生追求的憧憬，也包含着个体对自我实存状态的认识与否定性评价。我羞愧难当是因为我远离了我的善生追求，我正在逐渐失却我的本质，我难以一个我应当成为的人而存在。这种强烈的心理反应，让我恐惧、自耻。因此，一个缺乏自我意识能力的人，不可能产生真正的道德耻感；个体只有具备了自我意识的觉知和反思能力，才可能内在地产生耻感。

其次，道德耻感是个体道德选择能力的重要表现。一个人的德行、品德或操守不是与生俱来的，也不是上帝创造的，而是个人后天选择的结果。因此，亚里士多德说："选择是德性所固有的最大特点，它比行为更能判断一个人的品格。"② 选择，是人类所特有的有目的有意识的活动形式之一，是人在自己所面临的各种可能性之间进行的一种权衡取舍活动。道德选择是一种特殊的社会选择，是行为主体决定应该做什么，不应该做什么，应该怎样做，不应该怎样做的选择。这种选择是在应该的时间、地点，以应该的目的、手段和方式作

---

① 张志平：《情感的本质与意义——舍勒情感现象学概论》，上海：上海人民出版社2006年版，第157页。
② 亚里士多德：《尼格马可伦理学》，苗力田译，北京：中国人民大学出版社2003年版，第46页。

出的,是一种理性、恰当、合乎"中道"(中庸)的选择,也是一种善恶或荣耻的选择。这种选择不是无意的、盲目的,而是经过思虑的、需要知识和理智的选择。① 罗国杰先生认为,道德选择"是人在一定的道德意识支配下,根据某种道德标准在不同的价值准则或善恶冲突之间所作的自觉自愿的抉择。……广义的道德选择渗透于人类道德的一切领域,不仅包括行为动机、意图、目的的选择,而且包括行为的方式、过程、结果的选择;不仅表现为外在的行动、交往、调节等道德实践活动,而且表现为认识、情感、意志等道德精神活动"。② 也有学者认为,"道德选择是人们依据一定的道德理想、道德原则和道德规范在现实的道德关系中所进行的各种道德意识和道德行为的选择。……道德选择的最大特点是自律性。"③ 从上述学者们关于道德选择的内涵的分析可以看出,道德选择不仅包含有人们的道德行为选择,而且还包含人们的道德意识选择;道德选择不仅是一种关涉人们的道德认识、道德行为的活动,而且也是关涉人们的道德情感的实践活动;道德选择中既渗透着人们的理性推理,也伴随着人们深刻的道德情感体验。如果个体的道德选择,对他人、集体、社会的利益起到了积极的维护作用,个体就会感到满足、愉悦和光荣;相反,如果个体的道德选择,对他人、集体、社会利益产生了消极作用,个体就会感到懊悔、羞愧、可耻。这表明,个体的荣耻感受是与其道德选择行为密切关联的。行为主体的荣耻感受是其行为选择的结果,个体的道德选择本身就包含着对善恶、利害的权衡。正如先秦儒者荀子所说:"欲恶取舍之权,见其可欲也,则必前后虑其可恶也者。见其可利也,则必前后虑其可害也者,而兼权之,熟记之,然后定其欲恶取舍。如是,则常不失陷矣。"④ 意思是说,人们的日常行为常常会流于片面,即见到可欲而不虑其可恶,见到可利而不顾其所害,因而往往会导致行为恶害结果的出现,使行为主体自身招致耻辱。因此,我们认为,作为一种特殊道德情感的道德耻感,其本身蕴含着特殊的选择意义。倘若个体在道德选择之前就确立了鲜明而强烈的道德耻感意识,这种道德情感就会成为其正确道德选择的心理依据;即使这种耻感情绪产生于道德选择行为之

---

① 宋希仁:《八荣八耻的道德哲学》,载《伦理学研究》,2007年第1期。
② 罗国杰主编:《伦理学》,北京:人民出版社1989年版,第344—345页。
③ 何建华:《道德选择论》,杭州:浙江人民出版社2000年版,第7页。
④ 《荀子·荣辱》。

后，它也会成为促使个体纠正错误选择，努力实现新的正当合理的道德选择的情感力量。从这个意义上讲，道德耻感是人类的一种向善而行、择善而从的能力，也是个体具有自由的道德选择能力的重要表现。它表明主体心中有善，自觉地选择善作为自身存在的标准，并努力地趋向善。

第三，道德耻感是个体道德评价能力的集中体现。道德评价是根据一定社会或阶级的道德原则和伦理要求，对社会中个体或群体的道德活动进行的善或恶、正或邪、道德或不道德的价值判断，以实现"褒善贬恶""抑恶扬善"的道德目的。① 简单地说，道德评价就是人们对各种社会行为本身的道德价值的意识，也是人们对个人或集体行为进行的肯定或否定的道德判断。符合一定道德原则和伦理要求的行为，就给予肯定性的，即"善"的判断，并进行赞扬和宣传；反之，则给予否定性的，即"恶"的判断，并进行批评和谴责。正确科学的道德评价是道德发挥其规约和引导作用的重要中介和手段，对于个体道德品质的塑造、社会风尚的改善、人际关系的和谐、社会道德秩序的稳定以及道德理想的实现，具有重要的影响作用。道德耻感在道德评价活动中居于重要地位，也发挥着重要作用，对此我们可从如下三重视角进行分析考察：

其一，从个体道德评价产生的原因来看。美国学者弗兰克·梯利认为，人之所以要进行道德评价是道德良心使然，它是人们通过道德良心作用而实施的自我评价。在现实社会生活中，外界的道德现象和个体自身的道德行为以及社会舆论的导向，时刻触动着人们的道德良心，促使人们自觉地对照和检查自己的思想或行为。因此，道德评价就是个体道德良心的一种表白和呐喊。这种良心表白往往以行为主体对自我的反思与批判的形式表现出来，其本身必然具有强烈的感情色彩。当个体在自我反思与自我批判过程中，发现自己的思想行为符合社会倡导的伦理原则和道德规范的要求，会由衷地产生一种荣誉感和尊严感；反之，当个体发现自己思想行为违背了社会道德原则和伦理规范时，就会产生痛苦的羞耻感或愧疚感。正是在这个意义上，我们认为，耻感不仅仅是一种行为主体因自我呈现于因他人面前，并通过他人评价、社会评价产生的情感体验；而且是行为主体将自我呈现在自己善追求、善本质面前，且通过自我评价而形成的一种情感反映。

---

① 罗国杰主编：《伦理学》，北京：人民出版社1989年版，第403页。

其二，从道德评价的形式来看。道德同意识、心理、精神等一样，都是人脑的机能和反映，都是知、情、意的同一，即认识、情感、意志的统一。因此，作为人类所特有的道德精神活动的道德评价，也应包括道德认识评价、道德情感评价和道德意志评价。道德认识评价是人们对行为本身的道德价值的认识；道德情感评价是人们对行为本身道德价值的认识基础上产生的情感体验；道德意志评价则是人们在对行为道德价值形成的认识和情感基础上产生的意志倾向和反应。其中，道德认识评价是基础，道德情感评价是中介，道德意志评价是结果，三者密切联系、不可分割，共同统一于人们的道德评价活动中。道德耻感作为一种具有自身特殊品格的道德情感，是道德情感评价的重要形式，也是道德情感评价的重要环节，它在道德情感评价活动中占据着不可或缺、不可替代的重要地位。

其三，从道德评价的基本尺度来看。善与恶是人们对行为进行道德评价所依据的一对基本范畴。善就是人们在社会关系中表现出来的对他人和社会有益的、能够形成正向价值的行为；恶则是对他人以及社会有害的、产生负价值或无价值的行为。黑格尔认为，"善就是被实现了的自由，世界的绝对最终目的。"[1] "把对个别的、外在的现实之要求包括在自身之内的规定性，就是善。"[2] 在黑格尔看来，善就是客观所规定的义务，是一种理想的、应然的、完满的存在，它反映了社会上具有客观必然性的特定的价值内容，它是社会成人、为人的价值标准。个体通过自身的主观意志为尽义务而行动，就实现了个人的自由。而恶则是善的否定性存在。善和恶分别代表了社会肯定与否定、积极与消极两种价值内容。当这些价值内容、价值标准为个体所自觉认识，成为人们在道德生活中秉承的价值观念时，就是善恶观。人们基于一定的善恶观，对行为进行道德评价时，所产生的肯定或否定、积极或消极的主观感受，就是荣耻感。为善可以获得荣，荣感是对人们对善的肯定性感受；为恶会招致耻，耻感则是人们对恶的感受。道德耻感就是人们在道德评价过程中产生的一种特殊的把握善的方式，即以否定的方式把握善。它表明行为主体心中有善，可以主动向善。显然，道德耻感的生成需要人们对善的具体规定有充分的认识、把

---

[1] ［德］黑格尔：《法哲学原理》，范扬、张企泰译，北京：商务印书馆1996年版，第132页。
[2] ［德］黑格尔：《逻辑学》（下卷），北京：商务印书馆1981年版，第523页。

握,没有对善的内容的准确认识,个体自身的耻感意识也就无以形成。在现实生活中,人们往往认为,只要了解了关于善本身的具体规定性,明确了何以为善,人们就可以自动向善了。实际上,全面准确深刻的认识善、把握善和践行善是离不开个体对与善相对应的恶的把握和认识的。"荣"是个体对善的感受,是对善的肯定性把握,"耻"则是个体对恶的感受,是个体以否定的方式对善的把握。在现实生活中,我们唯有将肯定与否定两个方面辩证统一起来,才能完整准确认识善、把握善,并践履善。具体的说,脱离恶的善,内容会流于空泛,它只是告诫人们应当如何,却没有告诉人们不应当如何,以及不这样行为会如何,这种意义的善,会因其失却底线的规定,而显得曲高而和寡。只有在从肯定的方面规定善的同时,进一步明确与善相对应的恶的内容,才能使善本身的内在规定性更加具体、明晰和充实,才能真正实现道德评价活动的全面性、科学性和合理性。

综上所述,道德耻感是个体道德评价能力的集中体现。它同道德良心融为一体,成为道德评价活动的必要条件;作为一种特殊的道德情感形式,成为道德情感评价活动的不可缺少的重要环节;同道德评价的基本范畴即善恶直接联系在一起,成为道德评价的基本尺度。总之,耻感的产生不仅标示着行为主体具有自我意识的觉知、反思能力,而且表明个体拥有了某种向善的价值观念和行为取向,可以自觉承担一定的社会责任或道德义务。因此,一个拥有道德耻感的人,必然是一个胸中有良知、心中有善的人,必然是一个能够以善为标准进行自我道德评价的人;一个人拥有了道德耻感,就意味着他具有了向善而行、择善而为的能力,具有了走向纯粹、完满的可能。正是从这个意义上,我们说,耻感是希望,耻感是善端。

第三章 道德耻感的本质与特征

道德耻感与道德良心、人的存在本质密切关联。本章试从道德耻感与道德良心和人的存在本质的关系中,揭示其本质属性和基本特征。

第一节 道德耻感的本质属性

道德耻感是人们在道德实践过程中产生的一种心理体验或情绪反应,它既是人类所特有的情感表达形式,又是深藏于人们内心深处的特殊道德意识。从本质上看,它是人道德良心的情感表现,也是人存在本质的情感体现。

一、道德良心的情感表现

道德良心问题是伦理学研究领域的一个根本问题,也是各派伦理学家争论不休的问题。神学家认为良心是"上帝的呼声"或"神谕";主观唯心主义者认为良心是人天生就有的"良知"、"良能";直觉主义者认为良心是人们的感官直觉;存在主义者萨特认为良心是个体对社会道德规范的抗拒,等等。

在马克思主义产生以前的伦理思想发展史上,关于良心本质问题的阐述最深刻、最精辟的是德国古典哲学家黑格尔。他认为:"良心是义务的现实","人们可以用高尚的论调谈论义务,而且这种谈话是激励人心、开拓胸襟的,但是如果谈不出什么规定来,结果必致令人生厌",而"良心是自己同自己相处这种最深奥的内部孤独,在其中一切外在的东西和限制都消失了,它彻头彻尾地隐遁在自身之中"。① 意思是说，"作为义务的现实"的良心，存在于个体的道德活动之中，是深入个体心灵深处的、内在的自律性道德形态，它高于作为客观的、外在的他律性道德形态的义务。良心虽然高于义务，但它并没有完全脱离义务而独立存在，而是把客观外在的义务的现实内化为主体的道德义务意识。黑格尔认为，一个人的行为之所以可以称为道德行为，就在于行为主体具有知道自己履行了义务这样一种意识。因此，他说："道德之所以为道德在于它知道自己履行了义务这样一种意识"②。显然，在黑格尔看来，道德的真正意义不在于社会道德义务本身，而在于人们形成一种主动履行道德义务的意识，即道德义务意识。我们认为，黑格尔所指谓的道德义务意识，是一种主体化的道德义务，是行为主体对客观存在的、不以人的意志为转移的道德义务规范的理解、认同和接纳，是个体发自内心的主动承担道德义务的心理体验和情感反应。黑格尔这种通过义务规定良心的本质的思想，是极有见地和价值的。因为离开了道德义务，我们的确无法从根本上认识道德良心。

道德义务是道德良心产生的客观依据，道德义务是个体应当履行的道德责任、道德使命。不管行为主体是否认识到、是否愿意履行，道德义务都是确定的、先在的、客观的，不以人的意志为转移。然而，如果这种客观外在的道德义务没有转化为个体主观的、内在的道德良心，它就只是一种外在于个体的道德规范、道德戒律，而不会与个体的道德义务行为直接相关。相反，一旦行为主体将客观外在的道德义务转化为道德良心，道德义务就不再是外在于行为主体自身的道德律令，而是行为主体发自于内心道德需求的主观意志的法。此时的"我"不再是被动地"必须这样做"，而是主动地"立意这样做"。即我们通常所说的良心使然。可见，道德良心绝不是纯主观的心理活动。其表现形式和心理作用机制虽然是主观的，但它却不是一种脱离客观内容的、空洞的、纯粹的、抽象的存在。它是建立在行为主体对客观实存的道德义务的理解、认同和接纳的基础之上的，是以现实的道德义务为其客观规定和实际内容的内在化、主体化的道德形态。我们说一个人讲良心，就是说一个人在深切强烈的责任感、义务感、使命感的支配和感召下，自觉地为他人、集体、社会履行自己

---

① ［德］黑格尔：《法哲学原理》，范扬、张企泰译，北京：商务印书馆1961年版，第139页。
② ［德］黑格尔：《法哲学原理》，范扬、张企泰译，北京：商务印书馆1996年版。

应尽的道德义务。因此，道德良心就是行为主体在履行对他人、集体以及社会道德义务过程中形成的一种指向自我的道德义务意识。它是隐遁于主体内心深处的道德法庭和道德律令，也是人们道德行为的隐蔽调节器、道德人格的守护神。

德国哲学家费尔巴哈曾经将良心划分为"行为之前的良心，伴随行为的良心和行为之后的良心。"① 道德良心调节道德行为、守护道德人格的价值和作用也是通过这样三个阶段鲜明的体现出来的。

首先，道德良心为人们的道德生活确定行为法则，是个体道德行为选择的直接依据。在个体行为之前，道德良心总会依据一定的价值准则，通过对行为可能后果的预测，以将心比心、以心换心的异位思考方式，对个体的行为动机进行价值定性和价值定向，促使行为主体谨慎地权衡和审视自己的行为动机，进而在一定程度上抑制、否定不符合价值要求的行为动机，肯定符合价值要求的行为动机，帮助行为主体作出正确的道德行为选择。这表明，在进行道德行为之前，道德良心是行为主体进行道德行为选择的直接心理依据，也是主体行为选择的价值依据。

其次，道德良心是个体道德行为中实践善的保证。在个体道德行为实践过程之中，良心始终起着监督和引导的作用。行为主体在道德选择时和道德行为之初，对其道德行为的情感、意志、信念以及实现目的的手段和方式往往不能充分体悟和把握，还处于朦胧的、潜意识的状态。随着主体道德行为实践的深入，这种模糊、朦胧的意识就会在道德良心的引导与监督下逐渐变得清晰起来。因为在这个过程中，道德良心作为个体道德行为的隐蔽监督者，会及时鼓励和肯定那些符合价值定向要求的情感、意志、信念以及行为方式，反之，则给予否定和纠正，以避免个体的思想行为造成不良的后果。因此，我们说，道德良心是保证个体道德行为正确的价值方向和价值选择路线的内在心理机制，是个体道德行为中实践善的一种内在监督机制。

第三，道德良心是个体对道德行为进行自我审视和评判的内在价值依据。道德良心是隐藏于人们心灵深处的道德法庭。道德良心的自我评价其实就是行为主体直面灵魂深处的道德法庭所进行的自我解剖和自我审判，因此，每一次

---

① 《费尔巴哈著作选集》上卷，北京：商务印书馆1984年版，第585页。

个体道德行为过程之后的良心审判都会使行为主体受到教育和启迪，甚至震撼。在个体道德行为之后，道德良心往往通过良心满足和良心不安两种形式表现出来。当个体的道德行为符合价值要求并且产生了积极后果，行为主体就会因良心满足而感到欣慰和快乐；相反，行为主体会因良心谴责而遭受痛苦的心理折磨。也正是良心的这种事后自我评价作用所引起的行为主体的良心满足的快乐和良心谴责的痛苦，促使人们继续遵守道德或努力改过迁善，重新归依道德。奥古斯丁、卢梭在各自《忏悔录》中所作的忏悔，都是他们因倾听道德良心呼唤而接受自己良心审判的结果，是个体面对良心自我否定后的幡然醒悟。因此，从一定意义上说，道德良心是个体自我更新、发展、进步的重要催促力量。

第四，道德良心是个体对自身道德行为存在价值的一种自我确信和坚定信念，它是个体道德生活的"特殊性的设定者、规定者和决定者"。[1] 行为主体自身道德行为的合规律性、合目的性，能够给行为主体自身带来安慰感、满足感和一种自我人格的圆满感。这些积极的道德情感会促使其更加执着于自己所从事的善的高尚的事业，并将之作为人生理想努力追求，即使遭遇挫折和非议也不改初衷。这种来自良心的自我确信或坚定信念会激励个体投身于其所追寻的事业、理想，即使献出生命也在所不惜。苏格拉底、布鲁诺、谭嗣同为真理、理想而从容献身的伟大壮举，表现的就是这种出于良心的自我确信、坚定信念而不改初衷的崇高人格。那么，是不是人们仅仅依靠个体良心的自我确信，率性而作，就可以践履道德、守护人格呢？对此，黑格尔曾经作过深刻的洞察与分析。他认为，良心的自我确信可能会使"主体可以任意给予纯粹义务以什么内容，可以把任何内容与这种形式结合起来，可以使任何内容具有出诸良心的性质"[2]。也就是说，良心的内向性、自律性、以及自己对自己负责的特点，容易使行为主体将自己的道德行为置于主观随意性中，借口良心而强行不义，借口良心而善恶恶善。因此，要想克服良心自我确信所带来的盲目性和主观随意性的弊端，必须使良心的内容与反映社会必然性的社会伦理要求和道德原则保持一致，否则，良心将不能确定任何行为，更不会将个体人格引向

---

[1] [德] 黑格尔：《法哲学原理》，范扬、张企泰译，北京：商务印书馆1961年版，第139页。
[2] [德] 黑格尔：《精神现象学》，贺麟、王玖兴译，北京：商务印书馆1961年版，第156页。

高尚。

　　道德耻感与道德良心密切相关。一般说来，社会客观存在的各种道德义务要求是人们道德耻感产生的前提和基础。如果社会对人们缺乏明晰确定的道德义务规范要求，行为主体不知其应当做什么，不应当做什么？道德耻感也就失却了其产生的客观依据。同样，如果这些客观外在的道德义务要求没有得到行为主体接纳和认同，即没有转化为个体的道德良心。那么，即使个体的思想行为违背了社会伦理规范要求，没有履行其应尽的道德责任，甚至损害了社会、集体或他人的利益，行为主体也不会感到良心的不安，更不会为自己的行为感到羞耻。个体唯有认同并内化了客观外在的道德义务，将其转化为自己的道德良心，才能对道德义务本身产生敬重心，才可能会因自身或他人的思想行为违背其所尊崇的道德义务规范而感到羞愧。从这个意义上，我们可以说，道德良心是个体道德耻感产生的必要的主观条件。

　　一般说来，道德良心往往会通过良心不安和良心满足两种形式表现出来。从道德良心与道德耻感的关系的角度来看，个体道德良心的安宁与平静，原出于行为主体自身的灵魂深处无耻感的纷扰；而个体道德良心的不安与痛苦，则原在于行为主体情感世界受到羞愧、内疚的困扰。梯利在剖析道德良心这一道德现象时曾指出，当行为主体意识中某个动机产生时，会有一种特殊的感情产生，"这种感情就好像站在我的心灵面前，知道它对于我的权威，大声呼喊：是的，是的，你必须这样做！还有制止我实行这个行动的感情，它用一种羞愧占有我，使我感到不自在，尽管这个被制止的行动可能有相当的诱惑力。"① 可见，行为主体在道德行为之前，在良心召唤下审慎地进行道德选择；在道德行为中，在道德良心的驱使下执著地信守道德律令，其根本原因在于行为主体对行为后痛苦羞愧心理体验的恐惧。对此，梯利进一步指出："如果正当的行动被意欲和实行，甚至仅仅被我意欲，我都会因如此而感到满足，但也许会伴随一点悲哀（因为可能我牺牲了我爱好的事情），确实，我的道德满足和自我赞许可能会变得如此的强烈。……而如果不正当的行为赢得了胜利，正当行为的思想还会在意识中徘徊，我感到悲哀、苦恼、羞愧、卑鄙……它们可能变得如此强烈以致使受苦者陷入深深的痛悔，甚至使他情愿或者渴求承受最严厉的

---

① ［美］梯利：《伦理学导论》，何意译，桂林：广西师范大学出版社2002年版，第50页。

惩罚。"①从梯利的思想中，我们不难看出，道德良心是由一系列复杂的道德情感组成的道德范畴，在良心的作用机理中，不仅包含行为主体对善的肯定性认知，同时也包含其对善的否定性自觉，当个体行善时会得到心理安慰，感受到灵魂的宁静；当个体作恶时会自责，有的人甚至会因为自己的过失而抱恨终生，受到良心谴责所带来的痛苦不在肉体而在灵魂的深处。密尔说，良心是个体因"伴随违反义务而起的相当强烈的痛苦"。道德良心作用时所引发的所有这些痛苦的情感反应，都是道德耻感反应的不同表现形式。因此，道德耻感本身就是道德良心的情感表现。

个体灵魂的无耻感，是幸福；群体灵魂的无耻感，是祥和。人类规避耻感的目的在于寻求良心的平静、灵魂的安宁，保护耻感就是坚守良心。

二、人存在本质的情感体现

从存在本体论的纬度考量道德耻感，是揭示道德耻感本质属性的重要前提。先秦儒家思想的代表孟子曾经从美德论和本体论的双重纬度认识耻感。他说："人不可以无耻"，强调了耻感对人的德性意义。孟子耻感思想的深刻性更多体现在他从本体论的纬度对耻感的解释。孟子曰："羞恶之心，人皆有之。"②"无羞恶之心，非人也。"③就是说，"羞耻之心"是人们普遍存在的一种道德情感，是人与生俱来的内在规定性，没有耻感就不能称之为人。后世陆九渊也指出："夫人之患莫大乎无耻，人而无耻，果何为人哉？……人之无耻者，何亦于是而少致其思乎？"④ 意思是说，知耻是人之为人的根本。人无耻的根本原因在于少思。可见，在陆九渊看来，知耻与慎思是辩证统一的，人们因思而耻，因耻而思，耻思一体，乃为人之为人的根本。陆九渊这里所说的"思"是指精神，而耻又是思的精神实质，强调了"思"、"耻"对于人而言的存在本体论意义。

德国思想家舍勒也从本体论的纬度把握和认识羞感。他认为动物的许多感觉与人类相同（譬如畏惧、恐惧、厌恶甚至虚荣心），但是动物没有对害羞、

---

① ［美］梯利：《伦理学导论》，何意译，桂林：广西师范大学出版社2002年版，第50页。
② 《孟子·告子上》。
③ 《孟子·公孙丑上》。
④ 陆九渊：《陆九渊集》，北京：中华书局1983年版。

羞感的特定表达。他说:"人在世界生物的宏伟的梯形建构中的独特的地位和位置……如此鲜明和直接地体现在羞感中,对此任何其他感觉都无法与之相比。"① 舍勒认为,神和动物都不会害羞,这是因为,神是仅有精神而无身体的存在,动物是仅有生命冲动而无精神的存在。世界上只有人是精神与生命冲动相统一的存在。人与动物的一个非常重要的区别在于人不仅具有生命冲动,而且拥有精神,并能够通过精神意识到自己与作为完满、理想存在的"神"的差距,从而产生羞愧感或羞耻感。舍勒关于羞耻感现象许多独特的思想和观点,对于我们今天探索和研究道德耻感现象的本质具有重要的启迪价值。首先,羞感是个体自我肯定、自我尊重的一种表现形式。舍勒说:"……真正的羞始终建立在对肯定的自我价值的感受上……在身体羞感上,则是针对一切身体的优点和美,在保护羞感的功能上,羞感只能指向肯定的自我价值;因为只有这类价值要求并需要呵护。生命朦胧地感觉和意识到自己越高贵,它的羞感就越强烈;龌龊的东西对它威胁越大,天性为它最高贵的核心所设的那层天然保护罩就越牢固。羞涩只指向个体的肯定的自我价值,这就是一种本质联系,因此,另一方面,羞涩的发现也始终是美的发现。"② 舍勒把羞耻感视为个体对自我价值的感知、肯定和保护,说明个体的自我价值感越强,其羞耻感就越强烈;个体的羞耻感淡薄或缺失,则意味着其自我价值感和自我尊严感的破碎。正如帕伦伯格所说:"……与羞耻感伴随的是更强烈的、明显的自尊。"③

其次,羞耻感是人对自身存在本质的自觉。舍勒认为,人是介于两种秩序,即存在秩序和本质秩序之间的一道桥梁、一种过渡。人必须牢固地植根于两种秩序之中,否则,就不能成其为人了。舍勒所说的"存在秩序"指的是动物性自然秩序;本质秩序是指由神性秩序标示的理想、完满的存在秩序。人的存在过程就是由存在秩序向本质秩序的过渡和转化过程,因为本质性的、完满的存在是人存在的最终目的。但是,个体活动的本质要求、本真意义往往与其活动的出发点,或者活动的具体和现实的存在方式发生冲突,这种冲突在人身上所

---

① [德]马克斯·舍勒:《价值的颠覆》,刘小枫编,罗悌伦等译,北京:三联出版社1997年版,第164页。
② 同上书,第210页。
③ 刘小枫主编:《20世纪西方宗教哲学文选》中卷,《良知、自我意识与意义意识》(帕伦伯格),上海:三联出版社1991年版。

引发的情感体验就是羞感。有学者认为,这种羞耻感就是人的精神意识到自身的存在状态与本质存在之间的差距而产生的一种特殊的道德意识。具体地说,这种意识包括三方面的基本内容:对本质存在的自觉、对自身现实存在的自觉,以及对两者之间的差别、距离的自觉。① 也正是从这个意义上说,道德耻感是人对自身本质存在觉知的情感表现。

马克思在《政治经济学批判》中指出,人是双重存在着的,主观上作为他自身存在着,客观上又存在于自己生存的各种自然无机条件之中。换而言之,人一方面必然地、不可避免地存在于他所赖以生存的自然和社会条件之中,并受各种对象关系的制约,这是人不可抗拒、不可回避的实然存在状态,这种状态是客观的、不以人的意志为转移的。另一方面,人又是为自身而存在的,他能够按照自己的需要,通过实践,去打破那种预成的、实然的生存状态,去实现自己的目的。也就是说,从主体性的向度看,人又是以一种应然的状态生存着。因此,人性的本质既在现存的实然中,又在理想的应然中。人性的这种两重性特征决定了人们在道德实践过程中,必须以实然的存在状态为起点和前提,对自身所处的实然状态作出肯定,但同时人又对这种实然状态怀有一种"应当如何"的期望和关切,这种对应然状态的关注和希望较之于对实然的关注表现得更加强烈和深切。因此,人们渴望着不断从这种可感的、实然的存在状态中超越,实现自己所追寻的自我实现和自我发展的理想境界。人们的道德行为总是存在于实然转化为应然,应然变为实然,然后向新的应然状态发展的否定性的动态过程。当行为主体没有完成实然向应然的转变,自身的实然状态与自己的本质的、善的存在的自觉存有落差和距离,而且这种落差和距离也为行为主体所觉知时,行为主体就会产生一种由于脱离自身本质存在而萌生的耻感。社会心理学家认为,这是一种行为主体"理想我"与"自我"之间的紧张、冲突的情感表现。这种道德情感不仅是人们的一种道德义务意识,而且是人们对自身本质应然存在状态自觉的情感反应,是激励着人们继续朝向自己的应然、本真状态跋涉的精神动力和具有实践冲动的道德品格。从这个意义上说,道德耻感又是人们对其应然存在本质觉知的情感体现。

---

① 高兆明:《耻感与存在》,载《伦理学研究》,2006年第3期。

第二节 道德耻感的基本特征

道德耻感作为人类道德情感的重要表现形式，与义务感、尊严感、同情心等其他道德情感相比较，也有其自身的显著特征。它主要表现在如下方面：

一、先天性与后天性的统一

人的情绪、情感既具有先天性，又具有后天性。情绪心理学研究表明：人的情绪或情感在很大程度上具有先天成分。随着个体年龄的增长，社会交往的扩大，人际关系的复杂，个体情感或情绪中蕴含的社会意义和社会内容也会越来越丰富，进而逐步实现个体情绪、情感的社会化。任何个体的情绪、情感都是以先天潜能与后天习得相互交织、渗透的复合形式存在的。有学者以婴儿阶段的情绪为例，论述了在个体情绪中体现的先天性和后天性的统一，他们认为："早期婴儿阶段的情绪，一方面是在社会环境中显露出它的基本的、从种系进化中获得的先天特性；另一方面，这种先天特性又在人际交往中发挥着作用和实现着发展。"[①]

道德耻感的先天性，是指在人的本性中包含有先天的、自然的、本能的羞耻感受力，这种能力在每一个正常人身上都先天地存在着，不需后天的传授和教育，亦如孟子所说的不习而能。道德耻感的后天性则是指引发人们羞耻感的根本原因在于社会对个体的教育和传授以及社会习俗的影响。一般说来，个体的羞耻感有两种表现：一是生理反应，如面红耳赤、如芒在背、如坐针毡、不敢看人等，这是个体一种先天本能反应；二是心理反应，如行为主体内心的惭愧、内疚、懊恼或歉意，这种反应必然是个体后天理性思维的结果。现实生活中，父母或老师在教育子女或学生时，常常会说："你难道不觉得脸红吗？"我们知道，脸红是羞耻感发生时的一种常见的身体表现，这种体征反应并不随着某个"应该如此"的道德命令的发出而随即产生，也不随着父母、老师的教育、传授而立刻形成；它是行为主体的主观意志所无法决定的，有时行为主

---

① 孟昭兰：《人类情绪》，上海：上海人民出版社1989年版，第392页。

体可能不希望其出现,但它偏偏出现;有时行为主体可能迫切地期望它出现,可它却往往缺席。任何人都无法自如地控制自己的羞耻感体征反应的产生与消失。从这个意义上说,耻感的生理反应是人的一种先天自然的本能反应。但导致行为主体出现脸红耳赤等耻感体征反应的根本原因,却不是先天的、神喻的,它与人类后天所受的教育及其遵循和认同的道德原则和伦理规范密切相关。如果没有后天的培育和社会习俗的影响,个体脱离了某种社会关系,没有建立起其应当遵从和信奉的价值观念和道德原则,这种能力就没有具体实现的可能性。就像狼孩儿虽然生而具有走路、说话、害羞的本能,由于其长期脱离了人类社会的影响和教育,这些潜能也就无法成为现实了。它们不会说话,不会走路,更不会害羞。也就是说,人类先天的羞耻感受力作为一种潜能,唯有经过后天不断地强化其存在,有意识地对之进行开发和教育才能变为现实。从这个意义上讲,孟子的"羞恶之心,人皆有之"的命题是成立的。孟子所言的"羞恶之心"就是一种人在社会化之前就已然具备的先天的道德耻感潜能。

二、伦理根源和道德根源的统一

道德和伦理这两个概念,联系极为密切、含义极为相近,两者各自蕴涵的意义深深溶聚在道德耻感之中。黑格尔认为:"伦理是本性上普遍的东西。"①这里的"普遍"是指人的公共本质,即实体或普遍物。我们通常所说的伦理关系是指个体与伦理实体(如家庭、社会、国家等)之间的关系,而不是指个体之间的关系。处于一定伦理关系的个体,其行为目的必然要以实体的目的为目的,其行为的内容也要以实体的内容为内容。黑格尔说:"伦理行为的内容必须是实体性的,换句话说,必须是整个的和普遍的;因而伦理行为所关涉的只能是整个的个体,或者说只能是其本身是普遍物的那种个体②"。意思是说,处于一定伦理关系中的个体,必须努力扬弃其自身的个别性和特殊性,实现伦理实体所要求的人的公共本质或普遍性。因此,个体的个别性与伦理实体的普遍性之间的矛盾,即特殊性与普遍性之间的矛盾,成为一切伦理关系中所必然面对和解决的基本矛盾。黑格尔认为,伦理的本质是实现"单一物与普遍物

---

① [德]黑格尔:《精神现象学》(下卷)贺麟、王玖兴译,北京:商务印书馆1996年版,第8页。
② 同上书,第9页。

的统一",即扬弃人的个别性,实现人的社会性公共本质。黑格尔说:"人间最宝贵的事就是成为人",即成为体现普遍物和人的实体性或类本质的人。所以,"法的命令是:成为一个人,并尊敬他人为人。"① 关于道德,黑格尔认为它"毋宁应该说是伦理上的造诣"②。"伦理的东西,如果在本性所规定的个人性格本身中得到反映,那便是德。"③ 从黑格尔关于道德的观点中,我们可以清楚地认识到伦理与道德的辩证关系,行为主体只有进入一定客观实存的伦理关系中才能形成现实的道德。道德就是一定伦理关系中的伦理普遍性、实体性要求在个体人格中的实现,是处于一定伦理关系中人所应有的领悟和操守,是人在伦理关系中的造诣。

道德耻感既是一个伦理概念,又是一个道德概念,它作为一种高级社会性情感,也具有伦理和道德的双重意义。

从伦理意义上看,耻感产生的原因在于,个体本身没有成为具有普遍性的个体,其自身的个别性没有上升成为社会性的公共本质。置身于伦理实体的个体,常常会因自己未能成为具有社会性公共本质的人而沦为被伦理实体所否定和抛弃的对象而感到羞耻。伦理意义的耻感是个体向伦理实体回归过程中,实现"单一物与普遍物的统一"的外在的精神或情感约束力量。这种力量来源于个体对自身所属伦理实体要求的敬畏和尊重,以及个体对伦理实体的皈依和追随。伦理意义的道德耻感是耻于自己不能"做一个人",即不能做一个具有伦理实体普遍要求的社会人。因此,伦理性耻感是行为主体实现社会我与个体我相统一的情感动力。

从道德意义上看,耻感产生的根本原因在于个体未能成为自己理想中的人和社会或某伦理实体所期望的人。道德意义的耻感,耻于现存的实然我与理想的应然我之间实存的差距,耻于自己不能"成为一个人",即不能成为一个自己或社会所期望的人。因此,道德性耻感是个体努力消除现实我与理想我之间差距的一种实践冲动,是激励人们实现理想我和现实我相统一的内在情感约束力量和情感推动力量。

---

① [德] 黑格尔:《法哲学原理》,范扬、张企泰译,北京:商务印书馆1996年版,第46页。
② 同上书,第170页。
③ 同上书,第168页。

如果说伦理意义的耻感是一种"客观意志的法",那么,道德意义的耻感就是一种"主观意志的法"。道德耻感是他律的,也是自律的,自律性才是道德耻感更为深刻的道德哲学本性。①

三、自律与他律的统一

"自律"和"他律"原是康德伦理学的专有用语,其原义是指道德的价值根据是在于人自身,还是人自身之外的他物。通俗地说,"自律"就是个体把某种客观外在的原则、规范化为自己的坚定意志、信念,而积极主动地遵守和追随。"他律"则是行为主体的思想行为受自身理性之外的其他因素(如上帝、权威、环境、利益或个体自身的感性欲求等)的影响和控制。康德认为人是目的,不是手段,人的价值在于其自身的"意志自律"。就是说,人应该为自己立法,努力在主动自觉的行为中获得自由和尊严。如果人们在道德实践活动中只信守他律原则,就会使自身沦落为手段、工具。这样就违背了道德本身的纯粹性和崇高性。因为道德价值的真正根据不在于道德义务、道德法则本身,而在于人们对道德义务、道德法则的敬重心。在康德伦理学中,自律是排斥他律的。黑格尔则认为个体自身"意志内部的自我规定"还只是停留在形式道德的阶段,这种"意志内部的自我规定"只有进入家庭、市民社会、国家这些客观性伦理实体中,得到各种伦理关系的规定和影响,才能成为真实的道德。马克思、恩格斯认为,道德的自律性与他律性有机统一为一体,两者须臾不可分离。恩格斯一方面肯定性评价黑格尔重视道德的客观性、坚持道德的他律性的观点,另一方面还承认道德的自律性。在马克思和恩格斯看来,道德是自律的,但不是盲目、任意的主观自律,它不可能离开外部规律性的规约和影响,必然建立在外在必然性、规律性允许的范围之内,即必须建立在对客观必然性规律认识的基础上。自律虽然是行为主体对自身思想行为的主动约束和克制,但这种约束和克制必须以社会客观外在的规约为前提。行为主体借以律己的准则,以社会对人提出的客观合理要求为内容,以他律为存在形式。道德是自律的,但道德的本质却是他律的。

道德耻感与道德一样,也具有自律和他律相统一的道德品性。个体在他人

---

① 樊浩:《耻感与道德体系》,载《道德与文明》,2007年第2期。

以及社会评价的监督和强迫下,会对自身的不当思想行为感到羞耻,体现了耻感的他律性特征。在这种情景下,耻感产生于行为主体与他人、社会之间实存的关系之中,它受着行为主体自身之外的其他因素的影响和控制。此时耻感是一种"客观意志的法",呈现着伦理的意义。孔子曰:"恭近于礼,远耻辱也。"① 意思是说,对他人尊重恭敬,只有符合了"礼"的要求,才能免受侮辱。这里,孔子强调的就是耻感的他律性。

当行为主体依据其内心深处认同和接纳的道德律令,对其不当思想行为进行自我评价而萌生耻感时,体现的却是耻感的自律性。在这种情景下,耻感产生于个体自身的道德信念,而不是来源于某种外在的规约力量,它是行为主体自身的理想之自我认同没有得到满足而产生的否定性心理落差反映。此时耻感是一种"主观意志的法",体现着道德的意义。孔子曰:"君子耻其言过其行";孟子曰:"声闻过情,君子耻之"②,"立乎朝,而道不行,耻也"③;朱熹所说:"夫有罪无罪,在我而已,岂以自外至者为荣辱哉?"④ 孔子、孟子、朱熹所言之耻,都具有自律性特征。总之,从行为主体自身的角度看,如果没有其自身对耻的主动的体认和认定,社会或他人的评价无非是一个外在于己的"对象化存在"而已,很难在主体的内心产生影响,耻感也难以有效地发挥其应有的规约作用;同样,如果行为主体完全离开了社会或他人的客观合理的荣辱评价,耻感也就丧失了其产生与存在的合理依据,而沦落为盲目、任意的主观意志自律,也就无法解决特定伦理实体内部的"何以为耻"和"以何为耻"的问题。因此,真实的合宜的耻感应该是自律性与他律性的有机统一。耻感是自律的。个体耻感美德形成源自于耻感自律性特征的有效发挥,个体只有自律性耻感的激励才能完成道德耻感由情感向意志、信念的积极转化,最终养成个体尚荣知耻的美好德性。耻感又是他律的。耻感他律性是自律性的前提和基础。只强调耻感自律性而无视耻感的他律性,实际上是忽略了耻感借以产生的客观依据;只有自律而无他律的耻感,很可能会流于主观、盲目、任意。一个人越尊重耻感他律,他的耻感反应及其在耻事面前的主体性就越强,其耻感的

---

① 《论语·学而》。
② 《孟子·离娄下》。
③ 《孟子·万章句》。
④ 朱熹:《四书集注·论语》,北京:中华书局1983年版。

自律的程度也就越高。耻感的自律性与他律性，互为条件、互为前提，相互促进，不可分离。

四、主观性与客观性的统一

道德耻感的客观性，是指在一定社会条件下人们对一定道德事实进行耻荣评价标准的相对确定性。一般说来，人们在现实道德生活中关于荣耻的内容和界定标准，总是代表着一定社会、集团或阶级的利益，是一定社会、集团或阶级善恶评价标准的反映。正如恩格斯说："每个社会集团都有它自己的荣辱观"[①]。荣耻的内容是客观的，以何为荣耻的标准也是客观的，行为主体只有把握了社会客观存在的道德原则和伦理规范以及社会普遍认同的客观的善恶价值观念，才能真正理解和接纳荣辱内容及其评价标准，才能真正做到趋善避恶、尚荣知耻，才能产生真实、合理、积极、健康的耻感感受。

道德耻感的主观性，是指人们对一定道德事实进行耻荣评价时而产生的主观心理感受和情感体验。一般说来，社会生活中各种外在的道德准则、善恶观念以及荣耻评价标准能否有效地发挥其制裁和规约作用，关键在于行为主体能否对客观存在的社会道德准则、善恶观念以及耻荣评价标准给予的充分理解和认识，接纳和认同，并主动将其作为衡量自身或他人思想言行的标准和尺度，也就是说，能否把"客观意志的法"变为行为主体的"内心法则"。虽然一定社会形态中某一特定历史时期的善恶观念、价值观念以及荣耻标准是客观实存的，但这并不意味着这一社会历史时期的每一个个体都因此而形成相同的荣耻感和善恶感。任何一种外在的、普遍的客观的道德规范若想转化为行为主体的个我的、内在的行为准则，都需要经历一个漫长而复杂的过程。由于不同个体的接受机制、转化机制各不相同，特别是当各种外在规范、原则和标准缺乏稳定性和说服力时，人们的荣耻感就会呈现出主观性、多元性。在这种情况下，人们可能产生"荣荣"、"恶恶"的积极反应，也可能表现出"荣耻"、"耻荣"的错误反应。因此，道德耻感萌生是因人而异的，它会根据个体在社会生活中的参与程度不同，社会对其角色具体要求的不同，以及个体对自我行为的认知、评价乃至预期的意识的不同而不同。道德耻感的主观性主要表现如下

[①] 《马克思恩格斯全集》第 39 卷，北京：人民出版社 1974 年版，第 251 页。

两个方面：一是人们在面对自己或他人不当思想言行以及现实自我与理想自我之间的距离、落差时，呈现出来的耻感感受程度有所不同；二是当人们内化并确立了某种自认为符合社会发展和社会普遍要求的正确的善恶价值观念时，其荣辱感受就不会为外在的荣辱得失所左右。如庄子曰："举世而誉之而不加劝（勉励），举世而非之而不加沮（沮丧），定乎内外之分，辩乎荣辱之境，斯已矣。"① 司马光说："誉之不喜，毁之不怒。"②这些都表达了他们在外在荣辱面前的超然与洒脱，彰显了他们不在意世人的毁誉、只追求自我精神自由的崇高境界。当然，我们强调耻感的主观性，绝不能因之而否定代表一定社会和时代发展要求的具有普遍性的耻荣观念和耻荣标准。道德耻感的客观性与主观性是相互依存、互为条件、不可分割的。

五、历史性与继承性的统一

道德是人类社会发展到一定阶段的产物，并随着社会历史的发展而发展。道德耻感作为道德的重要构成要素，其内容自然也不会一成不变，而是具有社会历史的流变性。历史唯物主义认为，社会历史的发展是决定性和选择性的统一。所谓社会历史发展的决定性，就是指社会历史发展不是人们随心所欲的主观选择的结果，而是受着客观规律性、必然性和因果制约性的规约和限制。这种社会历史发展的历史决定性规律，决定了人们在道德生活实践过程中必须服从道德历史发展过程中必然产生的道德原则和道德规范，遵循历史的道德标准，并产生相应的道德情感。从这个意义上说，任何道德情感都是历史的产物，人们不可能产生超越历史的道德情感反应和心理体验，道德耻感也不例外。

社会历史发展既具有客观决定性，又具有主体选择性。所谓主体选择性是指作为历史发展主体的人，能够从自身的需要、知识结构、经验、技能出发，根据历史的客观条件和发展趋势确定自己的行为方式和方向的活动。也就是说，作为社会历史发展主体的人能够在社会历史发展过程中进行自主的选择，而这种选择也有可能对社会历史发展的进程产生实际的影响。由此可见，社

---

① 《庄子·逍遥游》。
② 《温国文正司马公集》卷1，《灵物赋》。

历史的发展虽然是不以人的意志为转移的自然的历史的过程，但却是通过人的自觉创造性的活动实现的。

道德耻感是个体自我在道德实践过程中必然产生的一种否定性情感体验，它产生的客观基础是客观的道德实践和道德生活，具有社会历史性特征。道德耻感的历史性，通过社会道德标准的历史性表现出来，并集中体现为一定善恶标准的历史性。人们在不同的社会历史条件下，由于民族、文化、地域、阶级和社会制度等不同，使得人们对什么是善、什么是恶这一根本道德标准的理解也各不相同。正如恩格斯说："善恶观念从一个民族到另一个民族，从一个时代到另一个时代变更得这样厉害，以致它们常常是互相直接矛盾的。"① 例如，古希腊时期的苏格拉底以知识为善，提出"知识即美德"这一命题，他认为知识越多越善，无知即为恶；中世纪的基督教以信仰上帝为善，提出人要想达于"至善"，必须信仰上帝；近代功利主义者以"最大多数人最大利益"为善，快乐主义者以感官快乐为善，理性主义者则以理性为善；等等。社会善恶标准不仅有时代性，而且具有民族性。某种思想行为在一个民族看来是正当的、合理的，而在另一个民族看来则可能是不道德的，甚至要受到严厉惩罚。例如，非洲的一些民族女人认为裸体是美的，若让她们穿上衣服反而会使其觉得羞耻，而在土耳其则把女人出门不带面纱看做羞耻的、不道德的事。难怪拉法格慨叹说："界分两国的河流足以使罪行变为善行。"② 不同时代、不同民族人们所秉承善恶标准的不同，使得人们的荣耻观念也存在很大的差异。荣耻观念形成的根源在于人们所处的社会条件、经济关系和政治环境，它是不同利益集团的政治权利、经济利益在道德上的反映。每一个时代的国家、民族、阶级，甚或个人都是根据自己经济地位、政治利益，建立自己的荣辱观念的。因此，"荣"与"耻"是个历史性的范畴，其内涵和标准也不是凝固不变的，而是随着经济社会的发展以及社会形态的变迁而相应地发生变化。例如，寡妇再嫁在今天看来是再合理不过的事情，然而在我国传统社会，特别是宋代以后，却被认为是可耻的，并提出"饿死是小，失节是大"的主张，并给所谓坚守贞节者树立"贞节牌坊"。不同的历史时期，不同社会形态，由于人们奉行着

---

① 《马克思恩格斯全集》第20卷，北京：人民出版社1971年版，第101页。
② [法]拉法格：《思想起源论》，王子野译，北京：三联出版社1978年版，第44—45页。

不同的道德准则和信守着不同的善恶价值观念，致使其荣耻观念也呈现出各种各样的差别，有时还会表现出截然相反的情形，以致于同一种行为在一个时期被视为光荣的，而在另一个时期可能就成为可耻的；同一种行为在一个群体看来是可耻的，而另一个群体则不以为然。

人类进入阶级社会后，由于道德标准带有了阶级性，道德情感的内容也就有了阶级色彩，道德耻感也就有了阶级分野，使得不同阶级地位的人引以为耻的内容出现了差异。但是，这并不排除有些行为可以在任何历史时期都被赋予光荣或可耻的意义。例如，助人为乐、见义勇为、舍己为人、诚实守信等，几乎在任何社会形态都会受到赞扬，给人带来荣誉；而违约背信、损人利己、见利忘义、不孝敬父母等，几乎在任何社会都会遭到谴责，被视为可耻之事。因此，为民众营造知耻尚荣的社会环境是社会本身存在和发展的需要，同时也是社会成员自身存在和发展的需要。一个社会要想存在和发展，就不能抛弃那些旨在维护其基本秩序和引领其追随崇高的耻荣观念。至于用什么样的方式表达荣誉和鞭挞耻辱，则由一定下社会条件民众的心理特征和风俗习惯决定。但是，所有外在的表现形式的变化并不能改变行为本身所体现的基本价值。在人类文明的发展进程中，道德耻感的具体内容、外在形式可能会不断变化，但这种变化并不能改变道德耻感本身的价值和意义。无论人类社会如何发展，无论人类理性如何进化，人类的道德耻感本身不能被消弱，而应得到进一步加强和深化。耻感退化决不是人类文明进步的象征，而是人类文明退化的表现。道德耻感本身所具有的这种永恒的价值和意义鲜明地表达了其继承性特征。

六、功利性与超功利性的统一

道德与利益密切相关，利益是道德的产生基础，也是道德情感的基础。道德的功利性，决定了道德耻感的功利性，道德的功利性是指道德最初是作为人们的一种实现利益满足需要的手段或工具出现的，一切道德都必然是反映和维护某一社会或阶级利益的道德。人们通常把情感分为自然情感和社会情感。自然情感一般与个体的利益需要相联系，表现为饥欲食、渴欲饮、困欲眠等"七情六欲"。因此，自然情感具有鲜明的功利性特征，当行为主体体验到自己的某种自然需要得到满足时，就会产生肯定性情感体验；反之，则产生否定性情感体验。与人的自然情感不同，道德耻感是一种社会性情感，其本身也表达了一种利益关系。因为道德耻感是人们在道德实践过程中，个体因未能履行自己应尽的社会义务或自身或他人的不当思想行为侵犯或损害了自己、他人、集体或国家的利益而产生的否定性心理体验。从这个意义说，没有离开功利的道德耻感。

　　道德耻感的超功利性也取决于道德本身的超功利性。所谓道德的超功利性，就是道德的自我牺牲性，即一切道德总是以或多或少的自我牺牲为前提。法国著名社会学家涂尔干指出，为自身利益服务的行为从来就不具有道德价值，道德行为总是追求非个人目的的。他说："合乎道德的行动，就是根据集体利益而行动……"① 这种道德行为效应的利他性特征也决定了道德耻感的超功利性特征。其具体表现为：一是诱发个体道德耻感产生的原因有时是超功利性的。在个体道德耻感产生过程中，有时个体的耻感体验或冲动往往并不带有某种狭隘的利己动机，也不是个体物质欲望的未满足，而恰恰表现为一种对世俗利益的超然。如孟子曰："立乎朝而道不行，君子耻之。"② 表达的就是一种超越一己私利的纯然社会责任感。二是有时道德耻感的体验过程也是超功利的。人只有在某种道德情景假设中，设身处地的把自己摆到他人的位置上时，才会有道德情感的产生，道德耻感也不例外。心理学上称之为"移情"。移情是一种个体设想自己处在他人的情景中，并且能够设身处地地理解他人的情感、思想、观念和行为的能力。道德耻感的产生也需要移情作用的发挥，尤其是自律型耻感，它是行为主体凭借自己道德良知的自觉而产生的羞耻情感体验，源于个体自身对其认同和接纳的道德律令的敬重心。此时行为主体的耻感意向可能不是自身的利益，而更多是体会到了他人的利益受损。一个人如果始终以一己私利作为行为目的，就根本不可能产生真正的道德耻感。

---

① 转引彭柏林：《道德需要论》，上海：上海三联书店2007年版，第25页。
② 《孟子·万章句》。

第四章　道德耻感的类型与功能

　　道德耻感的内容错综复杂、丰富多彩，并通过多种多样的羞耻心理体验形式表现出来。但迄今为止，伦理学和心理学等相关学科都未曾对之进行过明确分类，也未曾分门别类地对其功能和作用进行阐释。本章试图对道德耻感进行类别区分，并重点阐述道德耻感的主要功能和作用，旨在从学理上为道德耻感勾画一个较为清晰的轮廓，以期为道德耻感的涵育与保护寻找现实可行的方法和途径。

第一节　耻感的分类

　　依据不同的分类标准对耻感进行不同类型的区分和剖析，是我们全方位地了解耻感概念外延和深入认识耻感的多样性、阶段性和层次性的理论基础。从耻感的不同承担主体以及引发耻感产生原因的属性、作用方式、作用时间和性质等不同纬度来审视耻感，可以使我们科学地把握其多种呈现方式，区分其不同类型。

一、自然耻感与道德耻感

　　依据引发耻感原因的属性，可以将耻感区分为自然耻感和道德耻感。一般说来，羞耻是行为主体的自我价值感、尊严感受到损害或打击时产生的一种心理体验。一个人的自我价值感、自尊或自信的产生原因是多方面的，它可以源于人天然禀赋和才能，也可以源自于人后天修习品性与德行。前者往往是指人们因自己的天然优势获得赞誉而产生的心理满足。如身材俊美、容颜姣好的人受到夸奖时产生的内心愉悦，或由于自己以过人的才智完成了他人难以完成的任务而形成的高度自我价值感等，在这种情况下产生的自我价值感和尊严感都是源于个体的外在的天然的自然特性。人们可以对他人的天然才能大加赞赏，使人获得自信与尊严；但多数情况下，人们不会对某些人的天然生理缺陷强加指责，因为生理缺陷不是人们的主观意愿，人们也无法依靠自己的能力来弥补自己的生理缺陷。然而，有时这种天然生理或能力缺陷可能会成为有些别有用心的人的耻笑对象，使受到耻笑的人因自我尊严受侵害和自我价值遭贬低而感到羞耻。我们通常把这种因天然生理缺陷产生的羞耻感称为自然耻感。自然耻感的产生不需诉诸某种道德理念和道德原则，它与行为主体的不当思想或行为过失无关，因而不具有伦理和道德意义。道德耻感是指行为主体因忽视或丧失了其本应具有的德性而使自己的自我价值遭到贬低、自我尊严受到损害时产生的羞愧体验。行为主体只有秉承了一定的道德价值理念，并依据它们进行道德评价才会产生道德耻感。道德耻感是人们把自己思想行为与其所认同的道德理念、道德原则进行对照并作了深刻的自我反省后的心理体验，它与行为主体的思想偏失和行为不当有关。拥有道德耻感体现了行为主体对自我的关心，特别是对自我德性人格的关心。一个人一旦丧失了对自我思想行为道德价值的关心，就意味着他道德耻感的丧失，也意味着他最低限阈道德防线的崩溃。

二、自律耻感与他律耻感

依据引发耻感的评价方式，可以将耻感区分为他律耻感和自律耻感。他律耻感是指行为主体觉察到自身的思想或行为受到来自他人或社会的负面评价时而产生的羞愧心理体验。这种耻感受着来自行为主体道德理性之外的其他因素的影响和制约，因而表现出明显的他律性特点。自律耻感是指行为主体的思想或行为受到来自其自身道德良心的负面评价时而产生的羞愧心理体验。这种耻感直接来自行为主体自身的道德理性命令，导源于个体自身对道德律令的敬重心，它无需他人或社会等外在因素的监督和提醒，因而体现出鲜明的自律色彩。

他律耻感与自律耻感的划分，在"耻"与"恥"的同字异形现象中能够找到依据。现代汉字的"耻"，意为从耳则止，它蕴含着这样的意思：因耳朵听到别人的批评和谴责而羞耻，从而终止不当行为。这种耻即他律之耻。我们通常所说的"人言可畏",就是这种他律耻感特点的形象表达;古汉字的"耻",意为从耳从心,它蕴含着这样的意思:耳朵听到来自心灵的谴责声而羞耻,这种耻即自律之耻。由此可见,即使从辞源学的角度考察,我们也可以依据引发耻感的评价方式把其划分为两种不同类型的耻感,即他律耻感和自律耻感。

他律耻感与自律耻感的划分,在现代文化人类学的研究成果中也能够得以印证。美国文化人类学家本尼迪克特,曾经从民族文化心理的层面将人类文化模式划分为耻感文化和罪感文化两种模式。本尼迪克特曾经明确表示:耻感文化依靠外部制裁,而罪感文化则是一种内化的信念。她说:"真正的耻感文化依靠外部的强制力来做善行,真正的罪感文化则依靠罪恶感在内心的反应来做善行。羞耻是对别人批评的反应,一个人感到羞耻,是因为他或者被公开讥笑、排斥,或者他自己感到被讥笑。……罪恶感则不是这样……即使罪行未被人发觉,自己也会有罪恶感,而且这种罪恶感会因坦白忏悔而确实得到解脱。"① 一定意义上说,本尼迪克特所说的"耻感文化"的耻感即他律耻感;"罪感文化"的罪感是自律耻感。这里需要明确的是,本尼迪克特将中西方文化进行"耻感文化"与"罪感文化"的截然区分,是对东方,尤其是中国传统文化中的耻感思想的片面理解,同时也是对道德耻感本身认识的偏颇。中国传统文化中的"耻感"是一种既注重"外部强制力"的他律耻感,又注重"内化的制裁"的自律耻感。如孔子所主张的"见过而自讼"的道德修养方法和"有耻且格"的德治理想凸现的就是自律耻感。他律耻感和自律耻感是两种不同类型的耻感,但两者并不是绝对对立的,而是辩证地统一为一体。他律耻感和自律耻感是道德耻感必然经历的两个觉悟程度不同的发展阶段,二者相互联系,相互依存,互为条件。其中,他律耻感是自律耻感的前提或条件,而自律耻感则是他律耻感的最终发展目的。

三、先耻感和后耻感

依据行为主体道德耻感发生的时间,可以将耻感划分为先耻感和后耻感。

---

① [美]本尼迪克特:《菊与刀——日本文化类型》,吕万和等译,北京:商务印书馆1990年版,第154页。

所谓先耻感，是指持有一定的是非观善恶观念的行为主体，在行为之前对自身或他人的不道德欲望以及可能发生的不当行为进行自我评价和接受社会评价时产生的一种否定性情感体验。先耻感是耻感发展的高级阶段，是行为主体耻感发展水平较高的表现。它可以使个体主动放弃不道德的念头，进而避免不道德行为的发生。例如，清代官员张清恪在其《禁止馈送檄》中说："一丝一粒，我之名节。一厘一毫，民之脂膏。宽一文，民受赐不只一分，取一文，我为人不值一文。谁云交际之常，廉耻实伤。"[1] 我们以为，张清恪此时所说的"廉耻"，就是一种行为之前的先耻道德情感体验。张清恪一身正气，两袖清风，并以清官的美名流芳百世，靠的就是这种先耻德行。具有先耻感的人，通常会主动自觉地按照其所认同和接纳的社会道德原则或规范要求自己，努力避免不道德欲望和不道德行为；具有先耻感的人，不仅能够在行为过程中实现道德自律，而且在行为动机上达到自律。从这个意义上，我们可以说，一个能够在道德修养中达到的"慎独"境界的人，一定是具有先耻感的人。

所谓后耻感，是指持有一定的是非观善恶观念的行为主体，在对自身或他人已实施的不当言行之后，进行自我评价或接受社会评价时，产生的否定性情感体验。后耻感是道德耻感发展的低级阶段，这种耻感是行为主体实施了不符合其所认同和接纳的社会道德准则和行为规范的行为之后，受到来自自身道德良心，尤其是受到他人、社会的道德谴责时产生的耻感体验。这种耻感发展水平较低，因为它不能防患于未然，不能将个体的不当思想行为消除在未萌之中。处于后耻感阶段的行为主体通常不能主动自觉抑制自己的不当欲望和行为，只有在行为之后，受到自身或他人的谴责和贬损之后，其内心的耻感感受才能被激活，并使人们为自身的不当欲望和行为而感到羞愧、内疚，促使人们在道德反思中，不断实现改过迁善。传统儒家所倡导的"三达德"之一——"知耻而后勇"[2] 以及"不耻不若人，何若人有？"[3] 思想中所言的"耻"，从某种意义上说，指的就是后耻感。

依据耻感体验产生时间，我们把耻感区分为先耻感与后耻感，但这决不意

---

[1] 《清朝野史大观》（卷5），北京：中华书局民国7年版，第159页。
[2] 《中庸》。
[3] 《孟子·尽心上》。

味着两者是截然对立的。在道德实践中,后耻感如果能够不断得以强化和培育,就可以逐步升华为先耻感;先耻感如果能够不断防范行为主体的不当思想行为于未然,往往可以逐渐避免后耻感的产生,使人们的思想道德行为逐渐由他律走向自律。先耻感与后耻感相互联系、相互促进,共同推动人们道德境界的提升。

四、个体耻感与群体耻感

任何道德行为都必然有其主体承担者。道德行为的承担者多种多样,概括起来说,应分为个体和群体两种类型。根据道德耻感的承担主体,可以把耻感划分为个体耻感和群体耻感。

个体耻感是指持有一定善恶、荣辱价值观念的个体,在特定的道德实践过程中,对自己的道德行为、动机和道德品质进行自我评价或接受他人或社会评价时产生的一种指向自我的否定性心理体验,它产生的原因在于个人的自尊或自我价值感遭受损害或打击,常常表现为不安、焦虑、羞愧和内疚等情绪。个体耻感具有鲜明的个体自成性和潜在性的特点。

群体耻感是指社会生活中持有共同道德目标、道德需要和善恶荣辱观念的人们,在特定的群体道德实践中,对群体的道德行为、道德动机乃至结果进行群体自我道德评价和接受他人或社会道德评价时产生的一种群体性的否定性情感体验。它是一种遍及整个群体的道德情感,主要包括家族耻感、集体耻感、民族耻感和国家耻感等,其产生的原因在于集体自尊或集体价值感的受损,其最大特点在于其本身的整体性、普遍性和权威性。

群体耻感能够转化成为一种道德上的认同感、崇高感和荣誉感,激励群体成员为雪群体之耻而赴汤蹈火,在所不辞。正如有学者认为"集体耻感就像集体荣誉感一样素来既是集体凝聚力的尺度,也是约束个人行为、增进集体意识的无形手段"[①]。一般说来,一个人的集体观念越强,他的集体耻感体验就越深,进而要求为集体雪耻的愿望也就越强烈。加拿大工学院的所谓"校耻"和中华民族的"国耻",都鲜明体现了群体耻感的功能和价值。

---

① 陈根法:《心灵的秩序——道德哲学理论与实践》,上海:复旦大学出版社1998年版,第76页。

《人民日报》曾经刊载过这样一则新闻：在加拿大，人们经常会发现在一些科技专家和学者的左手无名指上带着一枚相同的钢制戒指。这枚戒指代表着他们都是加拿大工学院的毕业生。加拿大工学院是一所誉满全国、国际声望很高的学校。在其学校发展的历史上，曾经发生过这样一件事。有一年，加拿大政府将一座大型桥梁的设计任务交给了一位加拿大工学院毕业的工程师，然而由于其设计的失误，致使这座桥建成后不久就坍塌了，使国家蒙受了重大的损失，造成了极坏的社会影响。为记住这个惨痛的教训，加拿大工学院将报废的整座大桥的钢材买下，加工制造了成千上万枚戒指，并把这种戒指称为"校耻戒指"。在每年学校举行的毕业典礼上，每位毕业生在领到毕业证的同时，还会从校长手里领到一枚"校耻戒指"。长期以来，加拿大工学院的毕业生都牢记"耻辱戒指"的教训，在工作中精益求精，兢兢业业，忘我工作，为国家的发展作出了很大贡献。①

再如，近代中国，帝国主义列强用武力打开中国的大门，强迫满清政府签订了一系列割地赔款的不平等条约，肆意掠夺中国的财富资源，破坏了中国的主权和领土完整。中华儿女将这段历史视为中华民族的奇耻大辱。也正是在这种民族耻辱激励下，中国人民开展反帝反封斗争，经过辛亥革命、五四运动和新民主主义革命，终于在中国共产党的领导下，驱逐了帝国主义列强，推翻了半封建半殖民地国家的腐朽政权，建立了独立自主的社会主义新中国。这种经济落后、政治腐败招致的民族耻辱，最终转化成为中华民族奋发图强的内在动力。

个体耻感和群体耻感这两种不同类型的耻感，既彼此区别，又相互联系、相互作用、不可分割地统一为一体。个体耻感以具有现实性和合理性的集体为基本取向，为自身所属群体尽义务是其根本要求，个体的行为与其所属的群体的实体性要求相背离是其产生的根本原因。个体耻感不可能是游离于群体耻感的独立存在物，群体耻感也不可能离开个体耻感而独立成为一个抽象存在。在一个充满社会正义感的群体中，个体耻感的表现也是极其鲜明的；反之，在一个耻感淡薄、荣耻颠倒的社会群体中，个体耻感也必然是匮乏的。个体耻感和集体耻感在一定条件下，还可能相互转化。在一个凝聚力、亲和力很强的集体

---

① 袁文良：《耻辱戒指》，载《人民日报》，2001年1月5日。

中，个人的价值会在群体中才能得到最大限度的实现，个人的尊严也会在群体成员的相互尊重中才能得以最充分体现。因此，当集体中的某个个人受辱时，常常被集体成员视为集体受辱；当集体中的某个成员的个别行为损害了集体的声誉时，集体的其他成员也常常将其视为集体的耻辱。同样，在一个真正的集体中，每个成员也总是把集体荣誉视为个人的荣誉，把集体所蒙受的耻辱视为个人耻辱。因此，在现实生活中，应该正确处理个体耻感与集体耻感的关系，尤其是集体耻感必须慎重处理，它关系到集体的兴衰成败。

五、德耻感和才耻感

按照引发耻感的思想或行为的性质，还可以将耻感区分为德耻感和才耻感。所谓德耻感，是指持有一定是非善恶观念的行为主体，面对自身或他人的不端品行、不良欲念时产生的羞愧心理体验。才耻感是指持有一定荣辱价值观念的行为主体，在对自身思想行为进行自我评价或接受社会评价时，因自身能力的不足或才华的欠缺而产生的否定性情感体验。中国传统文化中所说的才耻感更多指的是因为行为主体缺乏某种必要的能力，不能胜任某事，而产生的羞愧心理。在中国传统儒家文化中，含蕴着极为丰富的德耻感和才耻感思想。传统儒家的先贤、哲人所说的德耻感，主要表现为如下方面：

一是言而无信、表里不一之耻。子曰："巧言、令色、足恭，左丘明耻之，丘亦耻之。匿怨而友其人，左丘明耻之，丘亦耻之。"[1] 孔子认为，花言巧语，伪善的面容，对人过分的、不适度的恭敬行为都是可耻的；把怨恨藏在心中而表面上却做出友好的样子，在孔子看来也是可耻的。孔子主张人与人之间的交往应该正直、坦诚、以礼相待，不能口是心非、表里不一。子曰："古者言之不出，耻躬之不逮"[2]，"君子耻其言而过其行"。[3] 荀子认为言而无信也是君子应当引以为耻的三种耻事之一，他说："君子……耻不信，不耻不见信。"[4]《礼记·杂记》中所说的"君子五耻"，其中包括"居其位，无其言，君子耻之；有其言，无其行，君子耻之"都属于言行不一之耻。

---

[1] 《论语·公冶长》。
[2] 《论语·里仁》。
[3] 《论语·宪问》。
[4] 《荀子·非十二子》。

二是不义之耻。子曰:"邦有道,谷;邦无道,谷,耻也"。①"邦有道,贫且贱焉,耻也;邦无道,富且贵焉,耻也。"② 孔子认为,对于能够担当治世之任的君子而言,逃避社会责任,游离于治世之外,过一种贫贱自足的生活,是一种耻辱;相反,身处乱世之中,却努力寻求个人享乐、富贵,也是一种耻辱。显然,在孔子看来,治世君子应当积极承担社会责任,努力为国家贡献才干;而置身乱世的君子,不应见利而忘义,当以不义为耻。子曰:"不义且富贵,于我如浮云。"③ 孔子的这一思想在《大戴礼记·曾子制言上》中也得到了鲜明的体现,书中说:"夫有耻之士,富而不以道,则耻之;贫而不以道,则耻之。"先秦时期法家思想家韩非在评价管仲雪桓公之耻的做法时,也把"义"作为衡量行为主体耻感意识真伪的标准,强调"遗义之耻"才是真正的耻辱,他说:"虽雪遗冠之耻于小人,而亦遗义之耻于君子矣",就是说,齐桓公以"遗义"为代价雪自己酒醉遗冠之耻,非但不能雪耻,反而因为"遗义"而招致更大的耻辱。清代《长兴学记》中记载的康有为的"四耻"说中的无志之耻和鄙吝之耻均属于违义、失义之耻。康有为说:"一耻无志。志于富贵,不志于仁义。……三耻鄙吝……凡鄙吝者,天性必薄,为富不仁,可耻也,必拔其根。"④ 从一定意义上说,当前胡锦涛主席所倡导的"八荣八耻"之中的"以见利忘义为耻"也是以此为其思想渊源的,他反对的也是德耻感中的不义之耻。

三是名不符实之耻。传统儒家非常尊崇名声,子曰:"君子疾末世而名不称焉"。意思是说,身为君子奋斗一生仍未获得与自己身份相称的名声是非常悲哀的,表达了孔子对名声、名誉的重视。传统儒家所崇尚的是实名非虚名。关于名与实的关系,宋代思想家颜渊在其著作《颜氏家训》中曾经有过十分精彩的论述,他说:"名与实,犹形之与影也。德艺周厚,则名必善焉;容色姝丽,则影必美也。今不修身而求名于世者,犹貌甚恶而责妍影于境也。"可见,传统儒家认为,名与实的结合应该如影随形,有其实必有其名。有名而无

---

① 《论语·宪问》。
② 《论语·泰伯》。
③ 《论语·述而》。
④ 康有为:《长兴学记》,陈汉才校注,广州:广东高等教育出版社1991年版。

实、名实不符历来被传统儒家引以为耻。孟子曰:"声闻过情,君子耻之。"①意思是说,一个人所获得的声誉超过了实际,君子当以之为耻。孟子认为,人的名誉获得来源于个人的高尚德行,唯有名声与实际相符合,我们才会感到光荣;相反,如果一个人所获得的名誉和声望超过了其实际德行所应获得的,则是一种让人感到羞愧和耻辱的事情。《礼记·表记》中说:"是故君子耻其服而无其容,耻有其容而无其辞,耻有其辞而无其德,耻有其德无其行"。意思是说,服饰与仪容不符、仪容与言辞不符、言辞与德性不符、德性与行为不符,君子都应以之为耻。

四是贪生怕死之耻。舍生取义是中国传统儒家理想人格所追求的大境界,也是中华民族精神的充分体现。孟子曰:"鱼我所欲也,熊掌亦我所欲也,二者不可兼得,舍鱼而取熊掌者也;生我所欲也,义亦我所欲也,二者不可兼得,舍生而取义者也。"② 在孟子这一思想的影响下,中华民族一向以贪生怕死为耻,苟且偷生之人历来遭人唾弃。《大戴礼记·曾子制言上》中说:"富以苟不如贫以誉,生以辱不如死以荣。辱可避,避之而已矣;及其不可避,君子视死如归。"意思是说,以不义为代价获取的富贵不如虽然贫穷,但却享有美誉,与其苟且偷生不如光荣地死去;若能避开耻辱而不减损自己的名节,那就尽力避开耻辱;如果必须以牺牲名节光荣来换取生命,君子当毅然赴死。汉代大儒董仲舒在《春秋繁露·竹林》中也表达了这样的思想,他说:"是故君子生以辱,不如死以荣"。清代林则徐说:"苟利国家以生死,岂因祸福趋避之"。这些思想集中体现了传统儒家在对待生死问题上的荣辱态度,也成为历代中华儿女维护民族独立、实现民族富强的强大精神动力。

传统儒家的先贤、哲人所说的才耻感主要表现为无能之耻。如孔子曰:"邦有道,贫且贱焉,耻也"③,意思是说,一个人身处治世之中,依然使自己的生活处于贫穷低贱的境地,应当引以为耻。这是一种无能之耻。孟子说:"立乎人之本朝,而道不行,耻也。"④ 意思是说,身为一朝之臣,不能有效地履行自己的职责,发挥自己的作用,是耻辱。这也是一种无能之耻。《荀子》

---

① 《孟子·离娄下》。
② 《孟子·告子上》。
③ 《论语·泰伯》。
④ 《孟子·万章句》。

中记载孔子曾经说："吾有耻也，吾有鄙也，吾有殆也：幼不能强学，老无以教之，吾耻之。"孔子认为，人在年轻时不努力学习，到年长时没有什么本领教予后人，是一件让人感到耻辱的事。荀子曾经列举过三类君子当以之为耻的品行，其中一项就是无能之耻。他说："君子……耻不能，不耻不见用。"① 意思是说，君子当以无能为耻，而不以有才能而无处施展、不被起用为耻。《礼记·杂记下》说："君子有五耻：居其位，无其言，君子耻之；有其言，无其行，君子耻之；既得之，而又失之，君子耻之；地有余，而民不足，君子耻之；众寡均而倍焉，君子耻之"。礼记中归结的这"五耻"中，后三个耻均可归类为无能之耻。一是得到的职位又无端地丢掉了，君子当应深以为耻，耻己之无能；二是自己的管理范围广博，却不能给子民以富足，君子当引以为耻，耻己之能力不足；三是自己的属下与他人的属下一样多，然而他人的政绩却远远高于自己，这也是君子应深以为耻的事情。显然，这也是一种无能之耻。由此我们联想到孟子的"耻不若人"思想，从某种意义上说，也表达了他以无能为耻的思想倾向。

第二节　道德耻感的基本功能

道德耻感是人类所特有的道德理性或道德智慧的重要体现，它不仅内在地蕴含着人类对善的驱同和对恶的摒弃，而且对人们道德实践活动具有激励、防御和赏罚等外显性功能。

一、激励功能

情绪心理学家利珀认为，情绪是一种具有动机和知觉作用的积极力量，能够产生组织和激发行为主体全部行为的作用。著名的动机—分化理论代表汤姆金斯也认为，个体行为的内驱力的信号（如食物、水、性等生理需要）需要有一种将其放大的媒介才能激发有机体去行动，情感就是这种起放大作用的重要因素。在许多情况下，情感都是与内驱力信号合并起作用的，有时情感的驱

---

① 《荀子·非十二子》。

动力会强于某些内驱力信号。耻感同快乐、悲伤、惊奇等情感一样，都可以成为人们行为的驱动力。作为一种特殊情感的道德耻感，具有激发和维持行为主体进行某种道德行为，并促使该行为朝向某一积极目标的功能，它是激励人们实践道德行为的驱动力。俗语说："情通而理自达。"就是说，在道德认知转化为道德信念，落实为道德行为的过程中，道德情感起着重要的中介和催化剂作用。行为主体只有在强烈的道德情感影响和激发下，才可能将已有的道德认识付诸行动。

萨特所说："人的实在是欠缺"。"唯有欠缺的存在能够向着欠缺者超越存在。"① 意思是说，人总是以某种欠缺或不足的形式存在，也恰恰是这种欠缺、不足的存在状态激发了人的自我超越性，即人是在克服欠缺、不足的过程中不断超越现在、超越自我而趋于理想、完美的。正是从这个意义上，我们说，耻感既是行为主体对"我"之存在欠缺、不足的觉知，也是行为主体努力超越这种欠缺、不足的内在动力。换句话说，耻感能够促使行为主体对自身或他人欠缺、不足萌生补偿、弥补念头，并迅速、及时地采取某种道德补偿或挽救行为。著名个体心理学家阿德勒也曾在其著作《自卑与超越》中，从心理学的角度强调过羞耻感的这种反向激励特征。他认为，个体因为自身的生理或心理的某种缺陷而产生的"卑劣情意综"，可以激发人们的"男性的抗议"。意思是说，当个体发现自己的某种欠缺，并引以为耻，而且觉得不努力弥补，不足以维护自己的尊严，显示自己的价值时，其结果往往不但弥补了缺陷，而且可能超越平凡，取得普通人难以企及的成就。正如因此，我们说，道德耻感激励功能的特殊性就在于：它不仅让人从否定的方面把握善，使人们拥有了对善的全面、多维的认知，而且它本身还蕴含着一种促使人们努力缩短差距、弥补不足、践履善的情感冲动和实践冲动。这种品质就是孟子所说的"不耻不若人，何若人有？"②《礼记·中庸》中的"知耻近乎勇"以及康有为说的"人必有耻而后能上"。③ 实践证明，古今中外的许多志士仁人都是在耻感德性激励下，成就了自己的丰功伟业。例如，司马迁在《史记》中写到："盖文王拘而演

---

① 萨特：《存在与虚无》，陈宣良等译，北京：三联书店2007年版，第123、124页。
② 《孟子·尽心上》。
③ 康有为：《论语注》卷3，北京：中华书局1984年版。

《周易》,仲尼厄而作《春秋》,屈原放逐,乃赋《离骚》;左丘明失明,厥有《国语》;孙子膑脚,兵法修列;布韦迁蜀,世传《吕览》;韩非囚秦,《说难》《孤愤》;《诗》三百篇,大抵贤圣发愤之所为作也"。① 就连司马迁自己也是在遭受宫刑之奇耻大辱后,将全部心血都倾注到历史撰写中,最终成就了《史记》这一"史家之绝唱,无韵之离骚"的旷世明卷。对此,有学者指出:"对欠缺的自觉意识本身就是生命本质的一个内在方面。没有这种对欠缺的意识,就无所谓生命本质、生命价值与存在意义,无所谓生命及其价值的创造与实现。"② 的确,人重要的不在于是否存在欠缺、不足,因为人的存在本身就意味着不足与欠缺;重要的在于人是否有对自身存在欠缺与不足的觉知。只有具备了这种对欠缺的觉知能力或曰精神反思能力,人才可能在对欠缺与不足的认识中不断弥补不足、实现超越,止于至善。一般说来,行为主体因耻感的激励而产生的弃耻向善的实践冲动往往通过两种形式表现出来:即内在良心的善和外在行为的善。良心善是行为主体通过自身的努力驱除心中恶,使自身的灵魂处于一种安宁无纷扰的状态;外在行为善则是行为主体在现实世界实施的善行、善事。而耻感则是促使行为主体完成内在良心善与外在行为善有机统一的最隐秘的动力机制之一。从这个意义上,我们可以说,无耻则无行善之动力,无耻也无超越现实之动力。

当然,耻感不仅是个人实施道德行为的重要情感激励因素,而且也是一个民族、国家崛起腾飞的重要精神动力。马克思说:"……耻辱就是一种内向的愤怒。如果整个国家真正感到了耻辱,那它就会像一只蜷伏下来的狮子,准备向前扑去。"③ 众所周知,一部中国的近代史,就是一部中华民族的屈辱史,同时也是一部中华民族的抗争史。抗争的源泉在于中华儿女内心深处强烈的民族耻辱感,也正是这种刻骨铭心的民族耻感,激励着无数英烈为中华民族的独立和解放赴汤蹈火,在所不惜。

二、防御功能

道德是人类为实现社会生活的协调有序而自己为自己所立之法,是人类特

---

① 司马迁:《史记》卷130,《太史公自序第七十》,北京:中华书局2006年版,第760页。
② 高兆明:《荣辱论》,北京:人民出版社2010年版,第38页。
③ 《马克思恩格斯全集》第1卷,北京:人民出版社1956年版,第407页。

殊的行为规范和价值追求，对人类行为不仅具有认知和调节功能，而且还具有预测功能，即能够预测未来社会的道德生活情景，指明未来社会道德发展的美好前景。道德耻感是道德存在的一种特殊形式，即情感化的道德或道德的情感化的否定性表现形式，因而也必然具有预测未来道德情形的功能。道德耻感预测功能往往通过羞耻心、愧疚感等道德情感表现对人们的不当思想行为所具有的预防和纠偏能力表现出来，我们称之为道德耻感的防御功能。具体表现为如下几个方面：

第一，道德耻感是道德责任感形成的动力之源。心理学研究表明，羞耻心是个体克服各种消极因素的影响，自觉抵制不良言行诱惑的重要精神力量。羞耻感是一种包含着强烈的主观心理感受的痛苦情感反应，对人们的道德行为具有内在的抑制作用，也能够对行为主体的道德选择以及价值取向起到引导、制约、检查和监督作用。著名心理学家詹姆斯·威尔逊认为，人的道德行为主要由道德习惯和道德情感决定，个体的道德情感和反应人的道德行为倾向的道德习惯的形成能够使人表现出强烈的道德敏感性，这种道德敏感性易于人们形成强烈的社会责任感。道德耻感正是这样一种重要的道德情感，它不仅可以使人战胜邪恶的动机，而且可以使人预防和免于邪恶。

第二，道德耻感是道德自省品质养成的心理基础。耻是一种内在的否定性情感。耻感的产生实际上是人们对自身或他人的无价值的和负价值的行为所产生的一种"耻于人"和"自耻"情感回应，这种情感回应往往源于行为主体的自我评价或他人对自身的评价。传统儒家把这种自我评价称为"内省"。曾子曰："吾日三省吾身：为人谋而不忠乎？与朋友交而不信乎？传不习乎？"①儒家所言的"三省吾身"，实际是要求行为主体不断地将自身行为与作为完满存在的具有绝对价值的善进行对照，在比较的过程中，澄清并剔除自身行为的无价值和负价值成分，吸纳认同并归依行为中所应有的具有绝对价值的善，从而实现自身人格的不断完善。从某种意义上讲，道德耻感是行为主体对自身行为不断"内省"的心理基础，人们只有确立了道德耻感意识，才能自觉反思并纠正自己的不当思想行为；同时，行为主体在不断反复的"内省"过程中，内心深处的耻感意识还会得到进一步强化和巩固。这种强烈的耻感意识，促使

---

① 《论语·学而》。

人们继续反思和纠正自身的不当思想或行为。总之，道德耻感催生自省，自省强化道德耻感，如此循环往复过程中，使得行为主体逐渐养成道德自省的优秀品质，从而阻止或预防行为主体的不当或违规的思想和行为的发生。

第三，道德耻感是道德自律品质形成的心理保证。任何道德规范在行为主体转化为道德习惯，内化为道德品质之前，都具有异己性特征。此时行为主体虽然也能够按照道德规范的要求谨慎行为，但这种仅仅依靠他律或外在的规约力量来维持的行为是缺乏稳定性的，也无法实现行为主体道德行为的连续性。因此，早在先秦时期的孔子，就极力反对"道之以政，齐之以刑"，主张"道之以德，齐之以礼"。显然，当时孔子已经认识到，对民众施以"政"、"刑"等强制手段造成的结果往往是"民免而无耻"。也就是说，民众虽然迫于"政"、"刑"之威而不敢实行有违"政"、"刑"的行为，但却难以对"政"、"刑"产生情感认同，就不会自觉地践履"政"、"刑"，更不会以违背"政"、"刑"为耻。反之，如果对民众施以"德"、"礼"，民众就会自觉地接受礼义等行为规范，从而主动地避恶亲善，最终使自身的行为得到自然的格正，从而达到"有耻且格"的理想境界。有耻，才能自觉格正自己的行为，这是因为，行为主体内心深处的道德耻感，会促使其对行为动机和行为后果进行权衡和审视。如果行为主体对自身的行为动机感到"耻"，这种强烈的道德耻感意识就会警示和阻止其继续做出有违道德规范要求的思想和行为，促使其主动对自己的不当思想和行为作出自觉的调整和纠偏。

三、赏罚功能

一般说来，道德情感与非道德情感（欲望）是人们行为发动的两股基本情感驱力，它使个体行为在利益面前表现出两种可能性：或是个体在道德情感的激励下克制自己自私冲动，或是个体在欲望的驱使下极力实现一己私欲的行为。任何社会、任何人试图在现实社会生活中，使所有的人都自觉主动地根除一切自私、作恶的可能，几乎是不可能。因此，实现社会秩序的稳定和谐、维持道德调控的有序运行，保证社会正义的充分实现，仅仅依靠公正的社会制度、优良道德原则和健康积极的道德情感的引领是不够的。只要道德的规范性的作用作为一种客观事实存在，其自身有序运行就必然离不开他律手段的支持。道德赏罚就是道德他律手段的集中表现。可以说，有人类社会生活就必然有道德现象，有道德现象就必然需要道德赏罚。

道德赏罚是一定社会组织对人们的道德行为、道德品质好坏的奖赏与惩罚，它是一种源于善恶的奖赏与惩罚，其中包含着社会对人们行为、品质的认识、选择与评价。而且这种认识、选择、评价与人类的社会性情感体验密切相关。情感就是客观事物能否满足人们的主观需要而引发的各种心理反应和态度体验。道德情感则是人们在道德实践活动中，道德需要是否得到满足而引发的各种心理反映和态度体验。当善在主观和客观两方面满足了人们的道德需要，人们会产生肯定性的情感体验，如快乐、喜悦、赞扬、敬仰、感激等；当恶在主观和客观两方面，没有满足反而破坏了人的某种道德需要时，人们会产生否定性的情感体验，如失望、悲哀、鄙视、羞耻、愤恨等。任何一种道德情感体验，都会引发相应的道德行为倾向。如肯定性的情感体验会伴随亲近、褒扬、帮助、赞同、鼓励、奖赏的行为倾向；反之，则会产生疏远、贬抑、反对，甚至报复、惩罚的行为倾向。道德赏罚就是一种由人类的道德情感所引发各种行为倾向的外在表现，情感是道德赏罚有效施行的前提和基础。具体地说，道德赏罚与行为主体指向自身的"自我情感"密切关联。首先，行为主体的自我情感反应是道德赏罚产生的原因。作为理性存在物，人是在对自我思想、行为、品质的反思、评价过程中产生的自我情感体验。亚当·斯密认为，对自我行为的反观或反思可以产生各种各样的情感，"和蔼可亲和值得赞扬的，即值得热爱和回报的，都是美德的高贵品质，而令人讨厌和可加惩罚的都是邪恶的品质。"① 因此我们可以说，行为主体在对自我行为、思想、品质的反思与评价过程中产生的各种不同的情感体验，是其对自身施以道德赏罚的直接原因。其次，行为主体的自我情感体验本身就是一种道德赏罚的表现形式。一般说来，"赏"就是给予一种人所需要或所欲望的东西（物质或荣誉等），使人产生快乐幸福的情感反应；"罚"就是剥夺或不给予某种人所需要或所欲望的东西，引发其痛苦或不快的情感反应。从表面上看，赏罚似乎表现为人们某种物质或精神利益的得失，但道德赏罚心理实质却是"快乐"与"痛苦"，其最终目是为了触及人们灵魂，激发人们的快乐或痛苦的道德情感，进而引领人们的道德行为。

---

① 李建华：《道德情感论》，长沙：湖南人民出版社2001年版，第140页。

道德耻感是人们进行自我评价或接受社会评价时，产生的一种特殊的否定性的情感体验，通常以羞愧、耻辱、内疚等情绪反应表现出来，它是行为主体因自身或他人的不当思想、行为、品性导致的消极后果或影响而引发的一种挫败、失望和反感的痛苦情绪反应或情感体验，是一种情感惩罚或心理惩罚表现。这种否定性情感体验与积极而肯定的道德荣誉感相比较而存在，成为一种特殊的道德赏罚方式，即道义赏罚。道义赏罚是指直接建立在行为主体的道德需要或道德良知基础上，而完全脱离外在物质利益需要的纯粹道德赏罚。它在道德赏罚过程中发挥着重要的作用。这是因为，有时外在的功利性的奖赏并不能使人从动机的层面自觉产生道德意识，而只是影响行为主体具体行为层面的道德选择，从而使某些行为得到鼓励或者抑制；外在的功利性的惩罚也是如此，它虽然可以使行为主体的某些邪恶意图或行为得到暂时的压抑或收敛，但无法从根本上去除其不道德的动机。因此，充分发挥道德耻感所特有的无形的道义惩罚的功能可以在一定程度上弥补道德赏罚的外在性赏罚的不足。

第五章　道德耻感的形成机制

荀子曰："物类所起，必有所始"。任何事物的形成必然有其原因。道德耻感也不例外。人性作为人们组织各种社会关系的感情纽带，与道德的产生密切关联。没有人性，不可能产生道德，更不可能萌生道德情感；人性被蹂躏，道德也会被践踏，道德情感就会因之而泯灭，道德耻感也会随之而消亡。因此，人性是道德耻感产生的精神土壤，也是研究道德耻感的形成与发展的理论前提和基础。

第一节　人性与道德耻感发生

马克思说："如果我们想把这一原则运用到人身上来，想根据效用原则来评价人的一切行为、运动和关系等等，就首先要研究人的一般本性，然后要研究在每个时代历史地发生了变化的人的本性"①。马克思所说的人性是指人区别于其他动物的本质规定性，即人的本性。道德是人类社会特有的社会现象，道德的主体是人，没有人，也就没有道德，更无所谓道德耻感。因此，人性与道德密切相关。

人性是人们组织成各种社会关系的感情纽带，是道德产生的精神土壤，也是道德原则和伦理规范得以有效施行和调整的内在杠杆。因为"人性以人类的共同欲望和欲求为内容。欲望和渴求在社会中产生又受社会约束，它既以社会经济所可能给予的满足为约束，又以社会的人共同利益得到保障为约束。

---

① 马克思：《资本论》第1卷，北京：人民出版社1963年版，第669页。

离开了约束的渴望和渴求……贪欲和奢求是人性的自我断送；……由断送自我进而毁灭他人，这是扰乱社会生活和引起争斗的一个不可忽视的思想动机。与此相应，便需道德。道德把人的共同欲望和渴求用广泛遵守的戒律形式固定下来，成为调整和维持这种已有的社会联系的行为规范。它是普遍遵守和制约的形式。从这个意义上讲，道德是人性的直接从属品，它是人的德行的规范反映。离开人性的道德，只不过是是无德之道而已。可见，人性是道德的精神渊薮和根源，道德感情是人性战胜兽性在感情上的产物"[①]。就是说，在没有人性或人性沦丧的地方，不可能产生道德；人性被蹂躏，道德也必然被践踏。道德是人性向社会的延伸和表现，人性又是道德具有生命力的不竭源泉，不讲人性和不讲道德是一致的。因此，我们研究关涉道德的任何问题，包括道德耻感问题，都应该从人性出发，把人性作为问题研究的逻辑起点。

一、马克思主义的人性二重性理论

要了解道德情感、道德耻感的精神渊薮和根源，首先必须从人性的角度，分析人为什么需要道德？或者说，人为什么要道德地生活？所有这些问题都可以在马克思关于人的存在二重性理论中找到答案。

（一）人的存在二重性

首先，人是个体存在物与社会存在物的统一。马克思说："人在积极实现自己本质的过程中创造、生产人的社会联系、社会本质，而社会本质不是一种同单个人相对立的抽象的一般的力量，而是每一单个人的本质，是他自己的活动，他自己的生活，他自己的享受，他自己的财富。"[②] 恩格斯在《劳动在从猿到人转变中作用》一文中指出，劳动创造了人本身。它不仅创造了人的大脑、双手、语言等人所特有的器官和技能，而且创造了人类的各种社会关系以及人的社会本质。在马克思、恩格斯看来，人的社会性本质是在生产劳动过程中被赋予的。人与社会是密不可分的，人是一定历史条件和社会关系中的人，社会是由人所组成的各种社会关系的社会。人的存在具有二重性：一方面，任何人都是一个个体存在物，这是由每个人作为一个独立的自然存在物决定的。

---

① 曾钊新：《人性论》，长沙：中南工业大学出版社1988年版，第157页。
② 《马克思恩格斯全集》第42卷，北京：人民出版社1979年版，第24页。

就像世界上没有两片完全相同的树叶一样，世界上也没有两个完全相同的两个人；另一方面，任何人也不是纯粹的、抽象的人，人只能在社会中才能存在。个人"既是单个的，也是处于他们的社会划分和社会联系之中的个人，即作为这些条件的活的承担者的个人"①。就是说，人在作为一个个体存在物的同时，也必然是一个社会存在物。社会是由个人组成，没有个人无所谓社会；没有社会，个人也就失却了赖以存在的基础，也就无所谓个人。个人是社会的个人，社会是个人的社会。

其次，人是实然存在与应然存在的统一。马克思在《政治经济学批判》中曾经指出：人是双重地存在着的，主观上作为他自身而存在着，客观上又存在于自己生存的这些自然无机条件之中。我们认为，马克思的这一观点，从另一个角度揭示了人性的两重性意义。一方面，从人的客体性角度分析，任何人都是处于一定社会关系之中的对象存在物，都不能脱离对象物而独立存在，也无法超越其赖以生存的自然和社会条件，其生存状态不可避免地要受到各种对象性关系的影响和规定。也就是说，任何人都必然是在一定时期一定条件下维持着某种实然存在状态的人。另一方面，从人的主体性向度分析：人也是为自身而存在的存在物。人自身所特有的主观能动性特征决定了人能够按照自己的需要，通过自身能动的、创造性的对象性活动，超越其周围那些已然确定了的对象性关系，即超越自身实然的生存状态，实现自己的理想应然的存在方式。这表明人不仅存在于现有的实然状态中，而且还以一种应然的状态存在着。人性的这种两重性特征表明：人本身是现实的、可以感知的。对人的认识和把握必须立足于人的实然性存在。同时，人的需要又是开放性的（现有需要的满足的同时，又预示着新需要的开始），它决定了人只有不断超越现实中的自我，才能不断满足自身不断萌生的新的合理需要，人类就是在这种实然与应然的张力推动中不断实现自身的完善进步。如果说个体存在物与社会存在物的有机统一是人类存在状态的人性依据的话，那么实然性与应然性的统一体则是人类发展状态的人性依据。

（二）人的利益二重性——个人利益与社会共同利益的对立统一

人的存在二重性决定了人的利益二重性。作为个体存在物，人首先是一个

---

① 《马克思恩格斯全集》第46卷（下册），北京：人民出版社1980年版，第35页。

由各种生命要素组成的生命统一体。为了维持自身生命的存在和发展，人必须不断地满足自己的生命、生产和生活需要。正如马克思、恩格斯所说："为了生活，首先就需要吃喝住穿以及其他一些东西。"① 人类从事物质资料生产活动最为根本的目的就是为了满足人自身的生存和发展需要。因此，作为个体存在物的人，满足人自身的个体需要或个人利益是必须的，也是必然的。没有个人的个体需要和个人利益的满足，也就没有关于人类的一切活动，更没有人类社会。人类劳动创造活动的无数历史事实表明：对人个体需要和个人利益的压抑和扼杀，必然导致对人生命活动和创造活力的压抑和扼杀。马克思说，对人的需要和利益的否定，无非是为了获得"禁欲的却又进行生产的奴隶"。②

人是社会存在物，人作为社会成员也有维持社会共同体存在和发展的需要，即个体本身也有社会需要或社会共同利益。这种需要或利益唯有在全体社会成员相互配合、协同行动下才能得以满足和实现。当然，在社会需要或社会利益的满足和实现的过程中，必然包含着个体需要和个人利益的满足和实现；社会需要和社会共同利益的满足和实现也是为了保证作为个体存在物的绝大多数个人的需要和利益的满足和实现。因此，从某种意义上说，社会的存在和发展同个人本身的存在和发展根本上是一致的。因此，马克思认为"自然主体的那种人的需要"即个人利益，与"表现为社会需要的个人需要"即社会利益是有机统一的。这是因为，社会共同利益不能离开个人利益而单独存在。就像没有个人不可能组成社会一样，没有组成社会的一个个社会成员的个人利益，也不可能产生社会共同利益；反之，个人利益也离不开社会共同利益，社会共同利益是个人利益实现的前提和基础，没有社会共同利益也就无所谓社会成员的个人利益。这是因为"每一方本质上就是自己在对方中的反映，而且建立自身也就是建立对方"③。关于个人利益与社会利益的关系，马克思、恩格斯也曾作过经典的论述，他们说："经济学家是这样来表述这一点的，每个人追求自己的私人利益，而且仅仅是自己的私人利益；这样，也就不知不觉地为一切人的私人利益服务，为普遍利益服务。这关键在于，当每个人追求自己

---

① 《马克思恩格斯选集》第 1 卷，北京：人民出版社 1995 年版，第 79 页。
② 马克思：《1844 年经济学哲学手稿》，北京：人民出版社 2000 年版，第 123 页。
③ 张世英：《论黑格尔德逻辑学》，上海：上海人民出版社 1982 年版，第 157 页。

私人利益的时候，也就达到私人的总体利益即普遍利益。……关键倒是在于：私人利益本身已经是社会所决定的利益，而且只有在社会所创造的条件下并使用社会所提供的手段，才能达到"。① 意思是说，社会共同利益是在具有不同个人利益需要的不同个人的社会活动中形成的，而不同社会成员的个人利益的内容、实现方式、实现程度，又是社会赋予的，并由社会利益决定的。社会共同利益的增加，必然利于个人利益的实现；相反，对社会共同利益的任何破坏，结果都会通过对具体个人利益的损害呈现出来。从这个意义上，我们可以说，个人利益与社会共同利益是统一的。但两者之间的统一绝不是无差别的、抽象的同一，而是有差异的、具体的、历史的统一。社会不是个人的简单相加，而是按照一定生产方式结合在一起的人们之间的各种社会关系的总和。社会共同利益也不是社会成员个人利益的简单相加，他们有着各自不同的性质和特点。如涂尔干所说："社会有它自己的本性，和我们个人的本性是截然不同的，它还在追求自己特殊的目标。"② 社会是作为一个有机整体发挥着作用，因此社会共同利益往往体现的是社会发展的总体要求，具有全局性、根本性、长远性的特征；而个体利益作为个体自身特殊利益的具体体现，则表现出局部性、暂时性特征。这种事实的存在必然使个人利益与社会共同利益常常陷入矛盾冲突之中。如社会物质以及精神生活的产品总量的有限性决定了社会共同利益与个人利益之间总是表现为一种反向比例关系：即用于实现社会共同利益的比例增加了，相应用于实现个人利益的比例就会减少；而用于满足某些个别人需要的比例增加了，则可能影响社会共同利益的实现；因此为了保证社会发展的全局的、整体的，乃至长远的发展要求，社会可能会对某些人的个人利益予以抑制或消减，甚至在某些特定的历史时期，为了社会整体利益的发展、进步，而不得不牺牲或放弃某些人的个人利益。

总之，不管人们是否意识，个人利益与社会利益、个人需要与社会需要之间的矛盾都是必然的、客观存在的。只是其在不同的社会历史发展阶段，不同的社会形态表现的内容、形式和性质不同而已。正确处理个人需要与社会需

---

① 《马克思恩格斯全集》第46卷（上），北京：人民出版社1979年版，第102—103页。
② [法] 雷蒙·阿隆：《社会学主要思潮》，葛志强等译，上海：上海译文出版社1988年版，第378页。

要、个人利益与社会利益之间的关系问题，也因此成为人类社会生活领域中面临的一项根本问题。道德因此而产生，道德需要也因此成为人类最为本质的需要。①

二、道德的产生与人的存在二重性

人的存在以及利益的二重性，是道德产生的必要性和可能性的依据。

首先，个人利益与社会共同利益之间存在的不可避免的矛盾，是道德必然产生客观条件。无数的道德实践的历史证明："哪里有冲突，哪里就必然会有道德问题发生。"② 倘若世界在某一时期或某个特定的历史背景下，化解了社会中存在的各种矛盾和冲突，道德也会随即失却其存在的合理性。英国伦理学家罗素在总结道德的根源时曾经指出，道德"既不依赖迷信，也不依赖宗教，宽泛地说来，它出自一种平静的生活愿望"③。也就是说，由于道德可以起到协调人与人、人与社会、人与自然之间的关系，消解它们之间的矛盾，缓解个人利益与社会整体利益之间的冲突，实现人与人、人与社会、人与自然的和谐统一的作用，才使其产生成为必然。

其次，个人利益与社会共同利益之间的统一性又使道德的产生成为可能。道德不仅可以协调个人需要与社会需要之间的矛盾和冲突，而且能够实现人与人、人与社会、人与自然的互利和双赢。从一定意义上说，互利、双赢是人类道德行为的根本动因。因为只有以互利为前提，道德行为才可能付诸实施；只有以互利为基础，道德的功能才会得以有效发挥。当然我们也不能据此得出互利是人类道德行为的唯一动机或终极目的，因为人们的道德行为既可能是基于互利，也可能出于崇高的人生理想、人生境界追求，如康德所说的"为义务而义务"的道德行为。

无论过去、现在，还是将来，道德都是人类社会必然存在的社会现象，以及人类必须面对的课题。失却了道德，意味着人类失却了其为人之内在规定性，也意味着人类社会失却了其和谐稳定的根基。道德——人类的永恒的

---

① 唐凯麟、龙兴海：《个体道德论》，北京：中国青年出版社1993年版，第35页。
② 万俊人：《人为什么要有道德》，载《现代哲学》，2003年第1期。
③ 罗素：《伦理学和政治学中的人类社会》，肖巍译，中国社会科学出版社1992年版，第46页。

追求。

三、道德情感产生与人的存在二重性

作为个体存在物与社会存在物、实然存在与应然存在的统一体的人，是理性的，也是富于情感的。道德情感是人所特有的一种高级社会情感，它是个体道德生活的坚实基础，也是维系人类道德生活的重要方式。在人类道德生活实践中，发挥着统摄人的灵魂，激励人的道德行为的重要作用。其产生、发展、作用与人的存在二重性密切相关。分析道德情感的人性依据，是我们研究道德耻感人性依据的重要前提。

首先，道德情感是人的自然属性的重要表现。道德情感虽然是人所特有的高级社会情感，然而无论人类的活动多么进步，情感多么丰富，都无法使人完全脱离其生理条件的限制。任何人的社会性活动都是建立在自身正常生理基础之上的活动，道德情感也不例外。现代情绪心理学研究表明：丘脑、下丘脑、大脑皮层、边缘系统网状结构、皮下神经节等都是人的情感、情绪发生的重要生理基础。美国心理学家坎农提出丘脑是调节和控制人类情绪的中枢。心理学家林斯里则认为情绪、情感是通过外周感官和内脏组织产生的感觉冲动传入人的神经纤维的旁支进入网状结构，再经过人下丘脑的整合和扩散，激活大脑皮层而产生的。心理学家麦克林认为，情绪过程是由皮下机构调节的，而对情绪性质的评估认识过程则是由大脑皮层完成。只有当皮层下部位输入的神经冲动经过边缘系统的整合，并同皮层活动联系起来时，才是情绪产生的完整机制。大脑皮层促成情绪体验，下丘脑促成情绪表现。如果人的下丘脑受到损伤会导致人的情感行为减少，而大脑皮层的切除会降低人的情绪反应的敏感性，改变情绪反应的方向和时间等。可见，人的情感、情绪活动与人的整个神经系统以及大脑皮层的各级神经中枢的生理活动状态密切相关。缺乏正常完备的自然生理基础，人不可能产生情感、情绪反应，更不可能产生人的高级社会情感——道德情感。因此，作为人类情感的组成部分的道德情感的存在本身证明了人的自然属性的存在，道德情感产生也是人自然属性的重要表现之一，也是人作为个体存在物的重要体现。

其次，道德情感也是人的社会属性的完美表现。道德情感既是人自然属性的体现，也是人对其自身动物性和生物性的克服与超越的体现。人的情感世界

是纷繁复杂的,依据情感本身的性质不同,有学者将情感分为生活情感、道德情感、艺术情感和宗教情感四类。生活情感包括人的日常情感和政治生活情感。日常生活情感产生于人的日常情欲追求,如饮食、男女之欲和充裕、舒适、富足之欲等;日常生活情感有时还产生于人们的"入世追求",如人的权力欲、控制欲以及人对政治地位、社会地位的追求等。生活情感是源于人自然人性需求和在人自然本能基础上衍生出来的合理人性需要。即便是人的权力欲、控制欲也是人作为"天然政治动物"在一定社会条件下的必然反映,也是一种普遍的人性体现。生活情感是单相度的需要引起的,因而其满足需要的目标指向一个方向,要么自己,要么他人或社会;生活性情感是开放性的,旧的需要得以满足,新的需要又迅速产生,即我们通常所说的"欲壑难填";不同个体的生活情感之间是不相容的,因为引发个体的生活性情感的需要本身(如食、性等),往往根植于个体生命冲动之中,是非理性的;加之生活情感的不同主体关注的也往往只是自己需要的满足,而极少顾全他人。因此生活情感是一种潜存于人们内心深处的相互排斥、相互分离、各自为政的不断膨胀的非理性的情感。如果在现实生活中任其发展,势必导致人们在满足各自生活情感需要过程中顾此失彼。致使人性统一性的分崩离析,人性完美性追求化为泡影。人生活性情感需要的负面性特征,决定了人作为一个具有多重需要等待满足的充满生命活力的有机统一体,迫切需要一种能够给生活情感提供反向作用力的新的情感出现,用以协调生活情感之间的矛盾,实现人性完美统一。这种情感就是道德情感。

道德情感就是行为主体从一定的道德原则和伦理规范要求出发,依据社会的道德要求对自身和自身之外的各种道德现象进行自我评价或接受社会评价时产生的态度反应和心理体验,它是道德的客观理性内容通过个体的主观感性形式反映出来的道德意识。一个人的道德情感体验始终是与个人的道德观念、社会对个人的道德要求密切相关,而且与个人对社会道德要求的内化程度以及个人的道德需要层次紧密联系。因此,道德情感产生本身就是人的逐渐升华的自然属性与逐渐深刻化的社会属性的统一,也是人的生理属性与心理属性的统一。与生活情感所不同的是,道德情感是人社会属性的产物,是人社会性特征的鲜明体现,也是人的精神世界成熟、完整的标志。其本身所具有的互利、克制的特点,能够对人们单相度的、不相容的、无限膨胀的生活情感形成一定程度的约束，使这些互相分离、排斥的生活情感重新统一协调起来，实现人性的和谐与完美。马克思主义理论认为，人是一切社会关系的总和，社会性是人的本质属性。人的社会性特征要求生活在特定社会关系中的每个人，都不能恣意放纵自己的欲望，否则，社会关系将无法维持，人也会因之而失却自己存在和发展的根基。因此，只有维持和发展人与群体之间既相互独立，又彼此和谐共生，以及人与人之间既适度竞争，又彼此合作互助的关系，才能真正实现个人与社会的共同发展。如果没有人类共同的道德情感体验，人类的共同道德生活几乎是不可能的，人类的群体性特征也是不可理解的。道德情感是一种最能够反映人的社会化特征的高级情感。因此，从一定意义上说，人的群体性、社会性特征决定了只有具有道德情感的人，才能称为真正的人。道德情感本身就是人性的完美性的体现。

四、道德耻感产生与人的存在二重性

道德耻感是道德情感的重要表现形式，因此其产生、发展以及作用也必然与道德情感一样与人性的存在二重性密切关联。

首先，道德耻感是人的自然属性的重要表现。其产生具有一般道德情感所共有的生理基础，它和其他人类情绪、情感一样与人的外周神经系统、中枢神经系统和内分泌系统等密切相关。但它作为一种特殊的人类情感，它的产生又有着自身独特的生理机制。心理学和医学研究表明，人类各种情绪的产生都和人的复杂神经生理机制密切关联，不同情绪有着各自不同的脑部定位。美国心理学家 Hidehik 等人利用核磁共振成像技术，对内疚和尴尬等自我意识情绪进行研究表明：当人的内侧前额叶大脑皮层和大脑后部的高级颞叶回及视觉皮层被激起时，就会产生内疚或尴尬的情绪反应或体验。道德耻感作为一种自我意识情绪，与人的内疚感关系密切，并常常以个体内疚感的形式表现出来。因此，与道德耻感产生所对应的生理基础，也应该包括上述两个部分。

其次，道德耻感也是人社会属性的表现。道德耻感产生时，还会伴有明显的面部表情、肢体暗示、生理反应，如眼睑低垂、面红耳赤、耸肩、低头、如坐针毡、如芒在背等。心理学家称这是人们在特定情境刺激下特定的神经结构形成条件反射的结果。也就是说，道德耻感的产生也是条件反射的结果。这种条件反射既是个体自身神经结构与情境刺激之间反射的结果,也是个体自身的特定行为与他人相应反应之间形成的条件反射结果。后一种条件反射则表明:道德耻感也是人社会属性的表现。我们知道,任何人的一生都是在由各种不同的社会关系为纽带的社会群体中度过的。个人离不开群体,群体是个人从事社会生活,发挥社会作用,即实现自身作为社会存在物的规定性的舞台,也是个人从社会中满足个体需要或利益,即实现自身作为个体存在物的规定性的场所。任何群体也都是由社会成员组成的有机统一体,其构成是有机的,其存在是有序的。每个个体一旦置身于这一群体,参与了这一组合,就必然在其中占有一定的位置,即社会地位,获得了某种社会身份,也就是我们通常所说的扮演了某种社会角色。与此同时,也担负了一定的社会期望。所谓社会期望就是某一群体依据一定社会基本的道德原则和伦理规范以及群体自身在社会中的特殊地位和利益,赋予群体内部的社会成员的权利和要求其承担的义务。从某种意义上说,社会期望就是社会基本道德原则和伦理规范的明确化、具体化。道德耻感是个体向着自身社会期望角色或自身应然理想努力过程中的重要推动力,也是个体向自己的应然理想和社会角色期望迈进过程中的道德自觉,即对自身的实然存在的自觉、社会角色期待或自己应然理想的自觉和两者之间差距的自觉,这种自觉的精神渊薮在于人性的存在二重性,即个体存在物与社会存在物的对立统一。

第二节 道德内化与道德耻感的发生

如果说马克思主义人性论为道德耻感产生的必然和可能提供了理论支撑,那么,道德内化的规律则为这种可能和必然转化为现实提供了实践依托。这是因为,道德耻感形成与发展过程融合于个体道德的内化的实现过程。道德耻感是个体道德内化过程中必然产生的道德情感,也是个体道德内化的关键环节;道德耻感是个体道德内化实现的重要标志,也是促使个体道德内化实现的巨大情感动力。因此,道德耻感的形成与发展与道德内化的实现密切相关,研究道德内化的实现规律是分析道德耻感形成与发展的重要条件。

一、道德内化的含义及其特点

人的社会性特征决定了任何人都是在与自然、他人、社会的关系中，不断接受自然、他人以及社会的影响，逐渐完成由"自然人"向"社会人"的转变，实现个体道德的社会化。道德的社会化过程，既是个体由"自然人"向"社会人"转变的过程，也是社会道德向个体道德的转化过程。行为主体主动接受道德的影响，把客观现实的道德转化为自身的主观现实的活动，就是我们通常所说的道德内化。

"内化"概念最早是由法国社会学家杜克海姆等人提出的，指社会意识向个体意识的转变。瑞士心理学家皮亚杰则认为，现实生活中的任何来自于外部的刺激或影响往往都是通过个体"同化"和"顺应"方式被吸纳到个体自身的内部结构中来的。"内化"就是人们对自身认知结构中的"同化"和"顺应"两种机能活动的融合过程。所谓"同化"就是个体主动将外部刺激进行过滤或改变并接纳到自身的认知结构的过程。"顺应"则是个体在同化外部刺激的过程中，主动改变自身的认知结构以适应外部环境的需要的过程。社会心理学或人格学认为，内化就是"人对社会的价值观或实践标准认可并作为自己的一部分"①。也就是说，内化就是行为主体在没有受到明显的来自外部干涉的情况下，通过对自身行为的主动控制，使自己按照社会普遍的道德原则和伦理规范自觉地行为的过程。也有学者认为，道德内化就是"人经过一定方式的社会学习，接受社会的道德教化，将社会道德目标、价值观、道德规范和行为方式等转化为自身稳定的道德人格特质和道德行为反应模式的过程。"②它是道德知识转化为道德信念的过程，也是社会道德转化为个体道德的过程。客观外在的道德原则和伦理规范一旦被个体内化为自身的内心信念，就意味着外在的社会道德已经成为个体道德人格中道德意识和动机系统的重要组成部分，它可以通过道德责任感、义务感、荣誉感、羞耻感、同情心等积极道德情感表现出来。并促使行为主体在不感到外在社会压力的情况下，指导和调节自身的思想行为，并促使其主动地履行道德义务，有效地施行道德自我控制，积

---

① 顾明远：《教育大辞典》，上海：上海教育出版社1998年版，第1141页。
② 易建法：《论道德内化》，载《长沙电力学院学报（社会科学版）》，1998年第2期。

极地进行自我道德行为评价。

道德内化是个体道德发展过程中必然经历的环节和阶段，在其形成与发展过程中表现出自身鲜明的特点，主要表现在如下几个方面：

第一，客观必然性。康德认为，道德是人为自己所立之法。如果我们从唯物史观的立场来认识康德的这一观点。康德所说的"人"应该包含有两层含义：一是作为类存在的人；二是作为构成社会群体的基本要素——个体存在的人。道德是人类所特有的社会现象，道德主体是人，道德也因其主体范围的不同，而区分为社会道德和个体道德。人的存在二重性特征决定了人是个体存在物与社会存在物的有机统一体，个人不能离开社会而独立存在，个人作为一定社会群体的成员，唯有参与社会生活，并得到相应的社会认同，才能存在和发展。参与社会道德生活，接纳、认同并积极践行社会道德，是个体实现自身作为社会存在物规定性的基本途径和有效方式。个体道德生活过程实际上就是个体深入学习并积极践行社会道德要求的过程。从这个意义上说，社会道德转化为个体道德是个体存在和发展的内在要求，个体道德就是行为主体在一定主客观条件下，主动理解、接纳、认同社会道德的结果。个体道德不可能游离于社会道德。同样，社会道德也不是离开个人而独立自生的东西，它也不是超越于个人的抽象的、纯粹异己的东西。相反，它是人类道德需要的结果，是个体道德本身所蕴涵的普遍性和共性的社会化形态。因此，社会道德本身也含有向个体道德转化的内在根据。从社会道德产生根源看，社会道德产生是为了维持和实现社会秩序的和谐有序，达到这一目的最为有效方法就是使社会道德逐步转化或内化为个体内在的价值准则和价值目标，即个体道德。否则，社会道德就无法切实充分地发挥其功能，实现其使命。因此我们认为，道德内化是道德实现其自身目的的客观必然过程。

第二，主体性。道德内化的主体性是由道德本身的主体性特征所决定的。道德的主体性特征表现在道德与人的真实关系中。从道德的起源看，道德在其产生之时就已表现出了鲜明的主体自觉性和自主性。这是因为，道德是人类为了谋求自身与他人、社会，乃至自然的和谐共生，而自己为自己所立之法。麦金太尔认为，人类自身生命的脆弱性和生存的依赖性决定了人类自身的德性需求，人类社会只有在德性状态下才可能兴旺、发展。因此，从某种意义上说，道德根源于人类的德性需求和规范性需求。然而，无论是道德的规范性要求，还是德性要求，都是"人为的"，同时也都是"为了人的"。道德的主体是人，道德是社会和谐发展的需要，也是人在自身需要发展的推动下创造的。从人类的道德实践活动看，人在道德行为过程中表现出来的自主性也体现了道德的主体性特征。道德行为作为人所特有的一种非强制性社会活动，蕴涵着道德主体高度的责任感、义务感。道德作为一种人类把握世界的特殊方式，不仅是人类对道德的理性认知和逻辑把握，而且也是人们对道德的一种价值认知，它体现人的一种内在的主体性自觉。因此，道德领域是一个开放的领域，它是一个能使人的自主意识和自觉意识（即人的主体性）得以充分彰显的领域。现实生活中的各种道德原则和伦理要求，对于道德主体而言，既是一种道德规范或约束，也是人的道德追求和道德理想。从这个意义上说，道德主体接受、内化外在的道德原则和伦理规范的过程，也是道德主体探索和认识人与自然、他人以及社会之间应有关系的过程。面对现实生活中客观存在的各种道德原则和伦理规范，道德主体自身不能只是被动地接受外在的道德灌输，也不能只是盲目地遵从和机械地遵循和践行那些既定的道德原则和伦理规范，而是应该对在现有的道德体系、价值体系进行积极主动独立思考的基础上，努力认识并理解其道德意义和社会意义，作出科学、客观、合理的道德选择，并逐步将其上升为自己内在的道德需要，最终实现外在道德原则和伦理规范向主体自身的内在价值观念和价值目标的转换。

第三，复杂性。道德内化的复杂性主要是指道德内化过程的复杂性。道德内化是社会道德向个体道德转化，或曰具有普遍性和共性的道德律令转化为个体的主体意识。这种转化不仅包含着主体对道德知识的理解、道德原则的把握和道德准则的机械遵循，而且还蕴涵着道德主体道德情感的激发、道德意志的坚定、道德信念的坚守和道德习惯的养成等多种因素。首先，道德内化需要行为主体具备一定的道德认知水平。行为主体如果不能形成对社会主流道德原则和伦理规范的正确认识，缺乏起码的道德判断、选择、评价能力，不可能实现道德原则的内化。因此，具备一定的道德认知能力是主体道德内化的前提条件。其次，道德内化需要一定道德情感的激发。道德内化是一个将外部道德要求转化为个体内部道德需要的过程，道德情感在这一过程中起着积极的推动作用。具体表现为两个方面：其一，当行为主体在施行道德行为的过程中，得到他人、社会，乃至自身的认同和肯定时会产生愉快、满意、自豪的情感体验。

这种积极的道德情感会激励行为主体进一步巩固和发展自己的道德行为；其二，当行为主体实施了违背自身所认同和接纳的社会道德原则和伦理规范时，会产生羞愧、内疚的情感体验，这种痛苦的情感感受也会驱使行为主体及时修正和抑制自己的不当思想行为，努力遵守和践行社会的主流道德原则和伦理规范。再次，道德内化需要道德意志的坚守。道德意志是个体在道德实践过程中，在某种道德理想或道德目标的引领下，不断突破各种来自于主客体的困境、冲突和条件的限制和约束，而逐渐形成的坚韧、果敢、持久、自制的品质。它是人的思维能力发展到一定程度后，个体对自身道德生活内在需要的一种有意识的凝聚、强化和调节；也是个体在道德行为过程中主动排除干扰、克服障碍、调节情绪情感，并以一种坚定顽强的道德行为方式展现出来的优秀道德品质。个体在道德内化过程中，尤其是当个体明显意识到自身的道德能力和客观现实出现矛盾、冲突或困难时，道德意志本身强烈的目的性和选择性特征，会对个体的道德行为起到定向、维持和推动的作用，保证个体在道德内化过程中不断突破阻力、战胜困难，坚定地实施道德行为，实现个体道德内化活动的有序推进。总之，道德内化是客观普遍之理向主观个体之心的转化和融合过程，这个过程是个体对道德原则和伦理规范的理性认知与个体的情感、意志、信念的融合过程。道德本身也是通过行为主体知、情、意的融合统一和谐发展，才获得其内化的根本力量，外在的道德规范才得以逐渐锤炼成内在的道德品格。因此，个体内化一种道德原则和伦理规范是多种心理因素的有机结合在一起的结果。道德内化的复杂性在于它不仅包括一般知识的内化，而且还蕴涵着复杂的心理活动、情感活动、意志活动的内化。

第四，实践性。道德的本性是实践的，苏联伦理学家阿尼西莫夫曾经说："如果离开了人们的实践活动，离开了他们的多种多样的实际行为，而孤立地研究道德意识的本质、特性、结构的话，显然是不可能完全、充分地理解它们的。……行为之外没有道德。"[①] 同样，行为之外也没有道德内化。这是因为道德内化的最终结果就是将客观外在的道德原则和行为规范转化为个体的内在道德信念和价值目标，并最终凝结成为个体自身的道德品格。从表面上看，道

---

① ［苏］阿尼西莫夫：《道德是人活动的一个方面》，载《现代世界伦理学》，贵阳：贵州人民出版社1982年版，第47页。

德内化是以一种内在精神品格或曰内在德性的形式存在的。但是道德内化的这一最终成果只能通过个体直接具体的道德行为才能显现出来。离开了现实道德行为实践，道德内化很可能就会流于形式，沦为抽象，或者成为一种囿于人的主观内心世界的纯粹心理活动，而失却其现实意义。

第五，发展性。道德内化的发展性是指个体道德内化是一个由低级向高级，由简单到复杂的永不停顿的道德实践过程。任何个体的道德内化活动都是人们在一定社会历史条件下进行的道德实践活动。社会历史本身是发展变化性，决定了道德以及道德内化本身的发展变化性。置身于一定社会历史条件下的行为主体，时刻处在与社会经济环境、文化氛围、政治制度、道德环境的相互影响、相互作用之中。只要个体的生命不息，这种相互的作用和影响就不止，个体的道德内化活动也就会不断地继续。但是，个体的道德内化并不是随着社会历史的发展而绝对地向前发展。这是因为道德内化的发展是以实实在在的道德实践活动为前提的。一个长期脱离道德生活实践，缺乏新的道德认知刺激或积极的道德情感激发的人，无法实现道德的发展，更谈不上道德内化的进步。个体只有在足够强大的新思想、新观点和新事物冲击下，才能出现新旧道德意识的融合、交流和更替现象，它使道德内化本身呈现为一个动态的发展过程，个体的道德水平也随着道德内化的不断发展而逐渐得到提高。因此，个体道德内化的实现和道德水平的提高是一个逐步发展和成熟的过程，道德内化的进行与道德水平的提升是并行不悖的。

二、道德内化的过程与个体道德耻感的发生

道德内化过程是一个由外部向内部、由客体向主体、由社会道德向个体道德的逐步转化过程，也是一个时刻蕴涵认识、选择、变化和发展的过程，这个过程发展演化必然内在地包含着诸多环节、阶段。对此国内外学者观点纷呈。

（一）关于道德内化过程的不同观点

认知派代表人物瑞士心理学家皮亚杰在系统研究儿童道德发展的基础上提出，儿童的道德发展水平总是与其相应的认知结构相联系的。外部的道德规则、价值观念内化为儿童自身的东西，是通过一系列同化和顺应的作用过程实现的。这是一种由外部的动作向内部表象转化的心理活动，其间经历前道德阶

段、他律阶段再到自律阶段的发展过程。①

美国心理学家科尔伯格研究发现，个体的道德内化的发展过程包括三种水平六个阶段，即：行为后果的前习俗道德水平，包括惩罚与服从的定向阶段和工具相对主义定向阶段。处于这一水平儿童的道德观念是纯然外在的，他们仅仅是为了避免惩罚或获得个人奖赏而服从权威；以群体利益和规则为基础的习俗道德水平，包括人际关系的和谐协调和法律秩序的定向阶段。处于这一水平的儿童是为了得到赞扬或维护社会秩序而服从规则要求；以自主性和原则性为基础的后习俗道德水平，包括社会契约的定向阶段和普遍性伦理原则的定向阶段。处于这一水平的个体的行为原则不再仅仅限于遵从权威，而是为了承担自己所应该承担的责任。也就是说，此时道德原则已经被内化为自身内部的道德诫命了。②

心理学家克拉斯沃尔等人设计的情感教育目标，包括接受、反应、评价、组织和价值的个性化五级水平，表现出社会价值标准的逐渐内化的过程。③

心理学家考普提出儿童道德内化的三阶段过程：外部控制阶段——儿童道德行为依赖于照顾他们的人经常提醒那些可接受的行为；自我控制阶段——儿童能够在照顾他们的人不在场时遵守他们的期待；自我调节阶段——儿童能够指导自己的行为和推迟满足。

凯尔曼提出了价值内化的三阶段，即顺从阶段——迫于外界的压力而表面接受他人的观点和意见，并保持与他人行为的一致性；认同阶段——个体因在认知、情感、态度、思想上接纳认同他人或社会的影响而主动消解了外部压力；内化阶段——自己认同的思想观点和自己原有的观点、信念融为一体，形成了一个完整的价值体系。

国内有的学者将道德内化概括为感受、分析、选择三个阶段。也有学者综合国内外的相关研究，把道德内化过程分为六个阶段：（1）定向阶段。这是道德内化的准备阶段，其基本任务是激发内化动机，确立内化目标；（2）认识阶段。形成一定的道德表象、道德概念，完成由感性认识向理性认识的升

---

① ［瑞士］皮亚杰：《儿童的道德判断》，济南：山东教育出版社1987年版。
② ［美］科尔伯格：《道德发展心理学》，上海：华东示范大学出版社2004年版。
③ 顾明远：《教育大辞典》，上海：上海教育出版社1998年版，第1141页。

华;(3)评价阶段。对所认识的道德信息、道德要求、道德行为的真假、善恶、美丑提出看法,表明态度;(4)顺从阶段。个体无条件地服从某种道德规范和行为准则,表现出他律特点;(5)认同阶段。个体再认识、情感、意志上能够独立自主地接受他人或集体提出的道德规范、行为准则,表现出自律的特点;(6)良心阶段。道德良心的形成,道德自律与他律的统一,宣告了道德内化全部完成。① 胡林英博士则认为,道德内化是一个由外及内、从表层认知向深层思想内化的逐层发展演化的过程,因而使其呈为一个个体逐次逐层地内化某种社会期待的层次序列,它们分别是:虚壹而静——以身体之——知行合一三个逐层递进演进的阶段。(1)虚壹而静是指避免先入为主和主观偏见,虚心接受新的道德知识。这一阶段包括道德经验和情感共鸣两个环节。(2)以身体之是道德内化过程的核心环节,也可称为道德体验。它意味着道德主体对进入道德内化视野中的道德认识的接受和认同。(3)知行统一是一个道德内化过程的完成。它意味着道德主体实现了化外在规范为内在德性与化德性与德行的统一,完成了一个道德内化的全过程。②

从以上关于道德内化过程的各种不同观点中可以看出:虽然学者们在道德内化的具体划分阶段上观点不同,但有一点是共同的,就是都把道德内化视为一个动态的发展过程,都是从道德内化的内部入手,逐层深入地分析道德内化主体内部的心理活动的发展变化及其规律,强调道德内化的过程性、层次性。我们认为,道德内化是一个将外在于主体的行为要求转化为主体内在行为需要的高级的复杂内化过程,这一过程是分阶段逐步完成的过程,也是一个不断更新上升的螺旋发展过程,呈现出层次序列性特征。从某种意义上说,道德内化的过程实质就是个体道德的形成与发展的过程;同时也是个体道德情感的产生、发展与作用的过程,道德耻感作为个体道德内化过程中必然产生并作用的一种特殊道德情感,是个体道德内化过程中的关键环节,也是个体道德内化实现的重要标志和道德内化结果的证明。

(二)道德耻感在道德内化过程中的作用

一般说来,个体道德内化的过程是一个道德认知——道德体验——知行合

---

① 燕国材:《谈谈道德内化问题》,载《中学教育》,1997年第6期。
② 胡林英:《道德内化论》,北京:中国社会科学文献出版社2007年版,第135—142页。

一的逐层深入的螺旋上升发展的过程，它是行为主体的自主意识与外部的道德要求相统一的过程。这种"统一"不仅包涵着个体对外在道德知识的接纳与认同，而且伴有个体对外道德原则与规范的情感共鸣与融合。从一定意义上说，个体道德内化过程也是一个道德情感熏陶和培育的过程，培育健康积极的道德情感本身也是道德内化的实现目标。道德耻感是人们在道德内化实现过程中出现不当思想、动机、行为时，时常产生的一种特殊的情感体验。美国心理学家马丁·霍夫曼曾经指出："道德问题在于，有违规行为的人是否想要避免伤害行为，或至少在事后感到内疚和采取亲社会行为，以及他或她即使没有人目睹时也以这些方式行为——这是道德内化的标志"。① 显然，在霍夫曼看来，内疚感是与道德内化密切关联的情感体验，它是道德内化的重要标志。霍夫曼所指谓的内疚感也是道德耻感的一种重要表现形式。依据霍夫曼的观点，我们把道德耻感在个体道德内化过程中所具有的重要作用，归结为如下几个方面：

首先，道德耻感是道德内化实现的激励性因素。情感是个体在与他人、社会交往过程中产生的一种普遍性心理倾向。道德耻感是个体在道德行为过程中，出现违规的思想行为时，产生的一种特殊的否定性的道德情感体验，它虽然以隐蔽的、潜在的形式存在于道德主体的内心深处，但却深刻地影响着道德主体的思想行为的选择和发展方向。马丁·霍夫曼指出："以移情为基础的违规行为内疚会促使人们做出亲社会行为。"② 霍夫曼引用了一位驻印英国警官的内心独白，用以说明内疚感在道德内化过程中发挥的促使人们做出自我转换反应的作用。

（当我休假回家时）我的心头老是萦绕着那些巨浪般的内疚，我必须进行赎罪……结果，我把一切都归纳为一个简单的理论，受压迫者总是对的，而压迫者总是错误的：你自己成为压迫者之一，这是一种错误的理论但却是一个自然的结果。我觉得我必须要逃离，不仅是逃离帝国主义，而且要逃离各种形式的人对人的控制。我想要把自己隐藏起来，就置身于受压迫者之中，成为他们中的一员，站在他们一边反对暴君……在我看来失败似乎是唯一的美德。对自

---

① ［美］马丁·霍夫曼：《移情与道德发展》，杨韶刚等译，哈尔滨：黑龙江人民出版社2003年版，第129页。
② 同上书，第133页。

我发展的每一次怀疑，即便一年有几百次，我认为在精神上似乎是很肮脏的，是一种恶霸行径。

从上述驻印英国警官的心理活动中可以看出，在个体道德内化过程中，道德耻感意识是催促行为主体转变道德观念、践履道德行为的重要情感激励力量。这种道德情感能够促使个体不断地对自己的思想、动机、行为进行深刻的道德反思，驱使其重新选择亲社会的道德行为，努力为自己曾经的不当思想行为作出补偿，推动行为主体进一步实现更高阶段的道德内化。

现实生活中，当我们赞扬某个人是位有道德的人时，并不是说道德标准在他的身上得到了全面的遵循和贯彻。即使是在那些掌握和内化了某些道德原则和伦理规范的道德榜样身上，也极有可能在特定道德情景中出现道德动机的矛盾和冲突。任何人的道德高尚都是相对而言的。但是，由于个体道德内化的程度的不同，在一定道德情景中，特别是在道德动机冲突和矛盾中，如果行为主体因自身一时的道德力量乏力而导致道德行为失败时，为了求得自我与道德动机之间的平衡，行为主体会不同程度地萌生内疚感或惭愧感，这种情感会驱使人们采取某些亲社会的行为以补偿自己的行为过失和不足。从这个意义上说，道德耻感虽然是一种负性情绪，会使人产生痛苦情感体验，但它又是个体在道德实践过程中不可或缺的道德情感反应，因为它是诱发道德行为再度发生的重要原因；另一方面，为实现自我与道德动机之间的经常性平衡，行为主体也会及时调整自己的思想、动机或行为，努力避免道德耻感情绪的发生。这种行为本身也是个体对道德原则、伦理规范高度内化的表现；即使是行为主体在不当思想行为实施之后萌生的道德耻感情绪，也是个体道德内化实现的一种证明和标识，也是个体道德内化实现的标志之一。

其次，道德耻感是道德内化实现的重要标志。一方面，行为主体的道德情感自动从其内心唤起并被体验为一种行动意向；另一方面，外在的道德原则逐渐失却其强制规约性，而化为行为主体自身的道德信念，这两个方面相互结合而促使道德行为实现，是个体道德内化实现的重要标志。因此衡量个体是否内化了某种道德原则，应当包括：道德认知、道德情感（移情和内疚感）及在认知和情感相结合基础上产生的道德行为。行为主体道德情感与道德认知的有机结合是个体道德内化实现的必要条件。心理学研究表明：道德主体在能够为自己的某种违背其所认同的社会道德原则和伦理规范的思想、行为或动机而萌生羞耻和内疚感之前，必须具备如下条件：一是行为主体必须完成一次对其所认同的社会道德规范的内化过程，即行为主体将外在的道德规范，经由道德认知到道德体验再到知行合一的逐层深入、递进的转化成为其自身内在的行为需要。因为行为主体只有实现了对某种道德规范的真正的体知和内化，才有可能合理恰当地使用并践履这种社会道德规范。二是当行为主体产生违背社会道德规范的思想或行为时，能够认识到这种思想或行为可能给他人或社会造成的危害以及危害的程度，并据此对自己的思想、行为或动机进行道德反思，逐步完成对自己的行为结果科学客观的归因分析，确定自己的违规行为的发生是偶然的、诱惑的、外力迫使的，还是自己主动选择的结果。简而言之，行为主体只有具备了一定的道德判断、道德反思能力，才可能萌生道德耻感。三是面对自己的违规思想或行为，行为主体不仅要有道德耻感，而且还要有一种为自己违规行为后果承担责任的道德责任感。具备了上述条件，也就意味着其完成了一次道德内化。从这个意义上，我们可以得出结论：道德耻感的产生本身也是道德内化实现的标志，道德耻感的形成与发展过程融合于个体道德内化实现过程。

第三节　自由意志与道德耻感的发生

在人类思想史上，自由是一个令人青睐的闪光字眼，古今中外，众多思想家都把自己的研究对象设定在对自由的探索上，从不同的视觉对自由进行了深邃的审视，绽放出许多灿烂夺目的思想火花。正如荷兰思想家孟德斯鸠说："没有一个词比自由有更多的涵义，并在人们意识中留下更多不同印象的了。"[1] 在我国改革开放正向纵深发展的关键时期，随着社会价值观念的多元多样多变和人们独立性、自主性的日益增强，科学把握自由、自由意志的真谛及其与道德的关系，对于新形势下提高人们的道德境界，增强人们的道德意识尤其是耻感意识，树立社会主义荣辱观，具有重要理论意义和实践价值。

---

[1] 《人生哲学宝库》，北京：中国广播电视出版社1996年版，第225页。

一、自由与自由意志

自由。自由是一个古老的哲学范畴。它发端于古希腊罗马时期的斯多葛学派，在后世理性主义哲学研究中得到了深入发展。早在古希腊罗马时期，斯多葛学派代表人物爱比克泰德就已将自由与人的意愿、意见等人所特有的精神现象联系在一起。他认为，自由意味着独立，只有在那些真正取决于我们自身的事情（即人的意见和行动意愿）范围内，我们才是自由的。① 后世理性主义思想家们也普遍认为，自由属于理性范畴，是人类特有的一种精神现象。例如，德国思想家康德认为，自由是人的本质体现。人只有是自由的存在物，而不是自然的存在物时，才能够自我决定，才能实现"自己为自己立法"，才能标志着自己是理性存在物。黑格尔也认为，自由是思想的产物，是人的存在方式，它是人类对自身"兽性"的一种坚决的否定，是人类从自然界及万事万物的束缚中超越出来的力量。他指出："禽兽没有思想，只有人类才有思想，所以只有人类——而且就因为它是一个有思想的动物——才有'自由'。"② 由此可见，自由即"由于自己"，它不是由于外力，而是自己做主，是指人们能够自如地、没有外在障碍地按照自己的意愿进行思想和行为的精神状态。独立性、自主性、自愿性是自由的鲜明特点。独立性，即行为主体能够独立于因果性的领域之外，挣脱了被奴役、被控制的状态，独立地表达和实现自己的愿望；自主性，即行为主体是自己思想、行为的决定者，他不仅可以对自己的选择作出解释，而且能够为自己的选择承担责任；自愿性，即行为主体能够主动自觉地为自己立法，心甘情愿地把自己置于这样法规的制约之下。

作为理性存在物的人的自由，它在强调行为主体独立性、自主性、自愿性的同时，也强调行为主体的社会责任和义务。也就是说，自由是相对的，它与行为主体的责任、义务密不可分。对此，德国古典哲学家康德、黑格尔以及法国存在主义思想家萨特都曾作过深刻阐释和分析。康德在论述自由时，把自由分为消极自由和积极自由，所谓消极自由指的是人所特有的摆脱感性欲望的束缚、超越必然性的支配，进行独立选择的能力；积极的自由则是指意志自律，

---

① 李石：《积极自由的悖论》，北京：商务印书馆2011年版，第15页。
② [德] 黑格尔：《历史哲学》，王造时译，上海：上海书店出版社2001年版，第71页。

即人为自己立法,且自觉主动遵循自己所立的普遍法则。他说:"有意选择行为的自由,在于它不受感官冲动或刺激的决定,这就形成自由意志的消极方面的概念;自由的积极方面的概念则来自这样的事实:这种意志是纯粹理性实现自己的能力,但是,这只有当各种行为的准则服从一个能够付诸实现的普遍法则的条件下才有可能。"①黑格尔在论述自由时也强调"自由"是依靠自身的存在。他说:"因为我如果是依附他物而生存的,那我就同非我的外物相联,并且不能离开这个外物而独立生存。相反地,假如我是依靠自己而存在的,那我就是自由的"。② 可见,在黑格尔看来,自由的真义在于没有绝对的外物与我对立,是自我与客观事物的内在统一,而实现主观自我和客观事物内在统一的前提在于主观自我责任、义务意识的觉醒。黑格尔还强调自由也是对自身的纯思维。他说:"在这种反思中,所有出于本性、需要、欲望和冲动而直接存在的限制,或者不论通过什么方式而成为现成的和被规定的内容都消除了。这就是绝对抽象或普遍性的那无界限的无限性,对它自身的纯思维。"③ 我们认为,黑格尔所说的对自身的纯思维,即反思,而且是一种超越本能、欲望、需要与冲动的限制而对自身责任、义务的反思。只有经过这样的反思,人类才能不断明晰自身的责任和义务,进而为实现真正的自由而主动对自身需要、欲望及冲动进行合理限制。法国存在主义思想家萨特在其自由思想中也曾提出,追求自由是每个人的权利,但是个人的自由行为及自由选择必然会累及他人。因此,人的自由行为不仅要对自己负责,而且还应对他人乃至全人类负责。他说:"人是处于一种包括他人在内的组织的处境中,通过他的选择,他牵连到全人类。……因此不管怎样做,他都不能不对自己的解决问题的方式负完全的责任"。"当我们说一个人要对自己负责的时候,我们的意思还不仅指他要对自己的个体负责,而且也指他要对一切人负责。也就是说,个人的自由行为和自由选择除了要对自己负责外,还必须承担对他人、对社会的责任。"④ 总之,

---

① [德] 康德:《法的形而上学原理》,北京:商务印书馆1991年版,第13页。
② [德] 黑格尔:《历史哲学》,王造时译,上海:上海书店出版社2001年版,第17页。
③ 同上书,第13—14页。
④ 中国科学院哲学研究所西方哲学史组:《存在主义是一种人道主义》,《存在主义哲学》,北京:商务印书馆1963年版,第338页。

"人一投入世界,对自己所做的一切都要负责。"①

自由意志。作为理性存在物的人的自由,天然地同意志连为一体。这种自由即自由意志或意志自由,是关于"意志"的自由状态,是人所特有的生存方式,或者说是人之为人的根本。它一方面是指意志的非限制、非操纵性状态,另一方面是指意志的自主抉择状态。对于意志自由主体而言,意志是其行为的充分必要条件,有什么样的意志,就有什么样的行为。意志自由就是一个人具有自己选择、决定自己意志之自由,它是行为自由的表现,也是行为选择自由的标示。一个人拥有了自由意志,就意味着他具有对行为进行"应该"或"不应该"的判断能力和根据权衡的结果作出抉择的能力以及为自己即将实施的行为作出解释并承担责任的能力,就表明他具备了将自己的意愿完全置于自己的理性支配之下,并根据自己的理性判断抉择行动、担当责任的能力。

在人类思想史上,恩格斯第一次运用唯物史观的基本观点科学揭示了自由和自由意志的内涵,他说:"意志自由只是借助于对事物的认识来作出决定的能力。因此,人对一定问题的判断越是自由,这个判断的内容所具有的必然性就越大;而犹豫不决是以不知为基础的,它看来好像是在许多不同的和相互矛盾的可能的决定中任意进行选择,但恰好由此证明它的不自由,证明它被正好应该由它支配的对象所支配。因此,自由就在于根据对自然界的必然性的认识来支配我们自己和外部自然界;因此它必然是历史发展的产物。最初的、从动物界分离出来的人,在一切本质方面是和动物本身一样不自由的;但是文化上的每一个进步,都是迈向自由的一步。"② 显然,在恩格斯看来,自由建立在认识自然必然性的基础之上,人类对自然必然性认识每推进一步,就意味着人类向自由迈进了一步;人类对必然性的认识越充分,自由实现的程度就越强,可能性也就越大。这就告诉我们,人类自由的实现是受着自然必然性的规约和限制的,绝对的、不受任何限制的,不以任何责任、义务为前提的自由是根本不存在的。事实上,人类对自然必然性的认识,就是对于自身责任、义务的认识,而且这种认识越深刻、越自觉,人类自由的实现就越充分。

---

① 中国科学院哲学研究所西方哲学史组:《存在主义是一种人道主义》,《存在主义哲学》,北京:商务印书馆1963年版,第353页。
② 《马克思恩格斯选集》第3卷,北京:人民出版社1995年版,第455—456页。

二、自由意志与道德生成

对于自由和自由意志的追究，标志着人类对自身尊严、权利、责任的觉知与担当，也标示着人类开始了对自身行为善恶的哲学拷问。如果我们不承认自由意志，现实生活中每个个体的内在价值就无从建立起来；如果我们不承认人具有自由意志，我们就无法对人的思想或行为进行道德判断；如果我们不假设每个人都具有自由意志和理性认知能力，我们对人作恶行为的惩罚也就会失去人性依据。正如恩格斯在《反杜林论》说："如果不谈所谓自由意志、人的责任能力、必然和自由的关系等问题，就不能很好地议论道德和法的问题。"[①]这就告诉我们，自由意志与道德密不可分地联系在一起。概括地说，自由意志与道德之间的辩证关系主要体现在如下几个方面：

其一，自由意志是个体尊严存在和实现的重要前提。所谓尊严，是指个体指向自我的正向价值感。它是行为主体在社会比较、社会选择或社会评价过程中获得的关于自我价值的肯定评价和积极体验。它往往以行为主体的自我欣赏、自我悦纳和自我认同的方式体现出来。[②] 倘若离开了自由意志，人类的尊严感将无从谈起。这是因为，在现实生活中，我们之所以感到有尊严，就是因为我们认识到在挫折、困难、失败面前表现出来的坚韧和勇气来自我们的意志，我们的成就是我们自主获得的。正如美国思想家诺齐克说："只有当我们能够选择自由地行动时，我们的行动才具有原创性，因此我们才有尊严。"[③] 人的尊严不仅依靠自由意志的自主性品格而获得其存在理由，而且还必须依靠自由意志的责任担当品格而获得其实现的条件。因此，社会中每个人在实现自由意志时都必须考虑其目的和手段的正当性、合理性，以确保社会中的其他人的正当权益不被侵害，只有这样才能建立稳定、和谐社会伦理关系，才能维护实现个体尊严与独立。我们决不能以强调个人自由意志的存在和个人尊严的维护与实现而将自己视为能够对他人价值与尊严进行裁决的法官，决不能借实现自身自由意志之名，行侵犯他人尊严，漠视他人权利、价值之实。否则，个人

---

① 《马克思恩格斯选集》第3卷，北京：人民出版社1995年版，第454页。
② 杨峻岭：《道德耻感相关相近概念分析》，载《河北学刊》，2010年第3期。
③ 徐向东：《理解自由意志》，北京：北京大学出版社2008年版，第14页。

尊严的维护和实现就会因无视他人尊严而化为乌有。因此可以说，自由意志是人类人伦平等实现的基本要求，它是人类尊严存在的逻辑前提，同时也是人类尊严的实现的必由之路。

其二，自由意志是道德责任主体确立的基本依据。一个人拥有了意志自由，就意味其一切行动都可以出于他自己的意志决断。承认人有自由意志就是在说人在行动上有自主性，有选择性，或者说人有自我反省和自我判断的能力。因此，德国思想家恩斯特·卡西尔指出："人被宣称为应当是不断探究他自身的存在物，一个在他生存的每时每刻都必须查问和审视他的生存状况的存在物，人类生活的真正价值恰恰就在于这种审视中。存在于这种对人类生活的批判态度中，正是依靠这种基本的能力——对自己和他人作出回答（response）的能力，人成为一个'有责任的'（responsible）存在物，成为道德主体。"①我们认为，卡西尔此处所说的"审视"、"批判"、"回应"能力，就是人自由意志的外在表现，而所有这些能力都是个体成为道德责任主体的逻辑前提。这是因为，人类只有拥有自由意志，才可能在自己实施道德行为、作出行为决断之前，理性地思考自己行为的后果以及自己对结果的承担能力，即自己可能承担的相应的道德责任。正如冯契先生所说："道德行为必须出于自由意志。如果行为不是出于意志的自愿选择，而是出于外力的强迫，那就谈不上善或恶。道德行为是人的意志的活动。意志具有自由选择的功能……这是道德责任的前提。"②

自由意志不仅是人成为道德责任主体的根本依据，而且也是人们在道德实践中履行道德责任的驱动力。正如恩格斯指出："一个人只有在他握有意志的完全自由去行动时，他才能对他的这些行动负完全的责任，而对于任何强迫人从事不道德行为的做法进行反抗，乃是道德上的义务。"③也正是基于这样的意义，我们认为，人类因拥有自由意志而获得自由选择能力，也因自由意志而背负了道德责任的重荷，且据此彰显出道德责任主体人格之高尚、境界之崇高。

---

① ［德］卡西尔：《人论》，甘阳译，北京：西苑出版社2004年版，第9—10页。
② 冯契：《人的自由和真善美》，上海：华东师范大学出版社1996年版，第221页。
③ 《马克思恩格斯选集》第4卷，北京：人民出版社1995年版，第78页。

其三，自由意志是道德行为判断的必要条件。任何具有道德意义的行为，都必须是自由意志的行为，"善或恶任何时候都意味着与意志的关系"①。如果没有自由意志，人无法作出是非、善恶的道德判断，不知如何进行道德选择、如何实现道德崇高，那么他的行为就失去了道德评价的意义。正因为如此，现代道德评价与法律裁决、以及各种政治权利与义务的规定都是建立在人具有自由意志和理性认知能力的这一人性假设前提之上的。在现实生活中，精神病患者无论做了好事，还是坏事，我们都不能对之进行道德上的善恶评价，即使他们的行为触犯了刑律，也不负任何法律责任，不受法律的惩罚，原因就在于他们没有自由意志，缺乏理性认知能力。英国情感主义思想家休谟说："自由对于道德也是一个必然的条件，而且人类的行为如果没有自由，也就没有道德上的性质。"② 美国著名思想家弗兰克·梯利说："我们不把一次地震或一次飓风称做正当的或不正当的……一般说来，今天我们是把道德判断限定在有意识的人的行动上的，我们希望这种行动有一种精神的或心理的基础，只有当行动是一个有意识的人的表现时，我们才对它进行道德判断，如果我们得知行动者不能控制自己的行动，这行动并非出自他的意志，或者做出这一行动时他不能用健全的方式推理感觉和判断，那我们就不对此进行评判。"③ 因此可以说，如果没有自由意志，道德不仅会失去其普遍约束性，而且其存在合理性也将遭遇质疑。自由意志不仅是道德主体确立的重要前提，也是判断道德主体行为应该与否的必要条件。

其四，自由意志是道德目的实现的根本保障。只有拥有自由意志，人类才可能为道德"应该"的确立提供原则，即实现人为自己立法。黑格尔认为，法是自由的定在。作为自由定在的法有内在法与外在法之分。外在法是出于外在他力强制性的约束，内在法则是缘于自身意志的自觉约束。在黑格尔看来，道德是"意志的定在"，"是在意志本身即某种内在的东西中"；"道德是完全表述自由的概念的实在方面的"，它是自由"概念的定在"；作为自由概念环

---

① [德] 康德：《康德三大批判精粹》，杨祖陶、邓晓芒编译，北京：人民出版社2001年版，第327页。
② [英] 休谟：《人类理解研究》，关文运译，北京：商务印书馆，1981年版，第89页。
③ [美] 弗兰克·梯利：《伦理学导论》，何意译，广西师范大学出版社2002年版，第6—7页。

节的道德,"从它的形态上看就是主观意志的法"。① 相对于外在法而言,道德是自由的内在定在,是人自由意志的内在法,即主观意志的法。众所周知,在现实社会中,外在法与内在法都是不可或缺的。其中,外在法这是对个人自由权利的一般或普遍保护。然而,由于外在法缺乏个体内在精神的自觉约束性特征,使其在具体实现过程中,必然呈现出或然性特征。也就是说,尽管外在法具有客观普遍性品质,但它却不能保证每一个人都能自觉遵循。因此,任何外在法的充分实现,都离不开个体内在精神的有力支撑。也就是说,只有将外在法内化成为人们的精神自觉,才能使其普遍客观性品质有效发挥效用。道德的直接目的就是将外在法的他律变为内在的自律。也正是在这个意义上,我们说道德是自律的。因此,黑格尔指出:"理念的实存方面或它的实在环节是意志的主观性。只有在作为主观意志的意志中,自由或自在地存在的意志才能成为现实的。"② 也就是说,行为主体的主观性、个体性,或曰自由意志是自由概念获得现实内容的逻辑前提,是外在他律变为内在自律的根本保障。

其五,道德给予自由意志以理性尺度。马克思主义认为,道德规范是人类在长期的生产、分配和产品交换过程中形成的共同规则。这种共同规则一旦步入人类社会,就意味着任何个体行为都隐含着纳入一定的社会秩序结构、共同维护社会稳定格局的内在必然性。也就是说,尽管自由意志是人之为人的存在根本,是人所特有的存在方式,尽管人类因拥有自由意志而获得了自由选择自己生活方式的权利,但是,人的社会属性,即人与社会的永恒的依赖关系决定了人永远无法游离于道德原则、道德规范之外,否则,将被社会所排斥,甚至为社会所抛弃。从这个意义上说,那些具有普遍意义的道德原则与规范,在特定情景中对人类自由意志的规约与影响是绝对必然的。道德原则与规范所具有的规约性和普遍性特征中就蕴涵着与自由意志的对抗,道德应该就是对自由意志的限制;而自由意志又是人与生俱来的一种冲动和能力,其本身所具有的自由性和超越性特征中又蕴含着对道德应该的反对。特别是当人的选择与自我利益发生冲突时,人类极可能选择超越道德应该,而彰显自由意志。也就是说,选择道德应该并不是所有人都能做到的,但越是自觉坚持道德应该的人,便越

---

① [德]黑格尔:《法哲学原理》,贺麟译,北京:商务印书馆1982年版,第109—111页。
② 同上书,第110页。

是意味着他超越了仅仅作为"物"的他律地位,而体现出作为人的尊严与崇高。正所谓"别人不易做到的,我做到了,我比他人更高尚。"① 总之,人是自由的,由于有自由,人同时也就有责任对自由的实现承担责任,无限度地追求自由,必然遭到道德应该的反对。因此,要实现真正的自由,人就必须为自己立法,且自己遵守自己所立之法。唯其如此,人类才能实现对自身个体性、主观性或自由意志的有效规约,保证自由意志的客观内容不受自由意志主观存在形式的侵害。也正是从这个意义上,我们说,自由意志赋予个体行为以道德意蕴,道德给予自由意志以理性的尺度,二者互为条件、相互依存、不可分割。

三、自由意志与道德耻感

荷兰思想家斯宾诺莎说:"就善恶的真知识仅仅作为真知识而言,决不能克制情感,唯有就善恶的真知识被认做一种情感而言,才能克制情感。"② 意思是说,个体道德情感体验在道德自律的生成过程或知行统一的过程中具有重要作用。人类唯有通过情感的沟通与协调,才能化解知与行之间的二元对立与冲突,真正实现知行统一。我们认为,斯宾诺莎这里所说的"情感",多指人的荣辱感。这是因为,行为主体道德行为的发生大多源于两种情感倾向,即个体对善的渴望(荣誉感)和对恶的畏惧(羞耻感)。众所周知,耻感在中国传统道德中具有醒目的重要地位,源远流长的中华民族文化呈现着鲜明的"耻感"色彩。无论是在传统儒家,还是在法家道德哲学体系中,耻感都具有基础性地位。从某种意义上说,耻感是中国传统道德体系的元素和中国传统伦理精神的原色。深入剖析道德耻感与自由意志的相互关系,对于我们科学把握自由意志与道德的内在关系具有重要的理论意义。

那么,什么是耻感呢?

所谓耻感是人们在道德实践过程中产生的一种特殊情感。它是行为主体基于一定道德要求和伦理准则,在对自身或他人的思想道德行为进行自我评价或接受他人及社会评价时,产生的一种否定性情感体验,是个体自我意识能力、

---

① 李泽厚:《批判哲学的批判》,北京:人民出版社1984年版,第302—309页。
② [荷兰]斯宾诺莎:《伦理学》,贺麟译,北京:商务印书馆1995年版,第180页。

道德选择能力和道德评价能力的特殊情感体现。① 孟子曰："无羞恶之心，非人也。"意思是说，羞恶之心是人的本质特征，人因知羞耻而成其为人。也就是说，人的知耻过程就是人的成人过程；同样，人的成人过程，也是自由意志能力的不断获得过程。这种自由意志能力往往通过人的自我意识能力、自由选择能力和自我超越能力表现出来。因此，耻感与自由意志密切关联。其具体表现如下：

其一，耻感是行为主体对自身自由意志能力合理规约的情感体现。黑格尔说："人世间最高贵的事就是成为人。"② 因为只有人有自我意识，只有人能够认识自己的本质。这种自我意识不是行为主体对自我存在的感性直观认知，也不是对"我即我"的纯粹抽象认识，而是行为主体在对象化自身过程中，形成的对自我本质存在，以及对应然自我与实然自我之间距离的能动认知与把握。当行为主体在将自身关系化、客观化、对象化过程中，意识到自身的实然存在与应然本质存在的欠缺时，或者说当行为主体自由意志能力超过了道德应该的界限或未能达到道德应该的要求时，就会产生耻感或对耻辱的畏惧。因此说，耻感意味着自我本质存在与自我实存之间距离之觉醒。它是人类以情感反映形式表现出来的自由意志能力。人是自由的，人之为人的根本在于人拥有自由意志，但自由又不是无限的，只有具有强烈耻感意识的人，才是真正的自由意志存在者。因此，我们认为，人的知耻过程，是行为主体自由意志能力的逐渐获得过程，也是其对自由意志合理限制的过程。

其二，耻感是行为主体自由选择能力的情感体现。我们知道，耻感的直接感受对象是社会生活中耻事或曰恶、非善；因此，从这个意义上说，耻是从否定的方面对善的规定，耻感则是人们从否定的方面对善的把握和体验。它表明行为主体具有善、恶觉知能力，具有对行为主体存在本质，即完美的善以及行为主体实然存在的不足，即欠缺的认知能力。它是行为主体将自我实存呈现在善面前，进行自我或社会评价时产生的一种特殊的情感体验。缺乏耻感，不能称其为人；没有自由意志，也不是真正意义的人。人类正是基于对做人、成人的执着，才会崇尚自由，畏惧耻辱。因此，亚里士多德说，对耻的恐惧，即是

---

① 吴潜涛、杨峻岭：《论道德耻感的涵义、本质及基本特征》，载《哲学研究》，2011年第8期。
② ［德］黑格尔：《法哲学原理》，范扬、张企泰译，北京：商务印书馆1961年版，第46页。

对高尚的发端；同样，对耻的恐惧，也是对自由的渴望。有耻感，才有意志自律，才有升华自我、追寻自我本质存在的性格气质和实践冲动。因此，我们认为，耻感是行为主体具有向善而行自由选择能力的情感体现，也是行为主体反观自我、批判自我的情感表现。它表明行为主体心中有善，且具有以善为评价标准，以善为目标追求，并尽己所能做到驱善避恶的自由选择能力。

其三，耻感是行为主体自我超越能力的情感体现。人类的意志自由还体现在人类对存在意义的追问。美国思想家赫舍尔说："人的存在从来不是纯粹的存在；它总是牵涉到意义。意义的向度（dimension）是做人所固有的。"①"人是探索有意义存在的存在，是探索存在的终极意义的存在。"②"意义意味着超越。"意思是说，人的生存从来不是简单的动物意义的消极存在，而是一个不断追寻存在意义、寻求自我超越的具有蓬勃生命力的积极存在。人类寻求自我超越的目的不是将自身实存归于虚无，而是通过对现实世界的肯定、否定、否定之否定，使其升华为一个生动的意义世界，即建构一个超越本体世界的意义世界。然而，现实世界中的人总是以一种欠缺、不完美的状态存在，这种欠缺、不完美强化了人类自我超越的实践冲动。正如萨特所说："人的实在是欠缺"③，然而，"唯有欠缺的存在能够向着欠缺者超越存在"④。意思是说，人作为被造物虽然是有限的，但却希望自己能够持续地迈向无限，超越现在，不断探寻存在的完美意义和终极意义。人就是在不断克服欠缺、弥补不足过程中，超越自我、趋于完善的。在这一过程中，耻感会促使行为主体反思、批判自己的思想和行为，也会使其谴责或忏悔自己的思想或行为欠缺、不足，并把因为自身或他人过失而产生的羞愧、悔恨的情感体验，当做一种防止类似行为重复发生的动机加以接受，渗入自我改善的动机，且寻找机会完成自我超越。因此，耻感作为人对自我本质存在以及自我应然存在与实然存在之间差距存在的觉知的情感反映，标识着行为主体对自身存在欠缺的觉知能力，以及超越欠缺，实现完满，即弃恶向善的内在冲动。它不仅意味着人具有以自身实然之不足或欠缺而愧疚的感受，而且意味着人具有发现不足、追寻完满，即对自身存

---

① ［美］A.赫舍尔：《人是谁》，隗仁莲译，贵州：贵州人民出版社1994年版，第46页。
② 同上书，第57页。
③ ［法］萨特：《存在与虚无》，北京：三联出版社2007年版，第123页。
④ 同上书，第124页。

在意义的无限向往的自我超越能力。

人之为人的根本不在于是否存在欠缺,而在于人对自身欠缺与不足的觉知,即反思、自省。因为唯有反思才能知耻,才可能在弥补欠缺的过程中实现超越,止于至善。从一定意义上说,行为主体有耻、知耻,到弃耻向善的实践冲动的产生往往经过两个发展阶段:一是净化灵魂,孕育灵魂之善。德国思想家舍勒曾经将羞耻感分为两类:即身体羞感和灵魂羞感,且灵魂羞感高于身体羞感。他认为,羞耻感是人类"天然的灵魂罩衣",它"像界限一样围绕着人的身体"[①]。一个失去了灵魂羞感的人,不仅不会再呵护自己的生命尊严,而且也会失去身体羞感。因此,灵魂羞感是人存在精神世界的一种弃恶向善的情感倾向,在这种情感驱使下,人可以净化灵魂,实现心灵世界的安宁无纷扰。二是激发行为之善。它是行为主体灵魂之善的外在表现。通过行为之善,人实现自身存在本质与现象的统一。可见,行为主体正是克服内在欠缺、弥补自身不足的过程中,完成了灵魂善与行为善的有机统一,实现了自我超越、自我升华。也正是基于这样的意义,孟子说:"知耻近乎勇"。耻感是现实生活中人们真正做到执善而行的真实驱动力。只有具备这种情感体验能力,人类才能在物欲横流中执着高尚,才能在媚俗、媚权中寻求本真。黑格尔说,暴力不能左右人的道德意志。同样,暴力也不能生发人们的道德耻感。可是,我们却能够以激发人们的道德耻感的方式,影响人们的道德信念,坚定人的道德意志,引领人们的道德行为。

第四节　道德人格与道德耻感的发生

一、人格及其特征

人格作为一个科学概念,广泛使用于哲学、伦理学、法学、心理学、社会学、历史学等各个学科。由于各个学科对人格的研究视角不同,赋予其的内涵也就各不相同。例如,心理学从人的个性差异的层面研究人格,认为人格是个

---

① [德]马克斯·舍勒:《舍勒选集》(上卷),刘小枫编,上海:三联书店1999年版,第553页。

体内在的行为倾向性。它表现一个人在不断变化中的全体和综合，（是）具有动力一致性和连续性的持久的自我，是人在社会化过程中形成的给予人特色的身心组织。①简而言之，心理学意义的人格多指人的性格。法学主要从人的权利、义务关系上阐述人格，认为人格是指法律赋予并给予保障的，与法律主体不可分离的人的权利或人法律意义上的资格，如人的生命权、健康权、肖像权、名誉权等等；社会学意义上的人格是指人的角色。它从人的社会化以及多重社会关系的层面界定人格，认为人格是人一切社会地位、社会角色特性的总和；如果从哲学的角度来看，袁贵仁先生认为，"真正的人是在生理因素基础上由心理素质、科学文化素质和思想道德素质构成的完整的人，是在历史中行动的人，是作为活动主体的人。在哲学的意义上，人的规格，就是具备基本素质、能够从事现实的活动；人格，也就是人作为活动主体的资格。一个人只有作为社会活动主体，才具有人格；一个人只有具备了独立的人格，才能成为真正的主体。这就是哲学对于人格概念的理解。"概括地说，哲学意义的人格是指人作为活动主体的资格。"所谓道德人格、心理人格、法律人格，实际上不过是对活动主体资格的伦理学、心理学或法学的表征或评判。"在我国《现代汉语词典》中，给"人格"词条标出了三种意义，一是指人的性格、气质、能力等特征的总和；二是指人的道德品质；三是指人的能够作为权利、义务的主体资格。也就是说中文"人格"是在心理人格、道德人格、法律人格等多重意义上界定人格这一概念的。②

近、现代西方文化中使用的"人格"（Personality），来自于拉丁文"Persona"，指古代人所戴的面具（mask），其字意为"剧中角色"。从词源意义上讲，"Personality"（人格）是指戴着面具进行的角色表演，即人们公布于众的某些侧面或向外展现的特质；后引申为具有不同特征的人物、角色及其内心特征等。随着语言文化的发展演进，"persona"越来越多地意指个体所独有的内在精神品格，或曰人的真实自我。例如《简明不列颠百科全书》中对"人格"一词的解释为"每个人所特有的心理——生理性状（或特征）的有机结合，包括遗传和后天获得的成分，人格使一个人区别于他人，并可通过他与环境

---

① 陈仲庚、张雨新：《人格心理学》，沈阳：辽宁人民出版社1986年版，第50页。
② 袁贵仁：《试论人格》，载《北京师范大学学报》，1993年5期。

和社会群体的关系表现出来。"可见,在西方文化中,人们总是把人格视为个人好的活动,强调人格的独立性、个别性或私人性。

美国思想家詹姆斯曾经将"自我"区分为社会自我、物质自我和精神自我。他认为,人格不是指人的物质、肉体或生理自我,而是人在长期的、具有连续性的系列行为中表现出来的思想或心理自我。因此,有学者提出,人格是人之所是和人之所做的,它存在于个体行为的背后,存在于个人内部。① 简而言之,"人格是一个人的心理自我,是他的稳定的、恒久的、整体的心理状态。"② 美国思想家布莱特曼赋予人格多个内涵,他认为,其一"人格是我们所有知识的根本基础。它是科学、哲学、道德和宗教的唯一基础";其二"人格是一种复杂而又是自我同一化的、积极能动的、有选择的、感觉着的、感受着的、发展着的经验,它牢记其过去、计划及其未来,与其下意识的过程、其肉体有机体、以及其自然环境与社会环境相互作用,并能够通过理性的和理想的标准来判断、引导它自身和它的对象。"显然,布莱克曼是赋予了人格更为丰富和充实内涵。在他看来,人的存在方式、发展过程、生活经验、活动形式,以及价值创造、理想目的等特性都具有人格意义,都是人类人格特征的外在表现。

法国思想家马里坦认为,人格作为一种精神性存在,具有内在超越性、主体性、能动性特征。他说:"与肉体的个体性概念不同,人格的概念不是与质料相联系的,而是与最深刻和最高的存在尺度相联系。……植根于精神之中。……人格是存在,是最终的成就……是与人的合成体相沟通的精神灵魂的存在。在我们的本体论结构的秘密深处,它是一种动态的统一和内在统一化的源泉。""人格指称着自我的内在性。"马里坦指出,如果仅从人的个体性来看,人只是一种特殊的肉体存在物;而如果从人格的层面来看,人则是一种更深奥的存在,即精神存在形式。它标识着人的内在品质和灵魂,体现着人作为自我之精神存在的内在性和崇高性。③ 此外,马里坦还将人格作为与上帝相联系的依据,赋予人格以内在超越的形而上学意义。他指出,人格既使我们从人

---

① 陈仲庚、张雨新:《人格心理学》,长春:吉林人民出版社1981年版,第563页。
② 王海明:《伦理学原理》,北京:北京大学出版社2001年版,第291页。
③ 万俊人:《现代西方伦理学史》(下卷),北京:北京大学出版社1992年版,第439页。

身上发现了上帝,又让我们从上帝身上发现了至高无上的人格;透过人类人格的精神性、超越性和独立性特征,我们发现了"上帝对人类的影响"以及人类"类似于上帝的属性"。人类是神圣的,因为它拥有人格的精神超越性;上帝是崇高的,因为它拥有完美人格。借助人格,马里坦不仅强化了人作为精神存在的内在超越性,而且也由此进一步加强了人与神、人格与上帝的沟通,凸显人类人格的崇高与尊严。

关于人格的尊严与价值,日本学者西田几多郎也曾作过深刻阐释,他说:"人格是一切价值的根本,宇宙间只有人格具有绝对的价值。我们本来就有各种要求,既有肉体上的欲望,也有精神上的欲望;从而一定会有财富、权力,以及知识、艺术等各种可贵的东西。但无论是多么强大的要求或高尚的要求,如果离开了人格的要求,便没有任何价值;只有作为人格要求的一部分或者手段时才有价值。富贵、权力、健康、技能、学识等本身并不是善,如果违背人格要求时反而会成为恶。因而所谓绝对的善行必须以人格的实现本身为目的。"① 可见,西田几多郎是从人生追求的角度来认识人格的。的确,如果从人生理想角度看,人格作为人从事社会实践活动主体资格,无论是对于自然、社会、他人以及人本身都具有"绝对的价值"。从根本上说,人类的全部社会实践活动都是为了提高和巩固自己在社会实践活动中的主体资格,人类其他一切需求和愿望相对于人格而言,都是手段、工具。中国古代"饿死不吃嗟来之食"的经典故事,反映的也是人格尊严对于个体的绝对价值。因此,西田几多郎说:"人格是意志的统一力","人格不是单纯的理性,也不是单纯的欲望,更不是无意识的冲动,它恰如天才的灵魂一样,是从每个人的内部直接而自发地进行活动的无限统一力。"② "只有在自我的全部力量用尽,自我的意识消失殆尽和自我已经不能意识自我的时候,才能看到真正的人格活动。" 他认为,"当画家还在意识上进行各种构思的阶段,并不能真正意识到画家的人格。只有在他经过多年的苦心钻研,到达技术纯熟,意到笔随的境地时才能看到他的人格。道德人格的表现也是这样。所谓表现人格,并不是随从一时的情

---

① [日] 西田几多郎:《善的研究》,北京:商务印书馆1965年版,第114页。
② 同上书,第113页。

欲，而是服从最严肃的内在要求。"① 显然，西田几多郎所意谓的人格是一种天地同根、物我一体、主观世界与客观世界完全统一的精神境界，也是一种"从心所欲不逾矩""我欲仁斯仁至矣"的无我境界。因此，马克思指出，真正的人格"尊严就是最能使人高尚起来，使他的活动和他的一切努力具有崇高的品质的东西，就是使他无可非议、受到众人敬佩并高出于众人之上的东西"。什么样的活动可以使人具有这样的人格尊严呢？马克思说："能给人以尊严的只有这样的职业，在从事这种职业时我们不是作为奴隶般的工具，而是在自己的领域内独立地进行创造"。②

总之，在个体的人格结构中，自我居于核心地位。协调统一的自我是和谐健康的人格产生的根本前提。个体人格结构的自我并非是先验的存在，而是在个体在社会实践过程中，随着意识的产生和发展而逐步形成和发展的，并且在意识发展的高级阶段，从意识中分化出来，形成自我意识。因此，相对于人的肉体或生理自我这一物质存在方式而言，人格也称思想自我或心灵自我。它是人的一种精神存在方式，是人的价值、尊严与品质的总和。任何人的人格都不是与生俱来的，而是后天环境影响、教育以及个体努力实践的结果。具体地说，人格是隐藏于行为主体思想和行为之中的一种完整、稳定、恒久的心理状态和行为倾向。人们往往都是根据行为主体表现出来的比较稳定、一贯的生活态度和行为倾向来认识其人格的。概括地说，个体人格一般具有主体性、自由性、自为性和平等性等重要特征。

首先，主体性。从人类总体发展演变的角度看，人的形成与主体的形成是一致的。劳动创造人的同时，也创造了劳动主体。从这个意义上说，人的形成与主体的形成是同一过程，人的形成即主体的形成。因此，人格是人之为人的资格，也是作为行为或活动主体的资格。从个体的角度来说，人和主体又是不同的，主体是现实地从事社会实践活动的人。因此，并非每一个人都具有完整的人格，人格是社会实践活动主体特有的精神现象。一个具有健全人格的人一定是具有主体意识和主体能力的人，否则，就不具备主体资格，与之相对应的人格也一定是一种不健全或不成熟的人格。例如新生婴儿，由于他们缺乏主体

---

① ［日］西田几多郎：《善的研究》，北京：商务印书馆1965年版，第115—116页。
② 《马克思恩格斯全集》第40卷，北京：人民出版社1982年版，第6页。

意识和主体能力，还不能将自身和自身的行为活动对象区分开来，因而不具备主体资格，其人格表现是不成熟；同样，精神病患者由于缺乏自主和自我控制能力，使其行为带有极强的偶然性、不连贯性和非目的性，因而也不具备主体资格，其人格表现是病态的。因此，主体性是人格确立的基本前提。

其次，自为性。自为性是其个体主体性的逻辑延伸，主体性是自为性的逻辑前提。换言之，只有具备主体资格，即具有主体性的人，才能成为自为的人；自为是自主的目的，自主是自为实现的条件。那么，什么是"自为"呢？简单地说，"自为"就是"为自"。不过，这里的"自"既是指主体自身，也指主体的作用对象，即客体。也就是说，"自"既可以是个人，也可以是他人、阶级、民族、国家或人类。在现实世界中，人类总是从"我"的角度去认识理解"事物，或曰总是从"自己"出发去从事活动，并把事物、活动的存在发展结果看做是"为我而存在的"。因此，马克思说："个人总是并且也不可能不是从自己本身出发的"①。"凡是有某种关系存在的地方，这种关系都是为我而存在的；动物不对什么东西发生'关系'，而且根本没有'关系'；对于动物说来，它对他物的关系不是作为关系而存在的。"② 依据马克思主义这一基本理论，我们认为，是否具有自为性是人与动物的重要区别之一。一个具备完整人格的人，一定是自为的，即具有明确目的并且自觉追求和实现其目的的人。动物缺乏主体认知能力，其活动也就没有自觉的意图和预期，因此，动物没有人格，无法实现自为。

第三，自由性。人格存在于行为主体内部，却外显于行为主体的实践活动之中，构成行为主体的人格活动状态。哲学将行为主体的这种个性外化、对象化的活动状态称为"自由"。个体人格和自由是密切关联的；无自由即无人格，无人格也无自由。正如德国思想家科恩所说："人格作为主体性的体现，早已被认为是同创造、精神修养和克服时间地点的限制分不开的，而无人格则总是同消极被动、不自由、心胸狭隘和没有尊严联系在一起。"③ 主体性相对于行为者本身而言，就是其人格；而相对于行为者的活动来说，则指其自由。

---

① 《马克思恩格斯全集》第 3 卷，北京：人民出版社 1960 年版，第 274 页。
② 《马克思恩格斯选集》第 1 卷，北京：人民出版社 1995 年版，第 81 页。
③ ［苏联］科恩：《自我论》，佟景韩译，北京：三联书店 1987 年版，第 47 页。

因此，实现个体主体性与自由性的有机统一，是塑造完善人格的根本要求，也实个体人格完善的重要表现。经验告诉我们，只有自觉能动的活动主体，才是自由的；失去了主体性、主体资格，也就失去了自由；同样，失去了自由，也就无所谓主体性或人格。如我们说奴隶社会的奴隶没有自由，是因为奴隶主限制、剥夺，甚至无视了奴隶的人格；而我们说某人的人格受到了侮辱，很大程度上是指其作为社会活动主体所应当具有的自由遭到了限制或剥夺。因此，自由就是行为主体在社会实践活动中表现出得一种自觉、能动、自主、自为的状态。它表明行为主体具有认识必然、支配必然，且自觉地进行创造性生产和生活的能力。恩格斯认为，这种自由应该具有三个向度，即"成为自己的社会结合的主人，从而也就成为自然界的主人，成为自身的主人——自由的人"①。而能够达到如此境界的人，一定是人格完善的人。

第四，平等性。尽管人格是个体的人格，但不同个体的人格之间却有着的同一性或平等性。这种平等性表现为：任何人的人格都是建立在人性基础之上的，都是从人类社会诸多社会关系中获得自身的规定性及做人的尊严与权利，因而都应当受到尊重。从这个意义上，我们说，任何人不论地位高低、财产多寡、相貌美丑、民族先进或落后，都应平等地拥有人格，其人格尊严都不应受到亵渎和侮辱。这种人格规定性就是西塞罗说的优越性，或康德所说的人性崇高性的鲜明体现。人格，虽然是人人平等拥有的一种人性规定性，但个体人格却不是与生俱来的，而是个体在后天实践活动中不断修养涵育生成的，如果个体在后天行为实践中不以人道待人，也会使人格因逐渐丧失人性基础而沦为兽性，最终为世人所不齿。

二、道德人格及其特征

道德人格问题是现代西方伦理思想史上许多思想家研究的重点问题。所谓道德人格，顾名思义，就是伦理学研究的人格。由于伦理学总是把个体人格与其社会道德关系或道德活动联系在一起，进而将人格分为善与恶、崇高与低俗、高尚和卑下等类型，并努力探求塑造高尚人格的方法与途径。因此，人们通常将伦理学这种从善恶分别的角度探究的人格，称为道德人格。那么，究竟

---

① 《马克思恩格斯选集》第3卷，北京：人民出版社1995年版，第760页。

什么是道德人格呢？

美国人格主义哲学家鲍恩认为道德人格是现实社会中，个体可能达到的最高的善，他说："道德化的人性或一种道德化社会中道德化人类个人……可能是最高的善。"① 我们认为，鲍恩所说的道德化的人性、道德化人类个人就是指道德人格。鲍恩认为，人类行动目的往往表现为两个方面：一是确保外在幸福与幸运；二是获得内在的价值与和平。真正的道德善是将两者有机统一起来。也就是说，人类只有在行动中，实现了外在善与内在善的有机统一，才能在人格与人格价值的统一的基础上，完成道德善，进而确立道德人格。鲍恩将道德人格的发展要素概括为三个方面：一是本能和激情的发展，为道德人格的形成奠定物质基础；二是理性和精神的发展，为道德人格的完善准备精神基础；三是正当的自由精神的发展，为道德人格的发展指明了方向。鲍恩提醒人们，人类在自由发展的道路上，不仅要充分发挥自由精神，而且要使之合理正当地实现，这样才能使人性的理想，即道德人格得到真正健康的发展。鲍恩认为，人是一个理想的存在，因而人不是既定的，而是不断发展变化的。人类理想通常包含两个方面的内容：一是应当成为什么；二是应当做什么。而人类所有的理想追求又可以用一个原则予以概括，即"逐渐成为你自己"。人性本身是复杂而多变的，因而人是一个逐步道德化的存在，个体道德人格的塑造是一个逐步发展完善的过程，因此，"我们只能逐渐成为我们自己"。在这一发展过程中，道德人格不仅是支撑一个人不断向理想迈进的动力，而且道德人格价值和人格尊严的实现决定着道德理想的最终发展方向。显然，在鲍恩看来，道德人格是人性的道德化，是人的尊严与价值的集中体现，是支撑个体不断实现道德理想的动力。

美国思想家布莱克曼则认为，人格统一是最终的，而人格冲突却是现实的。人格冲突首先表现为人格实然与人格应然的冲突。布莱克曼所说的人格应然意指人格的理想和规范，即道德人格。布莱克曼把人类价值生活的内容规定为应当、道德律、人格理想、实现理想的可能性、境况的知识等五个方面。其中，应当是指人类价值生活的理想取向；道德律是人类为实现价值理想目标而为自己设定的原则和规范；人格理想则是人类价值的最高理想形式，也是最高

---

① 万俊人：《现代西方伦理学史》（下卷），北京：北京大学出版社1992年版，第350页。

道德义务；实现理想的可能性则指人类在道德律的引导下所能实现的价值可能性；人类价值理想的实现取决于人类价值目标和道德秩序的建立，也在于人格自我的自由能力；还取决于人们对自身所处现实境况的认识。布莱克曼认为，由于人格既是价值的主体，也是道德的主体；既是自然的主人，也是信仰和理想的主人；人格理想又是人类价值的最高形式和最高道德义务，因此，对道德人格的尊重是人类首要的伦理原则。①

关于道德人格，国内学者的见解各自不同。例如，有学者认为，道德人格，即人的道德品质，相当于人的品格②；它是人们在道德生活中所表现出来的人格特征，包括道德心理倾向、个体品质、价值取向、行为方式等等，是道德自我的抽象表现。③ 罗国杰先生则认为，"道德人格，就是具体个人的个人的道德规定性，是个人的脾气习性与后天道德实践活动所形成的道德品质和道德情操的统一。"④ 也有学者认为，道德人格是理想化的人格。它是道德的人格化和人格的道德化的有机统一。道德人格在人格结构中有着恒常的道德思维、道德情操和道德习惯，具有超越一己而趋向社群和类的势能。它是一种成熟的人格，永无止境地追求完美，具有为人们所尊崇和承诺的魅力。⑤ 中国古人所说的"气象"、"风范"、"浩然之气"，如儒家的集仁、智、勇于一身的"圣人"，道家的"独与天地精神相往来"的"真人"，宋儒提出的"人欲净尽，天理流行""廓然大公"的"君子"，便是我国传统文化在不同历史时期追求的完美人格境界。确切地说，这种道德人格是道德理想人格，是一定社会道德原则和道德规范，在某一个体身上的完美实现；是道德的完美典范。

本书所意指的道德人格，不是上述观点中的道德理想人格。它是人性的道德化，或曰人性的道德规定性；是行为主体在长期的道德实践活动过程中，逐渐形成的稳定综合的心理状态和行为立场；是个体道德价值原则、道德价值取

---

① 万俊人：《现代西方伦理学史》（下卷），北京：北京大学出版社1992年版，第380—384页。
② 袁贵仁：《试论人格》，载《北京师范大学学报》，1993年5期。
③ 樊浩：《道德与自我》，长春：吉林教育出版社1994年版，第194页。
④ 罗国杰：《伦理学》，北京：人民出版社1989年版，第440页。
⑤ 肖雪慧等：《守望良知》，沈阳：辽宁人民出版社1998年版，第366—368页。

向和道德价值观念在思想和行为中的综合体现；是个体尊严、品德及价值的总和。① 道德人格作为个体人性道德化或人格道德性的鲜明体现，是人与动物相区别的重要表现之一。从本质上看，道德人格是反映个体社会属性的精神现象。道德人格不是先天的，是在社会实践中逐步形成的，是一定社会关系的产物，确切地说，是一定社会道德内化的产物。它不能超越时代的特点，总要带有特定的社会、时代和阶级烙印。道德人格从来不是抽象的，而是历史的、具体的。因此，马克思认为，"'特殊的人格'的本质不是人的胡子、血液、抽象的肉体的本性，而是人的社会特质"②。因此，我们说道德人格是个体社会化过程中，人的社会属性的反映，是人性的道德化。具体地说，道德人格是个体对社会道德价值关系、道德价值原则以及道德行为规范的认识和内化的基础上，形成的一种客观而真实的精神现象。社会道德是道德人格塑造的基本内容。"道德是在实践关系中给人们指引方向的价值总和。"③ 众所周知，道德之于个人的意义在于：为人们提供客观统一的道德价值标准、原则和行为规范，帮助人们确立起客观、科学、稳定的内在道德价值原则和道德价值观念。因此，道德人格的塑造必然以社会道德价值标准、价值原则和道德行为规范为主要内容，道德人格是个体社会道德属性的集中体现。

道德人格是支配和决定个体道德行为的内在根据。人类社会生活形式的多样化和道德实践领域的广泛性，决定了道德行为的多样性。而道德人格本身所具有同化、整合功能表明：塑造高尚的，且具有自我同一性的道德人格是个体实现道德实践活动秩序化的重要前提。行为主体道德行为的秩序化取决于道德人格的塑造；而道德人格本身所具有的相应道德行为模式，又体现着行为主体的善恶观念、道德价值取向、标准及行为原则，因此，我们认为，道德行为是道德人格的外在表征，道德人格则是道德行为的内在依据。一个具有完善道德人格的人，一定是一个能够自觉、能动地扬弃现存社会关系、道德体系的异己性、他律性，能够超越主体受动状态和社会奖惩机制，具有支配和调控自身思想、观念、情感和行为的稳定的道德价值原则和规范，具有强烈的道德责任

---

① 唐凯麟：《伦理学》，北京：高等教育出版社 2003 年版，第 182 页。
② 《马克思恩格斯全集》第 1 卷，北京：人民出版社 1956 年版，第 270 页。
③ 阿尔汉格尔斯基：《马克思主义伦理学》，北京：中国人民大学出版社 1989 年版，第 40—41 页。

感,且能矢志不渝地追求自身道德理想的人。

道德人格是个体比较稳定的内在精神组织系统。它一方面支配和决定着个体的道德行为;另一方面又通过个体的道德行为体现出来。其基本特征具体表现为如下几个方面:

一是意志自由性。意志自由是个体道德人格确立的必要条件和根本标志。关于意志的地位和作用,自孔子以来,我国古代许多思想家都曾给予积极的肯定。例如,子曰:"三军可夺帅,匹夫不可夺志。"① 孔子认为,任何人,不论社会地位如何,只要积极努力,都可以达到很高的理想境界。子曰:"为仁由己,而由人乎哉?"② 孟子认为志在人类实践生活中居于主导和统帅地位,他说:"夫志,气之帅也;气,体之充也。夫志至焉,气次焉。故曰:持其志,无暴其气。"③ 意思是说,气是充满全身的,志是气的统帅,对气有引导作用。先秦大儒荀子也曾给予意志自由充分的肯定,他说:"心者形之君也,而神明之主也,出令而无所受令,自禁也,自使也,自取也;自行也,自至也。故口可劫使墨云,形可劫而使屈伸,心不可劫而使易意。是之则受,非之则辞。故曰心容其择也,无禁必自见。"④ 在这里,荀子所强调的心对身的主宰和控制作用,实际就是指人的意志。他所说的"自禁"、"自使"、"自取"、"自行"、"自至",就是指人的意志自由。所谓"心容其择"也是说人心具有选择的能力,这种能力也是人意志自由的体现。德国思想家黑格尔说:"道德的意志是他人所不能过问的。"⑤ 的确,个体在道德实践活动中如果被剥夺了意志自由,我们就无法对其行为进行道德判断,所谓的道德责任和道德担当也就无从谈起,更不可能确立道德人格。因此,意志自由既是道德人格塑造的前提假设,也是道德人格完善的逻辑归宿。

二是自我同一性。道德人格的自我同一性是指行为主体在变化莫测的社会实践生活中,能够始终保持个体内在品格与外在行为的高度一致。其具体表现为:其一是对自我道德责任或道德义务的担当意识。道德行为主体意识到道德

---

① 《论语·子罕》。
② 《论语·颜渊》。
③ 《孟子·公孙丑上》。
④ 《荀子·解蔽》。
⑤ 黑格尔:《法哲学原理》,贺麟译,北京:商务印书馆1961年版,第111页。

人格是自身社会属性的精神表现，意识到自身承担的道德责任或道德义务，并主动将履行道德义务和承担道德责任视为自身不可推卸的责任。其二是对自我道德理想的心理认同。道德人格是个体对社会道德价值关系、道德价值原则以及道德行为规范的认识和内化的基础上，形成的一种反映行为主体品性与德性的客观而真实的精神现象，也是个体对自己确立的道德理想的自我认可和自我肯定。正如黑格尔所说，"他们自始至终就完全是他所愿望和要实现的那种人物。"总之，道德人格通过其自我同一性特征表明：道德人格内部各构成要素之间以及行为主体与外部环境之间不是彼此分离的，而是由行为主体协调统一成为的一个连续综合的道德整体。道德人格的自我同一性包括心理自我同一（自身发展的连续性和一致性）与心理社会同一（自我发展与社会环境变化相适应）两个方面。这种自我同一性往往通过行为主体对自我道德理想的不懈追求，对社会责任的自觉担当以及对多样化道德实践活动的自觉调控等形式表现出来。

三是整体综合性。所谓整体性是指道德人格是一个由道德认知、道德情感、道德意志、道德信念和道德行为组合而成的有机统一体。不具备或不完全具备这五种要素，就不能说他具有健全完善的道德人格。因此，从结构上看，道德人格包含有知、情、意、念、行等五中基本构成要素，是五种要素组成的有机整体。其中科学的道德认识是道德人格形成的基础，丰富的道德情感是道德人格的外在表现，顽强的道德意志是道德人格形成的关键，坚定的道德信念是道德人格确立的核心，稳定的道德行为则是道德人格的实现和最后完成。五者先后有序、相互作用、相辅相成共同构成健全的道德人格整体。这些要素对于健全的道德人格来说都是不可或缺的。我们不能说一个具有深刻道德认识而缺乏恰当道德情感的人具有完整的道德人格，也难以想象一个具有坚强道德意志而缺乏正确道德认识的人能做出高尚的道德行为，更不能说一个具有深刻道德认知、丰富道德情感而缺乏稳定道德行为习惯的人具有崇高的道德人格。道德人格的各构成要素各有其独特的功能和活动领域，正是它们各司其职、各尽其能，有机统一、协调互补，才生发了道德人格的内在力量。因此，健全的道德人格应该是道德主体的社会性与个体性、自我价值与社会价值、情感与意志、知与行的高度一致与统一。

三、道德人格与道德耻感

道德人格是人性的道德化。人的道德属性不是与生俱来的,而是在后天的社会关系以及长期的道德实践活动中形成的。如果从个体道德情感的层面分析,个体道德人格的形成,事实上就是个体在道德实践活动中的知荣明耻过程。也就是说,人们是在知荣明耻的过程中塑造道德人格,并成长为一个真正的人的。

黑格尔认为,自我意识是个体自我意识产生的前提或基础。他说:"人格开始于对自身——作为完全抽象的自我——具有自我意识的时候,在这种完全抽象的自我中一切具体限制性和价值都被否定了而成为无效。所以在人格中认识是以它本身为对象的认识,这种对象通过思维被提升为简单无限性,因而是与自己纯粹同一的对象。人格和民族如果没有达到这种对自己的纯粹思维和纯认识,就未具有人格。"① 黑格尔说:"人格的要义在于,我作为这个人,在一切方面(在内部任性、冲动和情欲方面,以及在直接外部的定在方面)都完全是被规定了的和有限的,毕竟我全然是纯自我关系;因此我是在有限性中知道自己是某种无限的、普遍的、自由的东西。"② 在黑格尔看来,人格作为意志的单一定在,就总是以个体、以"我"这个人作为"主体"、作为直接考察对象。人是在以自我为对象,在认识自我有限性的过程中,认识人的无限性、普遍性与自由。从黑格尔上述思想中,我们可以看出,人之所以不同于动物,之所以为人,且具有人格,就在于人有"自我意识",能够以自我或本身为认识对象;而且这种自我意识不是那种"按照自然意志及其仍然是外在的各种对立的自我意识",即对自我现象的认识,而是"以自身即抽象而且自由的自我",即对真实、自由自我,即"我是人"的意识。黑格尔认为,只有这个真实的"自由自我"才是人,一个人或民族如果不能达到对自身之真实"自由自我"的纯粹认识,就不具备人格。因此,有学者认为黑格尔所说的自我意识具有双重意义:即现象自我和真实自我。如果人们将自我意识仅仅局限于单一自我之现象,且不能从自我之单一存在中认识到自我是有限与无限的统一,

---

① [德]黑格尔:《法哲学原理》,北京:商务印书馆2009年版,第45页。
② 同上书,第47页。

不能建立起对自我的真实自由之规定性的纯粹认识，这种自我意识就是偶然的、现象的、不稳定的，因而不能称之为人或人格。只有那些能够通过自身之有限单一规定性达到对自我自由无限之规定性的纯粹认识，认识到自身之真实自由自我时，才具有人格，或曰才可称之为人。

耻感意识便是行为主体能够把握自身真实自由自我的精神现象。它不仅是人类对自身存在欠缺的自觉，也是人把握自己的存在本质，认识自身真实自由之自我的体现。人类就是在驱恶向善、趋荣避辱、知荣明耻的过程中，逐渐成长为一个真正的人。黑格尔说："人世间最高贵的事就是成为人"，"人既是高贵的同时又是完全低微的东西"。"他包含着无限的东西和完全有限的东西的统一、一定界限和完全无界限的统一。人的高贵之处就在于能保持这种矛盾，而这种矛盾是任何自然东西在自身中所没有的也是它所不能忍受的。"① 笔者以为，人的高贵之处不仅在于人能够保持这种矛盾，并成为无规定的普遍性与有规定的特殊性的统一体，而且在于人认识到自身之真实自由自我同时，还能够认识并突破自身存在的有限性、"低微性"，并努力超越这种有限和低微，而追求无限与普遍，进而达到自由。而这种努力超越有限和低微的实践冲动很大程度来自于人所特有的耻感意识，也正是从这个意义上，我们说，耻感意识是人类灵魂的天然罩衣，是人类崇高精神的天然向导，也是人类远离兽性、增进人性、完善人格所必须的精神存在。

耻感意识是个体道德人格塑造过程不可或缺的精神要素。它是促使个体追随崇高，走向完善的内在精神动力。众所周知，人在其现实性上总是无法摆脱欠缺、不足，甚至恶的纠缠。人类就是在不断挣脱、克服、超越欠缺、不足，乃至恶的过程中逐渐成人的。从这个意义上说，只有那些对自身欠缺具有自觉意识，且能够通过自身努力克服和超越这种欠缺和不足的人，才是真正的人，才具有人格。正如梁漱溟所说："本能生活，行乎其所不得不行，至乎其所不得不止，不须操心自不发生错误，高等动物间亦有错误，而难于自觉，亦不负责任。唯人类生活处处有待于心思作用，即随处皆可致误，错误一经自觉，恒不甘心。没有错误不足贵；错误非所贵；错误而不甘心于错误，可贵莫大

---

① ［德］黑格尔：《法哲学原理》，北京：商务印书馆2009年版，第48页。

焉!"① 的确，现实生活的人不可能不犯错误，没有不足、欠缺，人的可贵之处就在于：人具备对这些错误、欠缺、不足的反思觉知能力，也具有超越、弥补这些错误、欠缺、不足的内在潜能和实践冲动，最终驱恶向善。在人驱恶向善的过程中，知耻是不可或缺的环节，它是实现由恶向善转化的重要中介和内在机缘。因为，有耻就意味着人有过高尚生活的愿望，就有成为高尚人的可能。也许正是基于这样的原因，亚里士多德说，羞耻是高尚的发端；荷兰思想家斯宾诺莎说，知耻是一种圆满。

马克思认为，人的社会属性决定了人性是可变的。人性的可变性、可塑性决定了道德人格的可塑性。也就是说，道德人格是行为主体在长期的道德实践生活中逐渐形成的。个体道德人格的塑造过程，也是个体知荣明耻、驱恶向善的过程。在这一过程中悔恨作为道德耻感重要表现形式之一发挥了重要作用。

首先，悔恨对道德人格塑造具有反向推动力。悔恨是一种理性反思能力。通过这种反思，人们不仅让自己的已有存在获得新生，而且可以让自己的应然存在更加明晰。这是因为，悔恨的情感体验不仅可以使人坚定地从恶中走出，而且可以成为人们向往崇高，追随光荣的反向推动力。从某种意义上说，悔恨绝不像有些人所说的那样，只是精神累赘、自我欺骗，或对往事的徒劳干预。相反，它"是灵魂自我治愈的一种形式，甚至是重新恢复灵魂失去力量的唯一途径"。② 的确，面对以往的罪或恶，人类能够而且应该做的就是如何将这些既有的罪、恶转化为善意、善行；在这个转化过程中，悔恨这种理性反思精神是不可或缺的内在环节或中介。因此，舍勒说："悔恨行为事实上渗透到个体生命的过去之域，并有效地介入其中。它其实消除了道德上的无价值和有关行为的'恶'之价值特征，解除了由这种恶向一切方向扩散的罪过压力。"③ "悔恨不仅仅具有否定的谴责作用，它也具有肯定的解放性建构作用"。"悔恨以其眼泪回顾，但却欣喜而强烈地致力于未来、更新和从德性的死亡中解放出

---

① 梁漱溟：《中国文化要义》，上海：上海世纪出版集团2005年版，第112页。
② ［德］马克斯·舍勒：《舍勒选集》（上卷），刘小枫编，上海：上海三联书店1999年版，第679页。
③ 同上书，第684页。

来。"① 从这个意义上，我们说，悔恨既是个体成人过程中耻感意识觉醒的表征，也是道德人格塑造过程中抛弃克服既往耻事，追求崇高境界的反向精神动力。

其次，悔恨对道德人格塑造具有自我再生力。悔恨是一种自我否定精神。舍勒认为，这种精神使人"摆脱过去的生命之中的罪过和邪恶所具有的持续不断和源源而来的冲击力，摆脱懊恼之前牢不可破的效应关联，它始终从旧的罪过中繁衍出新的罪过，使新的罪过像雪崩一样急剧增长。不是被懊恼的罪过，而只是未曾懊恼的罪过对生命未来构成的决定性阻力。懊恼斩除了罪过赖以继续肆虐的要害。它将罪过的动机和行为以及罪过行为之根从个体的生命中心驱逐出去……正是由于懊恼行动，位格才不再受束缚，新的生命系列终于能够从这种位格的中心展露出来。所以，懊悔使人在德性上恢复青春。"② 意思是说，悔恨是人对自身既往思想或行为之欠缺的觉醒，它能够在行为主体身上生发一种向善驱恶的情感取向和实践冲动，让恶行耻事戛然而止！人类德性的青春可以在悔恨中重生。因此，舍勒说，悔恨"彻底消灭并根除作为罪行在人的灵魂中的后续作用和罪过，并以此断绝了新的罪过的无限繁衍"。"悔恨是德性世界的强大的自我再生力，它抗拒着德性世界的不断衰亡。"③ 因此，我们认为，悔恨在个体道德人格塑造过程中具有自我再生力。它不仅阻止了个体的既往恶行，恢复个体德性的青春，而且阻止了人类德性世界的衰亡，彰显了德性世界的光芒。

再次，悔恨是个体追随道德理想人格的精神动力。悔恨是一种心灵洗礼、灵魂重塑。悔恨是一种自责、自我否定，但又不是一种纯粹否定性的情感体验。否则，它就不能发挥其在个体人格塑造过程中的动力作用。因此，人应在痛苦自责中获得向善的力量和决心，从而使自己的心灵获得洗礼，灵魂得到重塑。也就是说，人只有在悔恨的经历中完成一次对生命本真意义的追问，才意味着悔恨真正成为了个体成人过程中有机组成部分。因此，舍勒说，悔恨"越是从某个具体行为带来的痛苦演变为那种彻底的'心灵悔恨'，它本身具

---

① [德]马克斯·舍勒：《舍勒选集》（上卷），刘小枫编，上海：上海三联书店1999年版，第698页。
② 同上书，第682—683页。
③ 同上书，第698页。

有的重生力量将由此再造一颗'新心'和一个'新人'。就此而言，悔恨具有真正的皈依的特征，它从获得新的向善的决心开始，通过更深刻的观念改变，最终发展到真正的观念转化——'重生'。"① "在悔恨行动中，在其连续的运动过程中，一种更高的理想主义的生存作为一种个体可能的生存出现在眼前：精神生命的层次有可能获得一种建立在聚集之上的提高，以致个体现在发现整个过去的自我状态不及现在。"② 也正是这种具有心灵洗礼、灵魂再塑的悔恨情感体验，使人能够不断趋荣避辱、抑恶扬善，逐渐成长成为一个真正的人，并向往和追随高尚的道德人格。

总之，人们是在悔恨中使恶行戛然而止，也是在悔恨中重获生命的意义。悔恨不仅是人类的知耻过程，同时也是人类的向善趋荣过程。人类正是在知荣明耻、驱恶向善的道德实践过程中，不断明晰耻感意识本身的深刻意义，及其理想在个体成人、做人以及道德人格塑造中所具有的基础性地位。

第五节 影响个体道德耻感发生的因素

个体道德耻感的发生是多种因素共同作用的结果，既有内在的因素，也有外在的因素。

一、内在因素

影响个体道德耻感产生和作用的内在因素，可以归结为如下三个方面：

（一）个体的智力发展水平

个体的智力发展水平是个体道德耻感产生的心理和智力条件，对于个体道德耻感发生具有重要影响和制约作用。行为主体没有较高的智力发展水平，就不可能产生较高层次的道德需要，也就无法萌生道德耻感。道德耻感是个体以一定道德认知和观念为坐标，对自身或他人的不当思想、动机、行为，进行道

---

① ［德］马克斯·舍勒：《舍勒选集》（上卷），刘小枫编，上海：上海三联书店1999年版，第690页。

② 同上书，第689页。

德判断、选择和评价过程中产生的一种道德情感。个体的道德认知、判断、推理和评价能力与其智力发展水平有着必然的直接的关联性。例如,皮亚杰在对儿童进行守恒实验中发现:如果幼儿不能区分出装在不同形状瓶子中的同一杯水是相等的,那么他的认识能力就是一维的平面的,这种认识能力决定了他不能通过道德判断、推理的形式践履道德,而只能接受来自于父母或权威单方面的道德强制。如果幼儿不能对心理的和物理的东西作出明确区分,他们在道德上也就无法认识何为动机,何谓效果,他们的道德行为也就只能处于自发的水平。因此,我们认为,处于这一智力发展阶段的幼儿,即使在某些个别的情况下,由于自己的违规行为萌生了羞耻心理体验,也只是由于惧怕外在权威的责备和惩罚而萌生一种道德焦虑,而根本不可能产生高级的自律型道德耻感。

个体的智力发展水平虽然能够影响和制约个体自身道德情感的产生,但它决不是影响个体道德耻感发生的决定性因素。这是因为人类的道德思维虽然与人类逻辑思维具有相通性,而且以人类的逻辑思维能力为基础,但它"并非逻辑关系在道德情境中的简单运用",道德思维作为人类有组织的心理活动形式之一,有自己特有的思维结构特质。正如科尔伯格所说:"道德阶段和逻辑阶段在结构上是类似的,但二者是不同的。"①

(二) 个体的心理因素

心理因素对人的道德实践活动有着重要影响,因此也必然地影响着在道德实践过程中产生的道德情感的形成与发展。人的心理是一个由多种因素构成的十分复杂的结构系统,我们在分析道德耻感的心理因素时,仅选取对道德耻感产生重要影响的若干心理因素予以剖析。

首先,个体移情。"移情"这一概念,源出于希腊词"pathos",意指深刻、强烈的痛苦情感。1909 年由铁坎纳(Tetchier)译为英文"empathy",意思是能够用心灵去感受他人情感的情感。类似于同情、感情移入、情感共鸣等情绪体验。由于不同学科学者的研究视角、研究需要不同,因而对移情的概念界定也就各不相同。美学学者认为,移情是人的感情外射表现。在艺术思维和

---

① L. Kohlberg, Continuities and Dis Continuities in Childhood and Adult Moral Development, Revisitied In Baltes& Schaie (Eds.), life - Span Development Psychology: Research and Theory, New York, Acdemic Press, 1973, p. 12, 13 - 14.

审美活动中，人们常常把原本属于人所特有的知、情、意赋予外在的客观事物或审美对象，使那些原本没有情感和知觉的事物，在人的情感作用下，也仿佛具备了人的特性。表现出一种物中有我，我中有物，物我同一、物我融合的现象，美学称这种现象为移情。这种移情现象，在文艺作品中时常见到，如"登山情满于山，看海意溢于海"，"徘徊枝上月，空度可怜宵"，"泪眼向花花不语，乱红飞过秋千去"等等。心理学者则认为，移情是"通过对情绪气氛的渲染和交流，自身产生与他人的感情相近的感情体验"①。如果仅从事物本质属性的层面来界定移情，可以将其概括为三种具有代表性的观点：其一，移情是一种能力，即体验到与他人相同的情感的能力或从他人的视角看待世界和自身行为的能力；其二，移情是一种反应，是一种由他人的心理状态或所处情境引起的，并与他人的心理状态和所处情境相符合的情绪反应。其三，移情是一种反应人际关系特征的情感表征。② 美国心理学家霍夫曼指出，"一个人的感受达到了与他人的感受相匹配的程度，就可以说一个人产生了移情。……移情反应的关键要求是心理过程的参与使一个人所产生的感受与另一人的情景更加一致，而不是与他自己的情景更加一致。"因此，霍夫曼认为，移情就是"被共鸣引起的感情反应"。③ 可见，霍夫曼既把移情视为一种情感反应，一种在人际交往中产生的对他人感受、思想、意图的觉知、认同和共鸣，也视移情为个体将自己置身于他人情感反应的情境之中，通过知觉、联想、想象、摹仿、角色充任、条件反射等方式，体察他人在当时情景中的情绪状态的能力。而且，霍夫曼认为，要想唤起和激发这种移情情感，必须发挥个体的语言能力、情绪反应和体验能力以及个体对事物进行设身处地思考及反思的能力，这必然在某种程度上给移情涂上道德色彩，使其具有道德意义，即产生所谓道德移情。

霍夫曼认为，移情与人们的亲社会行为呈现出鲜明的正相关特征，即移情水平高的人与移情水平低的人相比较，会表现和实施出更多的亲社会的动机和行为。移情是人们利他行为和亲社会行为实现的重要心理手段，它在激发行为

---

① 孟昭兰：《人类情绪》上海：上海人民出版社1989年版，第395页。
② 周晖、朱桂林：《自恋与移情及亲社会行为》，载《考试周刊》，2008年35期。
③ [美] 马丁·霍夫曼：《移情与道德发展》，杨韶刚等译，哈尔滨：黑龙江人民出版社2003年版。

主体确立亲社会的动机和实现亲社会的行为中发挥着重要作用。移情的道德功能是不容忽视的。首先，移情可以通过激活人们头脑中潜在的道德原则而影响个体的道德判断。当他人的合法利益受到侵犯时，移情可以促使个体产生愤怒或不公正的情绪体验；当看到他人身心遭受痛苦和伤害时，移情会使个体萌生同情怜悯之情，并因自己不能尽己所能为其提供帮助而感到内疚和自责。所有这些情感的产生都源于个体的移情反应激活了潜存于其内心深处的、为其认同和接纳的道德原则。因此，移情是个体最终形成道德判断的心理前提。其次，移情可以提高个体道德行为实现的可能性。移情水平较高的个体，其道德敏感性也较强，因而在道德行为过程中，就会表现出较高的观点采撷能力和角色承担能力。这些能力是个体作出正确道德选择的心理基础，是个体道德动机转化为道德行为的必要前提；其三，移情可以影响个体道德情感反应的倾向和指向。移情水平高的人，其道德情感的反应易于受自身内部因素影响，使其在道德行为过程中，表现出更强的自我调节能力，由此而催生的道德情感也就更具自律性。霍夫曼认为，内疚感是个体意识到自己的行为实际地伤害了他人的一种负性情感体验。个体内疚时常产生于自己不道德的或自私的行为之中。内疚感一旦被唤起，就会成为个体采取补偿自身不当思想行为的动机力量，并产生帮助受害者的行为意向。因此，内疚和移情密切关联。内疚感是个体在对受害者的遭遇产生移情反应的基础上产生的。霍夫曼认为，内疚是对他人痛苦的移情反应和引起这一痛苦反应原因的觉知相结合的产物，即移情性内疚。这种内疚体验可以使行为主体意识到他人痛苦的原因，并努力避免自己做出违规或伤害性行为，或者在自己违规行为已经发生，且不可挽回的情况下，尽力向受害者实施某种补偿性行为，以期降低伤害的程度，缓解自身的内疚痛苦；移情内疚还可以促使行为主体产生关注或关心他人利益，或改变自己的行为以满足他人的需要和愿望的心理倾向。可见，个体移情水平的高低是直接影响个体道德耻感产生的重要因素。行为主体的移情水平越高，就越易于感受他人的情绪反应情景，越易于与他人的情感反应态度发生共鸣，也越容易意识到自己的违规思想行为给他人带来的伤害和痛苦；同时，也会对他人、社会对自身思想行为所给予的否定性评价产生强烈的否定性情绪感应，其羞耻、内疚感受也就越深刻。从这个意义上，我们可以说，个体移情水平的高低是衡量个体道德耻感强弱的一个重要指标，它是影响道德个体耻感产生的重要心理因素。

其次,个体归因。归因和归因理论是现代社会心理学中被广泛运用的重要概念和原理。所谓归因,是人们对自己的行为原因进行解释、理解和推测的过程。归因理论则是研究人们怎样从主观上把自己的行为表现或行为结果与其内在或外在属性客观逻辑地联系起来的原理。归因理论研究始于20世纪50年代,具有代表性的有海德的"恒常原则说",凯利的"三维归因"理论和维纳的"三维结构"理论。

海德认为决定人们在人际交往活动中施行何种行为的原因有两种:一是来自于外界的力量(如环境、运气、任务的难度等),称为情境归因;二是来自于行为主体自身的内部特征(如性格、动机、情绪、态度、能力、意志等),称为个人倾向归因。因此,人们在解释或推测某种行为结果或表现的产生原因时,总是从个体的内在或外在因素中寻找出与某个行为结果有着密切依存关系的某种特殊原因,如果这个原因总是引发这样的结果,就意味着两者之间存在因果关系。人们把海德的这种归因理论称为"恒常原则"理论。

1967年凯利提出了他的"三维归因"理论。他认为,导致个体行为表现或结果的原理非常复杂,因此必须从不同的角度和范围来推断个体行为原因。归纳起来说,可以把个体行为归因概括为三个方面:行为主体自身、外界客观刺激物和行为主体所处的情景或关系。凯利从三个纬度将上述三个不同的原因源进行了不同性质的类别区分,即区别性信息、一致性信息和一贯性信息。区别性信息反应了行为主体对待不同刺激物时,其行为表现是否有差别;一致性信息反应周围其他人的行为表现是否与行为者的行为表现一致;一贯性信息反应行为者的某种行为表现是一贯的,还是偶然的。以某学生A缺乏对自己的不当思想行为的耻感意识为例。依据凯利的归因理论,如果区别性低,则表示A不仅不以触犯学校的规章制度的行为为耻,而且他在其他公共场合对自己违规行为的耻感意识也很淡薄;如果一致性低,则表示A的耻感意识缺乏,而其他同学的耻感意识却很强;如果一贯性高,则表示A的耻感意识一贯淡薄。通过上述信息我们可以判定A的耻感意识缺乏是个人品性不佳所致。如果区别性高,则表示A只是在学校某些场合表现出耻感意识缺乏的情形,而在其他公共场所的责任意识、荣耻感却很强;如果一致性高,则表示在学校同样的场合下其他同学的耻感意识也很淡漠;如果一贯性低,则表示A过去极少出现耻感意识淡薄的现象。由此可以推断,A在学校某些场合的表现是偶然的,极可能是学校的某些规定不合理、不公正造成的。凯利的归因理论告诉我们，在对人们的行为进行认知和判断过程中，如果能够以多个角度和不同范围的信息和线索为依据，可以增强行为归因的科学性和可信度。凯利的归因理论为我们进一步增强道德教育的实效性，培育和保护人们的道德耻感美德提供了一个新的研究视野。

20 世纪 70 年代韦纳在总结前人归因理论的基础上，提出了自己的成就归因理论。韦纳认为个体在归因过程中遵循的基本原则是寻求理解和寻找事件的原因，因此可以从成功到失败的方向考察任何人的行为表现和行为结果。韦纳认为，影响人们成就归因的基本因素包括：能力、努力、任务难度、运气、身体状况、心境和他人反应等。韦纳认为这些因素是人们分析行为成功或失败原因时形成的普遍认识。为了进一步区分各个原因的性质、地位及其相互关系，维纳又将这些因素纳入了原因源、稳定性和可控性"三维结构"。根据原因源的性质不同可划分为：内部原因和外部原因；根据原因持续时间的长短可划分为：稳定性原因和不稳定性原因；根据原因是否能够被控制可区分为可控性原因和不可控性原因。按照这种划分方法，能力是内部的、稳定的、不可控性的因素；努力是内部的、不稳定的、可控性的因素；任务难度是外部的、稳定因素、不可控性；运气是外部的、不稳定因素、不可控性因素；身体状况或心境是内部的、不稳定的、可控性因素；他人反应是外部的、不稳定的、不可控性因素。人们对自己成功或失败的行为结果进行两个纬度不同类别的归因，会使人们产生不同的情绪或情感反应和期望水平，进而影响人们的成就动机，导致人们行为的变化。社会认知学派代表人班杜拉也曾表示，不同的归因判断会引起不同的自我评价反应，他说："当人们把自己的成功归因于能力和努力时，他最有可能对自己的成就感到自豪。但是，如果把自己的成就看成更多地依赖于外部因素，他对自己就不会很满意。"① 因此，个体不同的归因判断或归因特点也必然会对个体道德耻感的形成产生重要影响。有些心理学者也借用韦纳的成就动机归因理论对人们羞耻感的产生进行归因分析。他们认为，相对于不易产生羞耻情感的人，易羞耻者往往把失败或不当行为归因于内部的、稳定

---

① ［美］班杜拉：《思想与社会行动的社会基础》，林颖、王小明等译，上海：华东师范大学出版社 2001 年版，第 493 页。

的、不可控的。也就是说，当人们把失败或不当行为结果进行内部的、稳定的、不可控性归因时，通常会产生羞耻体验。具体地说，当个体在道德实践行为中出现违反道德原则和伦理规范要求的思想和行为时，如果将这种思想和行为产生归因于自身能力缺陷、努力不够或者自己性格或道德品性的不足时，就会产生对自我整体价值的否定性评价，进而产生强烈的道德耻感。对于心理学者而言，这种过度的羞耻感受会导致心理疾病，缓解过度耻感患者的有效方法就是改变其归因模式。而对于道德教育工作者而言，帮助学生确立适当的归因模式，培养和保护学生健康积极的道德情感，引导和激发学生的道德耻感，对于促使学生认识和发现自身道德品性中的缺点和不足，并及时采取行动予以克服和弥补，是十分必要的。

第三，个体个性。个体指存在于族类之中的个别主体。马克思说："特定的个体不过是一个特定的类存在物。"① 就是说，作为类存在物的个体本身，既具有其所属族类普遍的东西，也有其自身特有的东西，否则就不能组成类，也无法体现作为类存在物的个体之间的差异。个性是作为类存在物的个体具有的特有属性，它是个体在长期实践活动中逐渐形成的一种表征其心理和精神面貌的稳定的心理特征的总和。任何个体的个性都是一定社会关系的反映。个体与个性互相依存、相辅相成，没有无个体的个性，也没有无个性的个体。在社会生活中，个体以自身所特有的个性使自己与其所属族类相区别，不同的个体又都以自己个性中的独特性将自己与他人区分开来。从这个意义上说，世界上没有完全相同的两个人。人的个性与其思想行为的特点密切相关。个性特征不同的个体，也会表现出截然不同的思想行为倾向。个性特征必然会在人们的思想行为过程中留下明显的印迹。"无论是自我意识、审美意识、道德意识，还是动机、情感、兴趣，都与个性有不可分割的联系，都具有强烈的个性特征"，即"主体的一切精神活动都体现着个性"。② 康德曾经把个性作为人的思想方式来谈论，并把个性而与人的尊严和价值联系起来，将个性视为人的内在价值的最高限度。他说："模仿者是没有个性的，个性恰好在于思想方式的独

---

① 马克思：《1844年经济学哲学手稿》，北京：人民出版社1979年版，第76页。
② 周文彰：《狡黠的心灵——主体认识图示概论》，中国人民大学出版社1991年版，第102页。

创性，它的行为举止汲取的是由它自己所开辟的源泉。"①"由于具有个性是能够要求有理性的人的最低限度，但同时又是一个人的内在价值（人的尊严）的最高限度，所以做一个有原则的人（即具有一个确定的个性），这对于最普通的人类理性都是必定可能的，因而从等级上说必然比最大的才能还要高。"②可见，个性在人的思想和行为中具有重要作用，个性不同，个体活动的特点也就不同，个体的认知反映和情感体验也会迥异。也就是说，个性同样会给人们的道德情感活动涂上鲜明的个性特征。因此，分析影响道德耻感形成的内在因素，不能忽视对个体个性特征的考察。在个体的诸多个性品质中，气质和性格是两个最重要、最核心的因素。

A. 气质

气质是人们心理活动动态性的反映，它具体表现在人们心理活动的强度、速度和灵活性等诸多方面。个体的气质结构一般由两方面组成：一方面是个体心理活动的速度、节律、强度、可塑性、持久性、稳定性和耐受性等；另一方面是情绪的兴奋性、倾向性等个体气质的情绪表现。③ 现代心理学常常把人们感受的敏感性、反应的敏捷性、情绪的兴奋性、行为的可塑性和心理过程的倾向性等心理特性作为构成气质类型的基本特征。这些特征的不同组合构成了不同的气质类型：多血质、胆汁质、粘液质、抑郁质。这些气质类型本身没有好坏之分，都可能在各自不同的条件下，表现出其积极或消极意义。个体的气质差异往往在人一出生时就表现出来，因此人们普遍认为，气质具有先天遗传性特质，它是个体个性形成的自然和生理基础，也是个体个性的重要组成部分。气质本身对个体事业的成功、道德的优劣也没有决定作用，气质不同的人可能取得同样的社会成就，作出同样的社会贡献，气质相同的人则有可能会表现出截然不同的创造才能或道德境界。

现实生活中，我们常常看到，不同个性、不同气质类型的艺术家面对同样的生活内容会以各自不同的观察角度、思考方法、言说方式和情绪体验，形成各自不同的艺术特色；不同个性、不同气质的人，面对同样的道德现象，也往

---

① 康德：《实用人类学》，邓晓芒译，上海：上海人民出版社、世纪出版集团，2005年版，第218页。

② 同上书，第221—222页。

③ 刘金平：《个性结构的系统分析》，载《心理学探析》，1988年第4期。

往持截然不同的态度和应对方法。美国哲学家威廉·詹姆士曾指出,在哲学史上,柏拉图、洛克、黑格尔、斯宾塞都属于有特殊气质和重要特性的思想家,"他们在哲学上留下了他们的特征和形象的烙印。"① 哲学创作和艺术创作一样,作为创作主体的人,也是一个有情感、个性和本能反应的个体,他必然会在自己所研究和创作的对象中反映和表现自己。詹姆士说:"所有伟大哲学家写的书,都是文如其人的。"② 也就是说,哲学家的个性、气质能够决定或影响哲学家创作风格,哲学的发生与其创始人的个性、心理、气质有着密切关系。人类哲学史上也的确不断出现这方面的个案,例如给人以皓若星空的敬畏感的康德哲学,或许与康德将自己孤独抑郁的个人气质融入其哲学创作之中有着密切关联。就连康德自己也认为,只有具有抑郁个性和气质的人,才具有深沉的人类尊严感和深邃的人类理性精神。循着这样一个理论轨迹,我们以为,个体的道德耻感的产生或许也与人们的个性、气质有着密切的关系。这是因为不同气质特征的人,会表现出不同的行为特征,这或多或少地会影响到个体的道德认识活动和道德情感体验。比如,多血质和胆汁质的人情绪兴奋性和主动性较强,好冲动,因而容易接受他人道德观念或外界道德环境的影响,心理学称之谓场依存性者;粘液质和抑郁质的人反应性和主动性较低,情绪也相对平和,甚至抑郁,因而在接受方式上表现得较为沉稳,不会轻易受到他人的观念和外界环境的影响,心理学称之为场独立者。"场"即外界环境。由于场依存者独立性弱,容易受到外界因素的影响,对外界环境具有依赖性,在社会交往活动中表现出对他人反应的更多关注,并总是努力使自己顺应社会环境的需要。一旦个体在道德实践过程中出现违规思想行为,场依存性个体相对于场独立者而言,会更加在意社会或他人的评价,更易于把消极的评价归因于自我,而不是事件本身,因而更容易萌生道德耻感。因此,个体先天气质的差异,也是影响道德耻感产生的重要因素。道德耻感所具有的这一鲜明个性特征决定了我们在道德教育过程中,特别是耻感教育中,也应该考虑受教育者的气质差异。

B. 性格

性格一词最早来自于希腊文,意思是指"记号"、"标志"、"属性"、"特

---

① 威廉·詹姆士:《实用主义》,陈羽纶、孙瑞禾译,北京:商务印书馆1983年版,第7页。
② 同上书,第21页。

征"。后来又被引申为事物的特性，且被用来标示人物的特性。在心理学上，性格被认为是个性心理特征中的重要方面，是个性中最本质、最核心的部分，它是个体在其现实的稳定态度和习惯性的行为方式中表现出来的较为稳定的心理特征。[①] 性格和气质都是在社会生活实践中逐渐形成的个性心理特征，两者既相互区别，又相互渗透、彼此制约。从一定意义上说，个体气质的某些特点与生俱来，具有先天遗传性；而性格则主要是个体的社会特征体现，个体性格的每一个特征都受其由社会关系所决定的现实的稳固态度的制约。有些心理学家往往把气质视为性格的组成部分或个体性格形成的生理基础，认为气质影响着个体性格的动态方面，能为同样性格特点的个体增添不同的个性特征。同样具有勤劳性格特征的人，气质不同，各自外在的表现也不相同。多血质的人在工作中可能会表现为精力充沛，精神饱满、斗志昂扬，而粘液质的人则可能会表现为踏实稳健、细心谨慎、一丝不苟。性格也会在一定程度上对个体的气质特征有着掩盖、塑造和完善的作用。从事精细诊断和细致操作的外科大夫应该培养胆大心细、冷静沉着的性格特征，在养成这种性格的过程中就可能使胆汁质的个体的冲动、易怒、不可遏止的气质特征以及抑郁质个体的胆小畏缩的气质特征得到抑制或改造。因此，在良好的教育氛围和科学的教育方法引导下，任何气质类型的人都可能养成良好积极的性格特征。

个体的性格结构是复杂的，心理学家们往往依据不同的标准将其划分为各种不同的类型。例如英国心理学家培因和法国心理学家李波提出，按照理智、情绪、意志三种心理机能在性格结构中何者占据的优势，将人的性格类型划分为理智型、情绪性和意志型三种类型，其中理智型个体通常以理智来衡量和支配自己的行动；情绪型个体的言行则往往受情绪所左右；意志型个体的行为则主动性强，行动的目的明确，较少盲目性。精神分析学家荣格则依据人的"力比多"活动的指向，把人的性格分为外向型和内向型两类。具有外向型性格的人善交际，开朗、活泼，对外部事物表现出更多的关心和兴趣；而内向型性格的人一般遇事冷静，反应比较迟缓，环境适应能力较差，不善交际。荣格在研究中发现，现实生活中的人们多数是外向与内向型的混合体。还有心理学家依据个体独立性将个体性格划分为：独立型和顺从型。独立型的人善于独立

---

① 吴万森、姚清如编著：《普通心理学》，哈尔滨：黑龙江教育出版社1986年版，第527页。

思考并解决问题，不易受外界因素的影响，遇事沉着冷静；顺从型的人的独立性差、容易受外界因素的干扰，紧急情况下容易惊慌失措。不同性格类型的个体在面对自身或他人的违规思想和行为时，其情感体验必然存在着明显差异。理智型和意志型性格的人一旦萌生了道德耻感要比情绪型性格特征的人强烈且深刻。相对于独立型性格的个体而言，具有顺从型性格特征的人因独立性差，易受外界的干扰和影响可能更在意他人和社会的评价，更容易指向自我的消极评价，并产生羞耻体验。而具有独立型性格特征的人一旦产生耻感，其愧疚体验则比顺从型者深刻强烈得多。

苏联心理学家彼得罗夫斯基认为，人的性格是一个由多种性格特征组合在一起的复杂结构，这些个别的性格特征相互依存、相互联系，形成一个完整的、有组织的复合体，即人的性格结构或人的性格特征系统。个体的性格特征系统不是由个体一种态度决定的，而是取决于个体的各种不同的态度。因此人们往往可以通过了解某个人的一种或几种性格特征，就可以推知其其余的未知的性格特征。例如，从某人谦虚谨慎、乐于助人的品格中，可以推断出他可能是一个责任感很强的人。彼得罗夫斯基认为，人的性格特征系统是由人对待他人、集体、社会的态度特征、对待劳动的态度特征、对待周围事物的态度特征，以及对待个体本人的态度特征组成，各种态度特征之间是相互联系、相互影响的。例如，个体对待劳动、周围事物的态度，包括其对待本人的态度主要取决于他对他人和集体的态度。因此在由人的不同态度所决定的个体的性格特征系统中必然包括主要的核心态度及其派生的各种态度。而个体性格特征系统中的主要核心的态度是由社会关系所决定的，也就是说是由个体对待他人、集体或社会的态度所决定的。因此人的社会型核心态度就是个体性格结构的基础。① 从彼得罗夫斯基的性格结构规律中，我们或许可以获得一些关于性格与个体道德耻感形成的关系。如果我们不在培养个体对待他人、集体以及社会的正确态度的过程中，逐渐激发和培养人们的道德耻感品性，而只是简单向受教育者提出并向其灌输识耻、知耻、拒耻，且积极与无耻违规行为作斗争，养成知耻尚荣的良好品质之道德要求，并奢望人们能够在这种倡导和期望的引领下

---

① 彼得罗夫斯基：《普通心理学》，朱启智等译，北京：北京人民出版社1980年版，第470—473页。

积极地行动,那几乎是不可能的。个体的任何道德情感的生成,包括道德耻感,是与其在社会生活中形成的对待社会、他人、集体,乃至个人的态度有着密切的关系。因此,个体养成健康积极的道德耻感,应该从改善自身对待社会、集体、他人和自我的态度入手,帮助人们树立对待社会、集体、他人以及自我的正确态度。

第四,个体自我意识

如果说前文中关于自我意识的陈述侧重于哲学层面的话,那么,此时所述及自我意识则侧重于心理学层面。

黑格尔认为自我意识包含两种含义:即普遍的自我意识(普遍的群体意识)和个体自我意识。我们这里谈的是个体自我意识,即一个人对自己的意识。美国社会心理学家米德说:"心灵与自我本质上是社会产物,是人类经验的社会方面的产物或者现象。"[①] 也就是说,个体的自我意识不是先天固有的,它是个体在与客观社会生活环境的相互影响、相互作用的过程中逐步形成和发展起来的。心理学上往往把自我意识的原初状态称为生理自我,它产生于婴儿出生后8个月到3岁左右,此时的儿童已经能够意识到自我的存在,但他们的自我只是身体或躯体自我,心理上也开出现羞耻心、疑虑感和嫉妒心等心理体验,第一人称"我"的使用频率明显增多。从3岁到青春期,是个体学习社会角色和接受社会文化影响最深的时期,个体在家庭、学校、社会教育的影响下,社会角色意识日趋增强,责任感、义务感、规范意识等个人品质也逐渐发展起来,心理学者将这个时期称为社会自我的形成时期。从青春发动期到青年后期的大约十年,个体的性意识觉醒、感受的敏感性增强、抽象思维、逻辑思维和想象力大大提高,自我观念、自我意识趋于成熟,进入心理自我的发展时期。此时,个体开始从自己的内心世界,以自我的观点去考察、理解、认识和考量各种心理现象和社会现象。[②] 从个体自我意识的形成发展过程中可以看出,个体自我意识是一个多纬度、多层次的复杂的心理系统。从其发展阶段、发展内容进行划分,它包括生理自我、社会自我和心理自我三个阶段。也有心

[①] [美]乔治·赫伯特·米德:《心灵、自我与社会》,霍桂恒译,北京:华夏出版社1998年版,第2页。

[②] 黄希庭、徐凤姝:《大学生心理学》,上海:上海人民出版社1988年版,第164—165页。

理学者以个体心理自我时期形成的自我观念为标准,将自我意识划分为现实自我、投射自我和理想自我。现实自我是个体对自我现实实际状况的看法;投射自我是个体想象中他人对自我的看法;理想自我是个体自身想要达到的理想、完善的境界。我们认为,个体道德耻感的发生也离不开自我意识心理机制的推动,因而不可避免地会受到个体自我意识水平的制约。首先,自我关注意识是个体自我意识的重要表现形式,也是个体道德耻感产生的重要前提。一个人没有自我关注意识,就不会产生羞耻感,当然更不会生成道德耻感。心理学研究表明,动物没有自我观念,不懂得"我"与他物的区别,因而不会产生羞耻感。德国思想家舍勒也曾经指出:"动物的许多感觉与人类相同……但迄今为止所有的观察都证明,它似乎缺乏害羞和对羞感的特定表达。"[①] 人在无自我意识的婴儿阶段,也不会有羞耻感的产生。只是到了人的社会自我形成的初期,即儿童能够意识到我的存在,能够将注意力集中自我身上时,才会产生羞感体验,但此时的害羞表现,还不能称为道德耻感。只有儿童进入了社会自我阶段,其社会责任感、义务感和社会角色意识逐步形成和发展起来,才可能对自己的违规思想和行为产生一种"他律"性质的道德耻感。因为对于处于社会自我时期的儿童来说,社会道德原则和伦理规范只是一种迫于外在权威(父母、老师、长辈等)震慑的外在于己的行为规约。儿童进入心理自我时期后,由于他们的逻辑思维、抽象思维以及想象能力的提高,促进了自我意识,尤其是道德自我意识的成熟,外在的道德原则和行为规约也在逐步内化为个体内在道德信念。这时个体开始以自我内化的道德标准、道德观念去理解、认识和评价自身或他人的道德行为,面对自身的违规思想和行为,其萌生的道德耻感比处于社会自我时期的儿童要强烈深刻得多,而且具有明显的自律性质。处于心理自我时期个体自尊水平的高低、感受的强弱也与个体道德耻感的生成密切相关。自尊心强的个体对自身投射我、理想我的期望值高,倾向于获得更高的自我评价和社会评价,因此一旦发生违规的思想和行为,就能够敏感地体会到投射我与现实我以及理想我和现实我之间的差距,对于他人、社会,乃至自我指向自身的消极评价的感受也会更敏感,

---

[①] [德] 马克斯·舍勒:《价值的颠覆》,刘小枫编,罗悌伦等译,北京:三联书店1997年版,第251页。

其羞耻体验和感受也会更加强烈和深刻。从这个意义上说，道德耻感就是在道德实践活动中，个体对自身实存与投射我、理想我之间的差距和距离的自觉，这种自觉植根于个体自我意识的成熟。个体自我意识的相对成熟是道德耻感的形成和发展的重要条件，没有自我意识特别是道德自我意识的成熟与发展，任何个体不可能自行产生积极的道德耻感体验和道德耻感意识，更不可能使道德耻感由他律走向自律。

二、外在因素

道德耻感的形成和发展，既受着内在的主观心理因素的制约，又受着社会经济因素、政治因素、文化因素等外部环境的影响。

（一）物质基础

马克思主义认为，道德是反映一定社会经济关系的特殊的社会意识形态。道德耻感作为一种特殊的道德构成要素，也以自身所特有的方式反映着某种社会经济关系和利益关系，表现出其自身对物质基础的依赖性。人类产生和发展的历史表明，人类的道德需要是从人类的物质需要中演化而来的，是人类物质需要得到相对满足后的结果。道德耻感也是人类在实现和满足道德需要过程中表现出来的一种特殊情感体验，它的产生，也必然是建立在一定的物质基础之上的，没有一定的物质生活基础作保障，人类的道德耻感就会逐渐淡薄甚至丧失。美国的心理学家马斯洛曾经把人的需要划分为五个基本层次，即生理需要、安全需要、社交需要、尊重需要和自我实现的需要。他把这五种需要看成一种阶梯式的逐层发展的关系，如果最基本的、最低阶层的需要得不到满足，更高一层的需要欲望就不会迫切；只有低层需要得到满足了，相对更高一层需要才可能变得迫切起来。这说明，任何一种高级需要的产生与满足都是建立在物质需要的基础上的，物质需要是人类一切需要产生的基础。费尔巴哈也认为，提高人们的物质生活水平，是改善人们道德水平的必要条件，没有一定的物质基础作保障，人们的德行难以维持。他说："如果没有条件取得幸福，那就缺乏条件维持德行。德行和身体一样需要饮食、衣服、阳光、空气和居住。……如果缺乏生活的必需品，那么也就缺乏道德上的必要性。生活的基础也是道德的基础，如果由于饥饿、由于贫穷，你腹内空空，那么在你的头脑中，在你的心中或在你的感觉中，就不会有道德的基础和资料。"① 我国古代儒家思想的代表孟子说："若民，则无恒产，因无恒心。苟无恒心，放辟邪侈，无不为已。……是故明君制民之产，必使仰足以事父母，俯足以畜妻子，乐岁终身饱，凶年免于死亡，然后驱而之善，故民从之也轻。"② 战国时期管子也曾提出："仓廪实而知礼节，衣食足而知荣辱。"由此可见，古今中外不同时期的思想家们都不约而同地认识到了物质需要的满足对于人们德性的养成和荣辱观念的确立所具有的基础性意义。

(二) 社会风俗

社会风气，也称社会风俗，是人们在自然、社会、经济、政治、文化、道德等环境的长期影响和习染下，逐渐形成的一种具有普遍性、规约性、继承性的社会精神氛围。它是一定历史时期社会整体道德价值取向、行为方式、思维模式、生活习惯，乃至社会普遍道德需要的反映。黑格尔说："我必须配合着别人而行动，普遍性的形式就是由此而来的。我既从别人那里取得满足的手段，我就得接受别人的意见，而同时我也不得不生产满足别人的手段。于是彼此配合，互相联系，一切个别的东西就这样地成为社会的。"③ 总之，任何社会风气从来都不是先天就有的，而是以漫长的历史渊源，深厚的社会基础为依托的。它凭籍着陈古的社会势力和强大的社会舆论，影响和制约着人们的思想、感情、认识和行为，是社会稳定发展的重要控制因素。

社会风俗作为一种先于个体，并久远于个体的社会文化传统，对于生活于其中的社会成员具有极强的归融和影响作用。它往往在人们的幼年时期就悄悄积淀下种子，潜移默化地影响和制约着人们的认识、情感和行为，对于社会成员确立人生态度、产生道德情感，具有极大的渗透性、感染力和同化力。正如黑格尔认为，人就是在以某种社会风俗或社会风气为标识的特定的伦理环境中成长发展起来的、具有某种社会伦理精神的人。同样，人的情感也是在某种特定的伦理环境中孕育产生的、具有某种社会伦理精神的情感。道德耻感也不例外，社会风俗也是影响和熏陶人们道德耻感形成、发展的重要因素。

---

① 《费尔巴哈哲学著作选集》(上卷)，北京：商务印书馆1984年版，第570页。
② 《孟子·梁惠王上》
③ [德]黑格尔：《法哲学原理》，范扬、张企泰译，北京：商务印书馆1996年版，第207页。

关于社会风俗对于道德耻感的影响，可以通过对规则理论中的"习惯性假设"和"制度化头脑"这两个概念的阐释来说明。所谓"习惯性假设"是指人们在某种社会风气或社会风俗的习染下，普遍养成的一种对他人行为的一种预期，以及对自己行为的后果的一种假设。① 以高考学生录取为例。如果在不良的社会风气下，学生家长心里会假设每一位入围的考生家长都会找关系、送礼金买通学校的相关的招生老师，并假设如果自己不拉关系、请客送礼就违背某种潜规则，自己的孩子就有可能落榜。相反，如果社会风气良好，人们都会预设学校的录取政策是公开、公正、公平的，教师、学校都以为学校、国家选拔相对优秀的学生为天职，请客、送礼、拉关系反而有损学校和教师的尊严，其他考生家长也不会这样做的。目前我国社会生活中存在的送红包、走后门、拉关系、挥霍公款等不良社会现象，很大程度上与人们头脑中的"习惯性假设"有关。这种"习惯性假设"一旦在人们头脑中生根并影响、制约人们的价值观念、行为方式，就意味着人们的头脑被"制度化"。所谓"制度化头脑"，就是指人们的思想、认识、情感、行为被某种既定的规则所支配、被"制度化"，这种既定的规则决定着人们的价值取向和行为选择，成为人们某种程式化思想行为的合理托辞和辩护。社会风气一旦形成，就会成为一种客观外在的规约力量，对人们的思想行为产生潜移默化的影响。

不同的社会环境会造就不同的人。良莠混杂的社会风气对人们的思想、行为、感情以及认识的影响可能是积极的，也可能是消极的。良好的社会风气承载着正确合理的价值观念、道德观念和善恶标准，因而利于形成知耻尚荣的社会氛围；而不良的社会风气负载的是错误的价值观念、颠倒的善恶标准和扭曲的行为规则，因而容易形成存有不良"习惯性假设"和坏的"制度化头脑"的社会氛围，从而会给那些本应引以为耻的思想行为找到某种借口或托辞，淡薄其道德耻感的反映强度，甚至可能泯灭人们道德耻感体验，消解人们正确的荣辱观念，从而使不良的社会风气和陋习获得到进一步强化。正如休谟在《人性论》中指出："愉快或不愉快的对象不但与我们密切相关，而且要为我们所特有，或者至少是我们少数人所固有的"。在人性中

---

① 朱贻庭、赵修义：《社会风气·荣辱观·羞耻感》，载《伦理学研究》，2006年第4期。

存在这样一种特点:"凡时常呈现出来的、而为我们所长期习惯的一切事务,在我们就失掉了价值。"① 道德耻感与社会风气之间的关系表明:在道德实践活动中,当个体思想行为与社会主流的道德原则和伦理规范相悖只是一种个别的偶然现象时,行为主体可能会迫于外在的社会舆论的压力而感到羞耻;当这种偶然的个别的违规行为或思想一旦演变成为一种近乎普遍的、流行的社会风气时,人们本应产生的道德耻感就可能趋于会麻木,甚至消解。因此,社会风气与道德耻感具有直接相关性,良好的社会风尚有利于人们道德耻感意识生成,有利于保护和培育人们健康积极的耻感美德。正所谓:"蓬生麻中,不扶自直;白沙在涅,与之俱黑。""玉在山而草木润,渊生珠而崖不枯。"② 外在的良好社会风尚熏陶着个体的道德品性,涵育着个体健康的道德情感。宋代文学家苏轼说:"爱惜风气,如护元气"。社会风气如同人之元气,我们应该像保护身体之元气那样,保护良好的社会风气,这是培育和保护人们耻感美德的重要条件。

(三) 社会制度

社会制度是由国家机关依据法律程序制定出来的,以法令和规则的形式表现出来的有组织的规范体系。社会制度与社会风俗、社会道德等其他社会规范的区别在于它是制度化、组织化、成文化的社会规范,具有普遍性和强制性的特点,是一种社会的硬性规约力量,对全体社会成员具有普遍约束力。社会制度的构成复杂,包括社会制度产生的理论基础、社会制度基本内容和保证社会制度实施的物质基础等;社会制度的层次多样,既包括赏罚制度、学习制度等较低层次的社会制度,也包括社会经济制度、法律制度、教育制度等某些具体社会领域的中等层次的社会制度,还包括反映整个社会形态的最高层次的社会制度,如奴隶制度、封建制度、资本主义制度、社会主义制度等。在各种层次的社会制度中,政治制度是最为关键的,是影响道德耻感的形成与发展的重要因素。

建立社会制度的目的是为一定社会关系中从事各种社会活动的人们提供某种必须遵循的原则、规范和模式,用以影响、约束和控制人们的思想、认识、

---

① [英]大卫·休谟:《人性论》,关文运译,北京:商务印书馆1987年版。
② 《荀子·劝学》。

情感和行为，实现人际关系的和谐和社会秩序的稳定。个体无论是进行自我评价，还是接受社会评价、他人评价，都必须置身于一定社会规范和社会制度所营造的社会生态环境中，依据社会制度或社会规范所提供的原则或标准，进行或接受评价。对于道德耻感而言，社会制度的价值和作用可归纳为两个方面：首先，社会制度对人们荣辱观念的形成具有强制效应。社会制度是一种社会管理和社会控制手段，它可以通过对人们行为实施某种强制性规约，影响和控制人们的价值观念和善恶标准。例如，社会赏罚制度对人们的荣辱观念、价值选择、行为取向具有特殊引领和规约作用，它为人们提供一种具有强制效应的思想和行为模式。公正合理的社会赏罚制度有利于扬善抑恶、知耻尚荣的道德氛围的形成，也有利于道德耻感由他律向自律的转化。第二，社会制度对人们荣耻观念的形成具有引领和激励作用。一般说来，社会制度是作为一种共同价值观念、确定的行为模式和普遍的价值目标为全体社会成员接受、认同，并逐步转化为人们的心理定势或认识定势，进而潜移默化地影响和决定人们的道德判断和道德情感。社会制度崇尚和提倡的思想和行为，往往被人们认定为光荣的；相反，社会制度反对和惩罚的思想和行为，则往往被人们认定为可耻的。因此，公正的社会制度可以形成尊重美德、践履高尚、知耻尚荣的良好社会氛围，激励人们追随崇高，远离耻辱；不公正的社会制度则会给各种丑恶社会现象的滋生繁衍提供可能的空间，形成贬斥美德、否定崇高，远离高尚的以不耻为耻、以耻为荣的荣耻颠倒错位的社会现象。

第六节　个体道德耻感的发展阶段

　　道德耻感作为人所特有的一种心理和情感体验在不同个体身上的外在表现形式一般没有太大的差异，但道德耻感的发展阶段、发展层次则因不同的个体道德认知水平、修养境界的不同而不同。它既是个体道德情感心理发展水平层次高低的体现，也是我们培育和保护个体道德耻感所应遵循的逻辑发展序列。道德耻感的层级发展不是天然存在、固定不变的，它随着个体道德实践活动的不断深入，是一个分层次、分阶段地逐步由低层次向高层次的发展过程。我们通常认为，个体道德的形成与发展往往要经历一个由自律阶段向他律阶段再到自律阶段和他律与自律相统一的自由阶段的发展过程。道德耻感的发展也是一个从外在的原则规约到内在的理性内化逐层提升的过程。这个过程大体可以分为两个阶段：道德耻感他律阶段和道德耻感自律阶段。

一、他律阶段

他律阶段是道德耻感形成时经历的最初阶段，是指人们的道德责任和道德价值完全由外在的道德原则和规范本身所决定，还没有成为人们主观道德需要和主动道德意向的道德发展阶段，它基本类似于皮亚杰所说的儿童道德判断发展所经历的最初自我中心阶段或权威阶段。任何人一出生就被置于一定社会关系和由这种社会关系所决定的某种伦理环境和道德氛围之中，这种伦理环境和道德氛围是客观的、先在的、确定的、不以个人的意志为转移的。个体只有顺从、适应并接受它们，才可能顺利地参与社会生活，获得某种社会地位，取得社会成员的资格。因此，处于道德他律阶段的个体道德认识、道德情感和道德行为都毫无例外地具有了他律性特征。义务性是这一阶段个体道德的主要表现形式。正如马克思说："作为确定的人，现实的人，你就有规定，就有使命，就有任务，至于你是否意识到这一点，那都是无所谓的。这个任务是由于你的需要及其与现存世界的联系而产生的。"[1] 也就是说，在个体道德运行的他律阶段，道德主要发挥其规约和调控功能。行为主体主要是依据外在的客观责任和义务来调节自身的认识、情感、思想和行为，他所依据的道德标准、善恶以及荣辱观念也是外在的、消极的、被动的，个体的道德价值观念完全取决于外在的社会道德价值体系，个体本身缺乏独立的道德判断和道德选择能力。在此阶段，对于行为主体而言，原则、规范和义务是神圣的、不可改变的，而且是必须履行的。

处于道德他律阶段的道德耻感也同样呈现出鲜明的他律性特征。首先，从道德耻感产生的条件来看，他人在场或者至少行为主体感觉到有他人在，是他律性道德耻感产生的必要条件。萨特在《存在与虚无》中指出，个体羞耻产生的原因在于"他人的存在"，即他人的存在是人羞耻感产生的必要条件。行为主体感到羞耻只是因为有他人的存在和注视，只是害怕受到来自他人以及社

---

[1] 《马克思恩格斯全集》第3卷，北京：人民出版社1960年版，第329页。

会的负面评价,他是为自己的"为他人之所是的存在"而羞耻。其次,从道德耻感本身的性质来看,处于他律阶段的道德耻感,使行为主体引以为耻的仅仅是自身或他人违规的思想行为的事实本身。在个体看来,只要是违背规则的思想行为就是可耻的,至于违规思想行为本身如何,其实质内容是什么,个体则极少顾及。社会的道德原则、伦理规范对于个体而言,无非是一种现成的、给定的、外在于心灵的存在。在这种情形下生成的道德耻感只不过是一种外在于个体自身的"客观意志的法"而已。这表明,他律阶段的道德耻感,虽然也是行为主体针对自身或他人的违规思想行为产生的否定性的情感体验,但是促使这种情感产生的力量不是来自于个体自身对道德原则、伦理规范的发自心灵上的认同和接纳乃至敬重,而只是屈从于客观外在道德诫命的权威,畏惧于他人及社会的负面评价,这种情感充其量只能算做是对社会舆论和传统习俗的一种简单粗鄙的呼应。

二、自律阶段

自律阶段是道德耻感发展的高级阶段,是指道德义务和道德责任已经发展成为人们内在的道德需要,成为人们对道德义务和道德责任的一种深刻的责任和义务意识,道德原则和伦理规范已不再是外在异己的存在,而是一种"为我"的存在,积极主动地践行道德原则和伦理规范是人们道德生活的必然和道德追求的境界。这一阶段,大致相当于皮亚杰所说的儿童道德判断发展过程中的可逆性阶段和公正阶段。皮亚杰说:"当心灵认为必须要有不受外部压力左右的观念的时候,道德自律便出现了。"[①] 道德耻感从他律阶段向自律阶段逐步发展的过程,就是个体面对违规的思想行为时,其情感反应的性质由一种对外在道德律令的屈从、畏惧性羞耻向内在道德良心的移情性内疚的转化过程。

道德良心的形成是道德运行进入自律阶段的重要表现。这是因为,道德良心的形成意味着个体已经完成了对道德义务、道德价值、道德意义的深刻认识、理解和把握,在内心深处树立了强烈的道德责任感;也意味着个体具备了较强的道德判断、道德选择和道德评价能力,能够做到将心比心、推己及人。

---

① [瑞士]皮亚杰:《儿童道德判断》,济南:山东教育出版社1984年版,第233页。

个体在良心驱使下进行的道德实践活动是主动自觉的，其道德抉择也是出于自我内心深处隐秘的道德需要，个体根据自己内在的道德需要和道德责任感来调节自己的认识、情感、思想和行为。个体的道德行为的指向已不是外在的道德原则和伦理规范的规范效应和功利结果，而是道德原则和伦理规范的实质内容和价值归属。简而言之，"道德良心将个体理智上意识到和自我认同的外在责任变成了理智上的自我确认、情感上的自我满足、意志上的自我坚持和行为上的自我约束。"① 因此，我们认为，道德良心是道德耻感发展到自律阶段的重要前提，它使发生于这一阶段的道德耻感呈现出明显的自律特征。首先，从自律阶段道德耻感发生的条件来看，此时道德耻感不再以他人的存在或假设他人存在为其产生的必要条件，而是以人的本质存在的面目呈现出来，即在没有他人的监督与评价的条件下，个体就已经主动自觉地为自己或他人的不当思想行为而感到羞耻，或因对现实的我与理想我之间的差距的觉知而惭愧、内疚。其次，从引发道德耻感产生原因的性质来看，自律阶段的道德耻感，致使行为主体引以为耻的已经不是其违规的思想行为的事实本身和违规事实背后的负面效应，而是行为本身对个体内心深处对道德义务的敬重感的侵犯，它触犯了个体的道德神圣感。自律阶段的道德耻感是个体对自身违规的思想和行为的真切忏悔，这种忏悔并非迫于外在舆论和习俗的压力和畏惧，而是违规的思想行为本身对个体自身的道德需要和道德追求的践踏。从某种意义上说，这种道德耻感是升华成为一种"主观意志的法"。它表明，自律阶段的道德耻感，虽然也是个体面对自身或他人违规思想行为的否定性的情感反应，但促使这种情感反应产生的力量来自于行为主体的道德敬重感。因此可以说，自律阶段的道德耻感已实现了由他律阶段对社会舆论和传统习俗的粗鄙的呼应向积极地、愉快地响应跃进、升华。

从他律阶段向自律阶段的转化，从道德义务向道德良心的升华，是个体道德需要本身的发展和深化，也是个体道德耻感的提升和深化。但是，道德良心作为个体心灵层面的能力表现，难以挣脱其主观性和个体性、直觉性的局限，有可能使道德个体忽视道德义务的他律性而步入道德意志论的歧途。因此，道德良心在个体道德生活实践中真实作用时，依然需要客观外在的道德义务为其

---

① 彭柏林：《道德需要论》，上海：上海三联书店2007年版，第143页。

定向、导航。只有实现道德义务与道德良心的有机统一，使自律性道德耻感与他律性道德耻感互为条件、相互辅助、交相辉映，才能使道德耻感的功能在个体道德实践与道德生活中得到有效的、充分的发挥，实现道德耻感自身的涵育和保护。

第六章　道德耻感教育的原则、内容与特征

长期以来，在我国道德教育的实践过程中，没有建立起相对独立完整的情感教育理念及运行机制，也没有确立系统情感教育的内容结构和目标体系。作为情感教育的重要组成部分——耻感教育的内容和目标体系，更是鲜有学者问及。由于当前我国学界对耻感教育的研究还刚刚起步，缺乏系统翔实的理论和实证根据，因此，究竟为耻感教育建立一个怎样的目标框架和内容结构，在我们的头脑里还不十分清晰。本章将从内容、功能和关系等三重维度探索耻感教育的主要内容和发展目标，以期为我国社会主义荣辱观教育提供些许理论支撑。

第一节　道德耻感教育的基本原则

一、以人为本原则

耻感教育的对象是一个个具体的、现实的，且有主体意识的人。因此，唯有坚持以人为本，才能有效地发挥耻感教育的作用。

（一）人本主义思想的历史沿革

在人类思想史上，人本主义哲学取向，可溯源至古希腊智者学派的主要代表人物——普罗塔哥拉的著名命题"人是万物的尺度"。在这一命题中，普罗塔哥拉首次确定了人类在认识世界的中心或主导地位。在后世许多思想家的眼里，人都被视为"万物之灵""一切事物的最高尺度"。14世纪欧洲文艺复兴兴起，为了反对中世纪基督教对人性的长期压抑和禁锢，许多思想家、艺术家

以复兴古希腊罗马的文化遗产为由,重新肯定人的价值,关注人的意义,他们描写人、歌颂人、把人视为宇宙的中心,如但丁曾经这样讴歌人:"人的高贵,就其许许多多的成果而言,超过了天使的高贵"。欧洲文艺复兴将人性的活力、人类的创造力从神权的枷锁中解放出来,为后世资本主义生产的发展奠定了坚实的人文基础。

中国传统社会的许多典籍中也蕴含着丰富的人贵思想。如道家思想的代表人物老子曰:"故道大,天大,地大,人亦大。域中有四大,而人居其一焉。"① 在老子看来,人与天、地一起成为构成世间万物的基本要素,人的价值不言自喻。法家思想家管子曰:"夫霸王之所始也。以人为本。本理则国固,本乱则国危。"② 比《管子》更早的《尚书》中也曾说:"民可近,不可下,民为邦本,本固邦宁。"③ 儒家思想家荀子说:"人有气、有生、有知,亦且有义,故最为天下贵也。"④ 可见,无论在西方,还是中国,都有着丰富而深厚的"贵人"思想传统。今天我们强调"以人为本",从某种意义上讲,就是对中国,乃至西方优秀文化遗产的继承和弘扬。

而自近代以来,生产力和科学技术的迅猛发展带来的社会物质财富急剧增加,使人类在科学和理性面前再度迷失了。人类通过缜密地思维和精确地实证加深了对世界的认识,推动了生产力的发展,促进了民主社会的建立。人类将现实的一切发展与繁荣都归功于科学与技术,人类就此臣服于科学技术,忘却了自身理应拥有的主体自由精神。进入20世纪后,就在科技理性依然极度彰显力量的同时,"人本"主义思潮也悄然产生,冲击着世界的"无人"的秩序。例如,在20世纪50年代人际关系学、行为管理学的兴起,主张人不仅是经济的人,更是社会的人;满足人的多重需要,建立和谐的人际关系,对生产效率的提高至关重要。20世纪70、80年代,人的尊严与价值在经济发展、社会进步、教育变革等诸多领域中不断凸显,人类逐渐从"以物为本"转向"以人为本"。例如,经济发展领域的"可持续发展"思想,政治领域中的"民本"思想,教育领域中的"教育回归生活"、"教育的出发点和归宿都应是人"

---

① 《道德经》(上篇)25章。
② 《管子·霸言》。
③ 《虞夏书·五子歌》。
④ 《荀子·王制》。

等观点,都是"人本"理念的鲜明体现。

(二) 马克思主义人本观

何谓以人为本呢?一般地说,"以人为本"是指人是世界上一切价值的根本指向,人世间所有事物的发展都应以人性的实现与升华为归宿。人的生存、发展、尊严和自由在任何时候都应该受到尊重。例如美国《哲学百科全书》中指出:人本主义就是"任何承认人的价值和尊严,以人作为万物的尺度,或以某种方式把人性及其范围、利益作为课题的哲学"。[①] 近代哲学家席勒在其著作《人本主义研究》中也曾提出,人本主义就是要求哲学论证的出发点应是人的整个本性,哲学研究的目的应是全面满足人的需要,哲学不应该因其抽象而脱离真实的生活。他说:"人本主义要包括个人心灵的全部丰富多彩的东西,而不是把它们全部压缩为一个单一的类型的'心灵',还包括每个人的心灵的心理以及它的兴趣、感情、意志、抱负等各种复杂内容。"[②] 可见,关注人的本性、生活、情感、意志等多种需要,突显人的价值、尊严是人本主义思想的基本特征。然而,"人"是一个内涵极其丰富的概念,由于不同思想家的立论基础不同,对人的内涵、外延的界定标准不同,形成的人本理论也就各不相同。如尼采的"权力意志",柏格森的"生命哲学",弗洛伊德的"无意识冲动",萨特的"自我选择",马斯洛的"自我实现"等等。马克思主义人本思想则是上述形形色色人本主义思想的合理旨归。这是因为:

首先,马克思主义为"以人为本"指明了最终价值归宿——实现人的自由全面发展。马克思在《德意志意识形态》中指出:"个人的全面发展"是"共产主义所向往的";共产主义社会是人类历史上唯一的"以个人的全面而自由的发展为基本原则的社会形式"。在《共产党宣言》中指出:未来社会就是"自由人的联合体",在这个社会中"每个人的自由发展是一切人自由发展的前提"。我们认为,马克思所说的"人的自由全面发展"是"以人为本"所应追求的最高境界,坚持"以人为本"也是实现人的自由全面发展的必然选择。

---

① 转引沈恒炎、燕宏远:《国外学者论人和人道主义》第 1 辑,北京:社会科学文献出版社 1991 年版,第 758 页。
② 席勒:《人本主义研究》,麻乔志译,上海:上海人民出版社 1966 年版,第 13 页。

其次，马克思主义明确了"以人为本"思想中人的真实意义。马克思认为，人的本质是一切社会关系的总和，社会性是人的本质属性。他指出："人的本质是人的真正的社会联系，所以人在积极实现自己本质的过程中创造、生产人的社会联系、社会本质，而社会本质不是一种同单个人相对立的抽象的一般力量，而是每一单个人的本质，是他自己的活动，他自己的生活。"① 因此，马克思眼中的人绝不是抽象、空洞、纯粹的，而是具体的、历史的、现实的。因此，如果我们机械地把"以人为本"看做"以人类为本"或"以个人为本"都是片面的，真正的"以人为本"应是二者的有机统一，即以人为本中的"人"应是社会存在和个体存在的统一。

（三）树立以人为本的教育观

教育是在人际交往（师生交往）中进行的，是培育人的活动。人是教育产生和存在的前提，人贯穿于整个教育活动的始终。可以说，从教育出现的那一刻起，'以人为本"就是教育的题中应有之义。然而，现实社会中某些教育活动，却未能真正体现"为了人"这一根本目的。因此，在教育研究与教育实践中，确立"以人为本"的教育观是十分必要的。

首先，教育是以人的生命展现为基础的社会活动。从一定意义上说，教育是以提高人的生命质量为目的社会性活动，在以人为本的社会中，教育应是最能体现生命关怀的事业。教育之于人的意义，不仅在于理性地传道、授业、解惑，更重要的是，它应当被赋予人的气息和人的生命活力。情感、欲望、意志、冲动、抱负等人所特有的丰富生命元素，都应是教育关注的对象。如果我们说一个失却了情感、欲望、自由、意志的人，将不再是完整的人的话，那么一种忽视人的情感、欲望、自由、意志的教育，也将是不完整的教育。真正的教育应以满足人的多重需要，展示人的生命活力为旨归。

其次，教育是为人的精神成长服务的。教育的最终归宿是人，不是知识。正如英国著名教育家劳伦斯·斯腾豪斯提出，知识的重要特点在于它构成了人们进行思维的原料，教学是通过作为思维系统的知识来增进人的自由、发掘人的创造力的。②因此，在教育实践活动中，所谓"以知识为本"是一种典型的

---

① 《马克思恩格斯全集》第42卷，北京：人民出版社1979年版，第24页。
② 郝德永：《课程与文化：一个后现代的检视》，北京：教育科学出版社2002年版，第402页。

本末倒置的教育理念。我们不能用知识凌驾人，知识应当服务于人的发展，尤其是人的精神发展。众所周知，任何人都是肉体与精神的有机统一体。精神性是人的重要属性之一。人的精神性构成要素（如知、情、意）与人的肉体一样，也需要一个成长、完善过程。尽管从表象上看，教育是知识的传授过程，但绝不是仅仅是知识的传授。教育传授知识的根本目的应是将知识融入人的精神，推动人精神成长。因此，有学者提出："教育绝非单纯的文化传递，教育之为教育，正在于它是一个人格心灵的'唤醒'，这是教育的核心所在。"① 认识到这一点，以人为本也就成为教育活动的当然选择了。

（四）如何在耻感教育中坚持以人为本

对"人"的概念的准确把握，是正确理解"以人为本"教育原则的基础和前提。从一定意义上说，耻感教育视角下的"人"，不是指某个抽象、个别的群体或个体，而是指社会生活领域中各种群体和个体的综合。如果从社会的层面看，耻感教育语境下的人，应是人民；从学校教育的层面看，则是指学生；从教育施行者的层面看，是指教育者。何谓"本"呢？哲学意义的"本"，即本源、本质、主体、根本或者指导思想等。教育学意义的"本"，则是要明确教育应当视谁的利益为最根本的、最主要的利益。从社会的角度看，教育是为国家、社会服务的，教育不能背离国家社会的需要，耻感教育也不例外。从个人的角度看，教育的直接目的是受教育者的自身利益，即耻感教育应当满足受教育者自身的成长及发展要求。在耻感教育中坚持以人为本的教育原则，就是要求耻感教育应当以是否符合人性（即社会人与个体人）的基本要求为标准，满足人的多种需要为目的，确定教育的内容、形式和方法。在耻感教育过程中坚持以人为本的教育原则，应当做到如下几个方面：

一是重视受教者的差异性特征。在荣辱观教育过程中应坚持普遍标准化教育与多元差异性教育的有机统一，就是要求我们在关注人的普遍性、共同性要求的同时，也应尊重人的差异性、个体性。以"八荣八耻"为主要内容的社会主义荣辱观，为全体社会成员指明了在社会主义社会，什么是真善美，什么是假恶丑，应当坚持什么、反对什么，提倡什么、抵制什么，明确了当代中国

---

① 邹进：《现代德国文化教育学》，太原：山西教育出版社1992年版，第73页。

最基本的价值取向和行为准则，提出了我国社会荣辱观教育的普遍共同内容，明晰了社会主义荣辱观教育的普遍标准和共同目标，成为新时期引领社会风尚的一面旗帜。然而，要想让社会主义荣辱观所倡导的知荣明耻的社会精神真正融入受教育者精神，成为受教育者耻感品性生成的重要推手，还需要我们在荣辱观教育中，最大限度地尊重人的差异性、个体性，让受教育者切实感受到这样的教育内容与其生活、成长，乃至发展密切关联；这样的教育形式是为他们而存在的，应当成为其自身发展的重要组成部分。唯其如此，我们才能借助于耻感教育的力量，塑造使受教育者的耻感德性。

二是关注受教育者的非理性要求。教育的出发点和归宿是人的形成与发展。因此，教育不仅是有组织的传授知识的理性活动，他应当有更崇高的使命、更深刻内涵、更深远的意义。它应是一种指向终极意义的目的性活动，单纯的事实判断和实然标准是无法揭示其本真意义的。因此，教育的任务不仅是一种让学生认识和把握世界的实践活动，而且也是让学生体验作为人的意义世界的实践活动，对于后者，仅仅依靠知识传授是无法实现的。它需要教育者用教育的手段，沟通和连接学生的心灵世界，关注学生的情感、欲望、意志等非理性因素，并积极创造条件使其能在教育过程中得到合理表达和积极释放，这样的教育才是真正"人"的教育。耻感教育就是道德教育中一种典型的关注人非理性需求的情感教育形式。这种教育形式的立足点和归宿点都是人的一种重要非理性精神要素——荣耻感。其根本目的在于帮助受教育者树立正确的荣辱观念，提高其耻感意识，培育其耻感德性。具体地说，如何将受教育者对社会主流的荣辱价值观念的知识认同，转化为情感认同、意志认同，并真正落实为行为践履，才是耻感教育的真正目的所在。因此，在耻感教育中，仅靠荣耻知识传授是远远不够，教育者在耻感教育中必须关注受教育者的非理性精神需要，遵循不同学生的身心发展规律，根据不同学生的不同身心发展特点和多重情感需求层次，采取有针对性情感教育措施，并积极创造条件使学生的荣誉感需求得到合理表达，耻感体验得到有效释放；真正让耻感教育融入学生的生活，深入学生的心灵，引发学生的共鸣。

三是建立"互喻型"师生关系。确立怎样的师生关系是反映教育过程能够坚持"以人为本"原则的重要参照。长期以来，在我国学校教育中形成了一种简单惯常的师生关系：师为长，生为幼；教师是权威，学生是奴仆，师生之间是一种典型的"命令—服从"式关系。这种师生关系显然是违背"以人为本"教育理念的。因此,要想在教育过程中,切实贯穿"以人为本"的教育原则,必须构建一种全新的师生关系。美国著名文化人类学家 M. 米德在其著作《文化与承诺——论 70 年代各代人之间的新关系》一书对"代沟"理论和文化类别问题进行系统研究和分析过程中,提出"前喻"、"后喻"和"互喻"概念,并运用它们表达上、下两辈人或同辈之间在不同时期,由于相互沟通、影响的形式、方向不同,形成不同类型文化和不同的代际特征。她指出,在人类文化发展史上,不同文化的发展各不相同。有的文化演变十分缓慢,属于"未来重复过去"型,也称"后喻文化",其基本特征是成年人的过去表示着新生代的未来,以至孩子是长者的身体和精神、土地和传统的后代。有的文化则演变得很快,属于"现在是未来的指导"型,也称"互喻文化",其基本特征是每一代人的行为应不同于父辈,以至强调青年人向同辈人学习。而且在新的历史阶段,因社会的运行节奏明显加快,承载的信息量成倍递增,青年人的经验"对未知的将来"具有"前喻文化"的理解,而生长了新的权威性,以至年长者不得不向青年人学习了。事实上,在现代教育过程中,尽管有着师生的不同名分,但双方都是独立的人格实存,平等地享有生命的尊严,平等地承担着尊重对方的义务。尤其是在当代社会中,网络信息技术的高速发展,极大拓展了学生获取知识范围,提高了学生获取知识能力;"弟子不必不如师,师不必贤于弟子"的现象几乎无处不在。也就是说,学生也有知老师所不知,他完全可以在某一些方面成为教师的老师。因此,现代意义的教和学,在师生之间必然表现为双向互动,即"互喻"。尤其是耻感教育,作为一种特殊的情感教育形式,更应该反对所谓权威、长官式教育,它要求教育者以民主平等、合作友好的态度面对学生,引导学生崇尚光荣,远离耻辱。因此,我们可以在耻感教育中借用米德的前喻、后喻、互喻思想,尝试建立一种新型的"互喻型"师生关系,以增进耻感教育的时效性。

二、民主平等原则

进入现代以来,民主平等的施教理念已经得到学界普遍认同,但是在情感教育过程中,尤其是耻感教育中,它有着更为特殊而重要的意义。

其一,从教育活动本身看,教学过程本身就是一个师生合作过程。我们甚至可以把教育活动称为师生的人际交往活动。因此，建立和谐的师生人际关系，是保证教育活动有序进行的必要前提。在情感教育活动中，学生能否积极主动地行使学习的自主权、创造权，关键在于教师是否以一种积极、主动、尊重、民主的方式引领、吸引和感染学生。耻感教育作为一种以激发学生的荣誉感，唤醒学生的羞耻感为内容，以培育学生知荣明辱德性品格的特殊情感教育形式，更加需要教师在教育实施过程中，努力创设一种民主平等的教学氛围，使学生时刻感受到教师的真诚、热情和关怀，感受到教师对他们人格的尊重、需求与欲望的理解和理想追求的支持。只有这样，学生才能认同教师传授的荣辱教育内容，接纳教师秉承的荣辱价值观，并积极主动地践履社会所倡导荣辱观。

其二，从教育内容的层面看，在一个多元价值观念相互激荡、冲击的社会中，人们只有通过开放、民主、平等的交往和对话，才能合理有效地处理人们在价值观念、文化背景、宗教信仰等方面的差异。耻感教育与其他以传授科学知识为目的的教育不同，在教学内容上一般没有固定唯一的答案，因而在教学方式上就不能用简单填鸭或灌输的方式进行，而是要求在教育过程中，确立起相互尊重、民主平等的师生关系；要求教师依据情感教育的基本原理，结合学生日常社会交往的具体情境以及不同个体的不同荣耻需求，引导学生进行平等融洽的探讨和交流。在交流讨论中，激发学生的荣耻感受力，增强学生驱荣避耻、向善而行的能力；在交流讨论中，帮助教师了解学生的情感特征、情感需求，提高教师的教学水平。

其三，从情感教育本身的特征来看，许多学生情感心理问题产生的重要原因之一就是教师在教育过程中未能以民主的方式对待他们。例如，有些教师在教育过程中贬低学生的自我观念，常常以损伤学生的自我人格尊严的态度、方式或口吻对待有过错的学生，特别是那些在学习过程中落后的同学，他们以为这样可以激发学生的羞耻心，进而达到知耻而后勇的教学效果。事实上，这种教育方式是违背教育规律的。心理学研究表明：人对外界事物的心理反映都是从自我出发的，每个人都按照他或她已形成的看待自己的方式行动。[1] 学生在学校生活中，他人对自己的评价和态度（如尊重、赞扬、友好、羞辱、批评、

---

[1] 简·卢文格：《自我的发展》，韦子木译，杭州：浙江教育出版社1988年版，第33页。

疏远等），是影响学生自我认识、自我评价的形成的重要因素，其中，教师对学生评价和态度则是学生自我意识或自我观念形成的决定性因素，对学生自我观念、自我意识具有直接制约作用。那些在学校中能够经常感受或体验到教师对自己学业发展潜力、道德品质提升的积极评价和积极态度的学生，一般都会形成积极正向的自我观念、自我意识，对自己的未来学业发展期望较高，自我悦纳、自我认同感较强；而那些认为老师对自己的学业发展潜力持消极评价和态度的学生，则通常会形成消极负向的自我观念、自我意识，对自己的未来学业发展丧失信心，自我接纳或自我认同感低。教师对学生的消极评价和态度在学生心灵中产生的消极和伤害性影响，对学生自我认识、自我意识形成的消极影响会持续很多年，特别是对那些还没有能力对自己的能力、价值形成正确客观认识的学生，其消极影响会更大。因此，有学者提出，教师对学生的态度和行为直接影响学生关于自己将成为什么人的观念。以各种积极的形式、态度行动，增强学生的自我认同和自我悦纳感，帮助学生树立对自身价值、能力、潜力的积极认识，是教师的重要职责，也是培养健康正确荣辱感的重要前提。可见，倘若教师不在情感教育过程中贯彻民主平等原则，不仅无法发挥耻感教育应有的激励、教育作用，而且可能引发新的情绪问题产生。

第二节 道德耻感教育的主要内容

当代情感教育的内容主要强调道德感、理智感、审美感等。在承认上述思想观点的同时，我们认为，作为情感教育的特殊组成部分，耻感教育的主要内容应在此基础上作进一步延伸和拓展，当前我国公民的耻感教育的主要内容应包括：道德感、荣誉感、责任感、尊严感、敬畏感以及荣辱观等。

一、道德感

有学者认为，与其他任何动物不同，人具有社会属性，是道德动物。现实生活中，几乎每个人都或多或少地有自己的道德需要，如遵守社会道德规范、做一个好人、高尚的人等。从某种意义上说，道德感就是行为主体对自身道德需要是否得到满足而产生的心理体验，是行为主体遵守道德规范便快乐，违背道德要求便痛苦的感情体现。① 苏联心理学家彼得罗夫斯基则认为，道德感就是"从社会形成的道德范畴出发，用道德原则的观点感知各种现实现象时人所能体验到的一切情感。"② 具体地说，道德感就是道德意识、道德认知或道德行为在个体心理上引起的反映。道德活动与其他社会实践活动（如生产实践、科学实践）不同，它不仅具有外在的客观评价尺度，而且还是行为主体将外在的道德原则、规范要求反求于己，在内心建立起的一个主观内在的评价尺度。因此，人不是因为有客观外在的道德律令或道德规约，才产生道德需要，而是人所特有的道德关系、道德生活方式产生道德需要，这种需要驱使人们产生努力超越现存的伦理关系，建立理想的道德世界的美好愿望或强烈情感。因此，道德感不是行为主体被动地接受外在道德原则、伦理规范的规约而产生的心理体验，而是人们作为道德行为主体自身内蕴着的一种向善需要。这种需要得到满足，行为主体就会产生欣慰、愉悦的情感；反之，则感到愧疚、自责，并催促人们努力择善而行。

  道德感是人类所特有的美好情感。这种情感不仅将人类全部的内心世界呈现出来，而且通过它还可以唤起潜存于人类自身的诸多美好品性。正如达尔文所说："在人和低等动物之间的种种差别之中，最为重要而且其重要程度又远远超出其他重要差别之上的一个差别是道德感。……在人的一切属性之中，它是最为高贵的，它导致人毫无踌躇地为他的同类去冒生命的危险，或者在经过深思熟虑之后，在正义或道义的单纯而深刻的感受的驱策下，使他为某一伟大的事业献出生命。"③ 德国思想家康德也曾给予道德感极高的评价，他说："道义，这是何等崇高的令人惊奇的思想呀！见义勇为，既无需婉转示意，曲意奉承，更不用威力胁迫，而是要把你灵魂里的赤裸裸的法则高高举起，从而不断用虔敬的心情，乃至委顺的心情，激励你自己；在这个法则面前，一切情欲，尽管暗地里反抗，却终于成为哑巴，销声匿迹。"④ 人类何以能够像康德所说的能够将自己灵魂中"赤裸裸的法则"高高举起？我们认为，靠的就是人类

---

① 王海明：《新伦理学》，北京：商务印书馆2001年版，第621页。
② ［苏联］彼得罗夫斯基：《普通心理学》，朱智贤等译，北京：人民教育出版社1981年版，第415页。
③ ［英］达尔文：《人类的由来》，潘光旦、胡寿文译，北京：商务印刷馆1985年版，第143页。
④ 同上书，第143页。

内心深入的道德感。

众所周知，道德在激励人们择善而行的同时，也是对人们思想、行为的规约、限制。因此，做一个好人的道德需要或道德情感不可能是人类与生俱来的品质。那么，人类何以会产生这种规约和限制自身自由、欲望的情感呢？究其根本原因还在于：人是社会性动物。由于个人离不开社会，个人的一切利益都是社会和他人给予的。因此，能够得到社会和他人的认同、接受和赞誉，成为每一个社会人的根本利益。社会需要美德，社会对美德的赞誉使人们逐渐认识到：从表面看，道德似乎是对人们的自由和欲望的压抑和限制；但就其结果而言，它却能够防止更大的恶。道德感一定形成于后天的道德教化，是人们道德实践、道德认识的结果。因此，增强民众的耻感意识，培育耻感美德，必须重视对人的道德感的培育，忽视了对民众道德感的培育和保护，耻感教育将无从谈起。

二、荣誉感

在善荣恶辱现实生活中，人们往往根据不同人的羞耻感受或体验不同，认为只是耻感一种纯粹主观现象。事实上，耻感自身也具有其客观内在规定性。因为，如果耻感自身的内容缺乏或失却其客观规定性的话，社会将失去其普遍的可公度的荣辱价值精神，荣辱自身将无法成为人们情感、思想，乃至行为的善恶评判标准，甚至荣辱自身的合法性也将受到质疑。荣辱将沦为一种毫无善恶美丑可言的、纯粹的个人心理现象或情感反映；社会也将因此而陷入善恶相混、是非不明、荣耻颠倒的无序状态。

因此，在现实社会生活中，荣辱自身是否可以存在的逻辑或理论前提在于：善恶界限的鲜明区分，善即荣，恶即耻。荣和耻是人们在对社会生活中的人和事进行善恶价值判断时使用的一对基本概念。荣是社会或他人对行为主体思想行为的肯定性评价，它表达了社会对善的肯定与赞誉；耻是社会或他人对人们思想行为的一种否定性评价，它表达的是社会对恶的否定和唾弃。人总是处于一定的社会关系之中，不能离开社会而存在发展，因此表现出对荣与耻的特殊关注，一方面努力求荣，尽力追求社会、他人对自我存在的肯定性评价；一方面极力避耻，努力避免各种可能给自己招致耻辱的否定性评价。古今圣贤历来十分重视来自社会的荣辱评价，重视自己的身份和名声。如中国传统儒家就极为尊崇名声。孔子曰："君子疾末世而名不称焉"①,意思是说,身为君子奋斗一生仍未获得与自己身份相称的名声是非常悲哀的,表达了孔子对名声、名誉的深深爱恋。屈原在《离骚》中写道:"老冉冉其将至兮,恐修名之不立",也表达了其重名的情感。民族英雄文天祥的"人生自古谁无死,留取丹心照汗青"的旷世名句,更代表了其对名的执着追求。的确,在中国古代的道德传统中,人们往往把名誉、气节看得比生命还重要,为了捍卫名誉,可以"杀身成仁"、"舍生取义"。也正是这种重名誉的文化传统激励着历史上许多仁人志士建功立业、名垂千古。

荣誉感和耻感是人们依据某种其认同、接纳的社会荣耻标准进行自我评价或接受社会评价的过程中,产生的两种截然不同的情绪体验和心理感受。荣誉感是行为主体履行了社会义务、为社会作出一定的贡献后,受到他人、社会,乃至自我的肯定和褒扬时,内心产生的一种自豪、满足、愉悦的心理体验。它是人们对自身存在价值的一种自我意识、自我肯定,也是一种重要的自我实现方式。在现实生活中,荣誉感的满足往往是以个体为社会或他人尽义务为前提的,为社会尽义务、作贡献也是荣誉感产生的基本要求。因此,荣誉感的真正价值,在于其道德意义,在于对个人荣誉与他人荣誉、集体荣誉之间关系的正确处理。倘若一个人为个人的荣誉不顾国家和集体荣誉,甚至通过破坏他人或集体的荣誉来实现个人荣誉,这种行为是卑鄙可耻的;相反,为了维护国家、集体的荣誉,即使暂时遭受荀子所说的"势辱",也依然是道德的、高尚的。这种具有道德意义的真正的荣誉感产生的关键不在于权势、地位,而在于"志行"。中国传统儒家尊崇的名,就是一种具有德性品格的实名而非远离德性的虚名。子曰:"君子去仁,恶乎成名?"② 就是说,君子应该通过行仁为善来获得好的名声,否则,即使得到荣誉也不是真正的荣誉。陆贾更加清晰地把德与尊、义与荣联系在一起,曰"贫而好德者尊,贱而有义者荣"。③ 因此,我们应当强调蕴含在荣誉之中的伟大精神力量和荣誉感之中的合理价值取向,追求具有道德意义的真正的荣誉和荣誉感,切实感受道德荣誉带来的光荣与幸

---

① 《论语·卫灵公》。
② 《论语·里仁》。
③ 《陆贾新语》(卷下)《本行第十》。

福；防止把荣誉感沦落为一种"外在的摆设或成为完全外在于人的精神生活的东西"①，甚至将其异化为人们追求个人名利的刺激物和极端个人主义者的虚荣心。

耻感与荣誉感是一对对立统一的道德概念，两者互为条件、相互依存、相互转化。荣是对善的肯定性把握，耻则是在对善进行肯定性把握的前提下，对善的否定性把握。对善的肯定就是对恶行的否定，而对恶行的否定就是对善行的肯定。如果说耻感维持了人的尊严，是人之为人之本，是人与动物相区别的标志，那么荣誉感则提升了人的尊严，是人崇高与否的象征。荣誉感可以催人向上，是驱使人们行善驱恶的内在驱动力，它激励人们践履高尚，追随崇高。一般说来，一个人荣誉感越强，其耻感感受也越深刻。陆九渊说："人唯有知所贵，然后知所耻"②。就是说，"所贵"之于"所耻"（即荣誉感对于耻感）存在着逻辑上的优先性。人不知荣者何？其所耻之事就可能不是真正意义上的"耻"。反过来说，耻感之于荣感则更具有基础性。一个恬不知耻的人，非但不能具体地把握善，而且不能具体地感受到为善的光荣和高尚，也无法领悟荣誉的真谛，只是把荣誉作为其招摇过市、继续为恶的手段，其所为之善无非是一种伪善而已。一个耻感意识不断增强的人，就会不断强化和巩固其对荣誉感的理解和向往，不断提升道德境界；一个没有对恶的拒斥与惩罚、对耻厌恶与鄙视的社会，就不会形成扬善褒荣的良好社会风尚。由此可见，耻感是荣誉感产生的前提条件，也是人的道德品质和道德人格形成的基础和底线，如孟子所云"无羞恶之心，非人也"③，"羞恶之心，义之端也。"④ 从一定意义上说，个体品德的教育和形成过程就是逐渐地从知耻走向尚荣的发展过程。耻感与荣感之间还包含着相互转化的机理。荣可能招致耻辱，耻有时也可能会反转为荣。如越王勾践卧薪尝胆，在对自己所受侮辱进行彻心反省之后，积蓄力量，终于成就霸业，反耻为荣；西楚霸王项羽居功自傲，沽名钓誉，结果落得因耻于见江东父老，而自刎乌江。

---

① 陈根法：《心灵的秩序——道德哲学理论与实践》，上海：复旦大学出版社1998年版，第79页。
② 《陆九渊集·杂说》卷22，北京：中华书局1983年版。
③ 《孟子·公孙丑上》。
④ 《孟子·公孙丑上》。

荣誉感与耻感之间的辩证关系告诉我们：对于个人而言，不仅需要荣感意识，也需要耻感意识；对于国家、民族、社会而言，不仅需要荣感文化，而且需要耻感文化。两者相互依存，不可分割。因此，应当将荣誉感的培育和保护作为耻感教育的重要内容，忽视了荣誉感的培育，耻感教育也会流于形式。

三、自尊感

自尊感是个体指向自我的正向价值感，是个体在社会比较或社会评价过程中所获得的有关自我价值的积极评价与体验。它往往通过个体对自我的价值、能力和重要性的认同、悦纳、欣赏的形式表现出来，往往以深沉而稳定的情感形式存在于人们的心理活动之中，对于人们的其他积极情绪、情感的产生，对于人们良好精神面貌的形成具有重要影响作用。

关于个体自尊感产生的原因，学者们的观点纷呈。其一，个体的自尊感通常源于自我的实际成就与期望目标的一致性。心理学家波普和麦克黑尔认为，个体自尊是由现实自我与理想自我的一致程度决定的，如果两者趋向一致的程度高，个体自尊的水平就高；反之，个体自尊水平就低。① 心理学家詹姆斯（W. James）指出："在这个世界上，人们的自我感受完全取决于人们如何看待自己，取决于人们的实际情况与自己所设想可能性的比值，它是一个分数：即自尊＝成功/抱负水平。"② 在詹姆斯看来，人们的自尊感取决于个体的实际成就与其潜在的抱负水平的比值。如果个体感到自己在某些重要的领域或方面有天赋、能胜任，而且成绩斐然，其自尊水平就高；反之，如果个体感到在其认为重要的领域或方面没有达到自己所期望的目标，就会产生低自尊。其二，个体的自尊感还源于自我评价与社会评价的一致性。心理学家库利认为："自我与社会是对双胞胎。""如果没有'你'、'他'或'他们'的相对意识，也就没有'我'的意识。"人们彼此之间犹如一面镜子，相互映照着对方。人们常常喜欢在镜中看自己的脸、身材和服饰，并认为镜中的映像就是自己，也会因镜中映像是否符合自己的期望而产生满意或失望的心情。所以，人们可以通过想象来了解他人心里对我们的外貌、举止、目标、行动、性格、朋友等各方面

---

① 燕良轼：《论羞耻感教育》，载《东北师范大学学报（哲学社会科学版）》，2006年第3期。
② 转引自张林：《自尊：结构与发展》北京：中国社会科学出版社2006年版，第9页。

的看法，其自身也在不同程度上受着这些看法的潜移默化的影响。① 显然，库利认为，在社会交往过程中，个体总是通过想象他人或社会对自己的认识和评价，并从这些认识和评价中获得自己的自身形象的。个体的自尊心或自尊感就是由这种镜象意识所引发的自我态度体验或情感反应，他人或社会对自我的态度与评价是个体的自尊心、自尊感的根源。

如果从个体道德情感的发生机制分析，自尊感和耻感的发生机制是紧密相关、极为类似的，但又是各具特点、泾渭分明的。两者都是行为主体指向自我的情绪体验，都建立在行为主体的自我认知、自我评价基础之上，但却是两种既相互联系又截然对立的个体自我价值评价和情感体验。自尊感是个体指向自我的一种自我悦纳、自我欣赏、自我关爱的积极而肯定的情感体验；耻感则是个体指向自我的一种自我愧疚、自我忏悔、自我厌恶的消极否定性情感体验。在耻感和自尊感的发生过程中，两者互为表里、相互激发。当行为主体对其违规的思想行为进行反省而萌生了耻感情绪时，会促使自己采取必要的补救措施，尽力消除其不当思想行为所造成的消极影响，以维护自己的形象和自尊；当行为主体赢得了社会或他人的赞誉和尊重时，其耻感意识就会表现得更加强烈，从而更加自重、自觉地检点自己的思想和言行。因此我们可以说，耻感是个体自尊感的重要表征，自尊感是个体耻感产生的重要前提。个体耻感意识越强烈，其自尊水平就越高；个体的自尊感越强，其耻感体验也就越深刻。一个缺乏耻感的人难以产生强烈的自尊心；反之，一个缺乏自尊感的人也无法萌生强烈的羞耻感。

因此，应当将自尊感作为耻感教育的重要内容，否则，耻感本身将失去存在的依据，耻感教育也将无从谈起。我们很难想象一个缺乏自尊心和尊严感的人，会萌生强烈的耻感。

四、义务感

心理学研究表明：现实生活中，我们在决策时常常会面临多种选择，我们也通常会对不同选择所造成的结果进行分析比较，当我们所选决策造成的结果比未选决策的结果要差的时候，就会感到羞愧、后悔。因此，心理学研究者认

---

① 高侠丽：《儿童自尊的研究及其家庭培养》，载《教育教学研究》，2008年第9期。

为，羞耻、后悔是一种体现着责任感或曰义务感的情绪。责任、义务与个体情绪反应密切关联。责任大小对于行为主体的后悔情绪强度、责任感和反思式思维有着重要影响。一般说来，责任越大，相关的情绪体验越强，从而证明了责任、义务对于后悔体验以及相关认知加工的影响。① 道德哲学认为，道德就是履行义务。因此，道德教育的实质是义务或责任教育。从某种意义上说，未能履行自己应尽的义务，未能担负起自己应尽的责任，是个体道德耻感产生的重要原因之一。因此，任何一种关涉道德耻感教育的探讨，必然涉及道德义务感教育。教育人们负责任的思考和行动，使受教育者以违背自己责任、义务的思想和行为为耻，应是耻感教育的根本任务。从这个意义上，我们可以说，耻感教育的实质就是义务感教育。道德义务感应是耻感教育的重要内容之一。

我们知道，现实生活中的每个人都是处于一定的社会伦理关系中人。一个人只有履行了社会伦理关系所要求承担的各种道德责任，才能从社会伦理关系中获得自己存在的客观理由，即获得自由。因此，黑格尔说：一个人"必须做些什么，应该尽些什么义务，才能成为有道德的人，这在伦理共同体中是最容易谈得出的：他只须做在他的环境中所已指出的、明确的和他所熟知的事就行了"②。可见，在黑格尔看来，道德义务是社会伦理关系的产物，离开了一定的社会伦理关系，任何道德义务都会成为"空虚的形式主义"的义务。个人在社会生活中总会担负着各种各样的义务或责任，如经济义务、政治义务、法律义务等。道德义务是其中一种特殊的义务。它与其他义务的本质区别在于：无偿性，即它是一种要求人们无偿履行的义务。换句话说，行为主体不是以获得某种相应的权利或补偿为条件履行道德义务的。倘若行为主体履行某种道德义务的目的是为了获得相应的权利和得到某种补偿，那么他的行为将不具有道德意义，其履行的义务也就不能称之为道德义务。道德义务感就是人们对自身所担负责任或义务的理解、体验。它是指行为主体在一定社会伦理关系中形成的，对自己所应承担或履行的职责、义务的一种强烈的自律意识。我们知道，人是具有主观能动性的行为主体，不同历史时期及社会环境的人所承担的道德义务是不同的。但是，只有具有强烈道德义务感的人，才会对自身所处的

---

① 张慧君等：《责任对后悔强度的影响》，载《心理学报》，2009年第5期。
② 黑格尔：《法哲学原理》，关文运译，北京：商务印书馆1982年版，第168页。

社会伦理环境中存在的种种关系持积极负责的态度，并主动承担起对他人、家庭、社会，乃至人类的责任或义务。黑格尔认为，"道德之所以是道德，全在于具有知道自己履行了责任这样一种意识。"① 因此，从某种意义上说，道德就是自觉履行道德义务。"每一个在道德上有价值的人，都要有所承担，不负任何责任的东西，不是人而是物。"② 重视责任、关注义务，实际上是重视对人类心灵秩序的规约，并以此为契机，构建和谐有序的人类社会。同样，重视和关注人的义务感或责任感，就是对人类诸多道德情感，特别是道德耻感的呵护。

加强耻感教育，使社会成员在不断社会化的过程中，逐渐增强耻感意识、耻感德性，必须以培育人们的道德义务感为前提。这是因为，这种"义务的感情（能够）激发人们的敬畏心，使人们相信良心是从另一个世界来的声音。……它是上帝的生命和带着领悟力进入并居留于我心中的指导性的爱的结合物。我们在此遇到了一种定居于我们意识中心的客观的权威"③。显然，在梯力看来，道德义务感是人内心深处存在的一种命令式的情感或冲动，这种具有权威性的感情可以督促人们主动承担责任、履行义务。因此，他说："说一种权威的感情或义务出现在意识中，即意味我感到必须或者有义务去实行某些行动。"④ 行为主体内心深入的道德义务感一旦消失，他对社会生活中的人、事、物进行是非、善恶或美丑判断能力，也难以形成正确的人生观、价值观。他们往往依据本性或世俗的原则而生活，而不是依据社会的普遍道德原则和伦理规范去生活；每当遇到本能向灵魂挑战，罪恶向道德挑战，世俗向信仰挑战的时候。他们就会找出许多理由，为自己的可耻行为搪塞、辩护。他会把一切罪责、错误归因他人、社会或客观环境，而对自己所应担负的责任、义务视而不见。这种不良的心理倾向的存在，会严重削弱人的主观反省和自由意志能力。因此，加强耻感教育，必须重视对人们道德义务感的培育。

---

① ［德］黑格尔：《精神现象学》（下卷），贺麟、王玖兴译，北京：商务印书馆1979年版，第157页。
② ［德］黑格尔：《法哲学原理》范扬、张企泰译，北京：商务印书馆1982年版，第8页。
③ ［美］弗兰克·梯力：《伦理学导论》，何意译，桂林：广西师范大学出版社2002年版，第52页。
④ 同上书，第53页。

五、敬畏感

敬畏感是行为主体认识到外在规则对自身和群体生存和发展的必要性，而产生的一种对社会道德法则、伦理规范及道德本身终极价值的强烈崇敬和畏惧之情。简单地说，敬畏感是行为主体对道德权威性的畏惧感与道德崇高性的尊敬感的融合统一。一般说来，敬畏感产生必须具备如下两个条件：一是个体意识到自己是集体的一部分，个人利益与集体利益密切相关；二是个体意识到仅仅凭个人的力量难以把握或抗衡某一对象，只能依靠集体力量才能维护和实现个人利益。当个体意识到共同体是其个人利益之所系，是个体消除或减少恐惧感形成归属感必须依赖的对象，就会对共同体产生敬畏之情。因此，从一定意义上说，敬畏感既是行为主体对自身利益的肯定，又是其对社会整体利益的肯定。

与其他道德情感相比，道德敬畏感也具有自身鲜明的特征：一是敬畏主体的虔诚性。因为行为主体只有以近乎迷信或笃信的心理面对其所崇敬的客体，才能产生敬畏的情感。因此，敬畏感一定与行为主体某种道德信念相关。二是敬畏客体的神圣性。我们知道，敬畏感最早源于远古时期，原始人对自然的恐惧。随着生产力的发展，人类认识和改造自然的能力逐步增强，人类对自然、神灵的敬畏感逐渐减弱，但人所特有的敬畏情感并没有随之消失，而是随着社会的发展变化选择了新的敬畏对象——道德。因为，长期的历史发展使人类认识到：人类唯有依靠道德，才能真正实现社会和谐、人际和睦的社会理想。三是敬畏行为的坚定性。敬畏感是一种坚定而执著的道德情感，这种强烈情感驱动下的道德行为必然是执着而坚定的。

依据敬畏对象的不同，有学者将敬畏感区分为四种类型：即自然敬重、神灵敬重、生命敬重和规则敬重。本书所说的敬畏多指规则敬重。它是行为主体在直面自己认同或接纳的外在人际关系准则（法律、道德法则、习惯等）和内心道德法则时产生的一种既尊重又畏惧的道德情感。众所周知，规则既是社会良序形成和良性运行的保障；也是个体获得世俗幸福，成就美好德性、实现灵魂自由的基础。如果人们没有建立起或失却了对外在社会规则和内心道德法则的敬畏感，规则就是一纸空文，即使存在也不会被遵守；人们更不会因自身或他人实施了亵渎或践踏规则的思想行为而感到羞耻。因此，培育和保护民众的道德敬畏感也应是耻感教育的重要内容。这是因为：

其一，敬畏感是引发道德耻感发生的要素。我们知道，行为主体的任何道德行为都是在一定道德意识的示意或驱使下完成的。道德意识本身也会因道德情感的变化而变化，甚至有些道德情感会成为道德行为产生的直接原因。道德敬畏感就是这样一种情感，它像高悬于人们头的"达摩克利斯之剑"，时刻提醒人们不能触犯社会道德律条，不能亵渎道德本身的神圣性。否则，会遭到外在道德规则的惩戒和自我道德良心的谴责。从这个意义上，我们可以说，道德敬畏是道德意识产生的心理根源，也是人们实施合理、合法行为的初始原因。它是人们为实现自身价值追求而自律、自省的道德情感，也是一种内在于人的道德品质。事实证明，一个人一旦失却了对道德的敬畏感，不但无法建立起执着而坚定的道德信念，更不会因自身和他人的不当思想行为触犯了社会道德原则和伦理要求以及道德本身的神圣性而感到羞耻。

其二，敬畏感是催生道德实践的精神动力。德国思想家康德说："行为全部道德价值的本质性东西取决于如下一点：道德法则直接地决定意志。"① 意思是说，要想让道德法则成为意志的直接决定者，就必须找到一种使意志直接服从道德法则的内在冲动，康德称这种冲动为"灵魂驱动力"。他认为，从本质上看，这种冲动是一种特殊情感，因为"每一种感觉冲动都是建立在情感之上的"。② 那么，引发这种情感的根本原因是什么呢？康德认为，是对道德法则的敬重，他说："对于道德法则的敬重是唯一而同时无可置疑的道德动力，并且这种情感除了仅仅出于这个根据的客体之外就不指向任何客体。"③ 为什么对道德法则的敬重可以产生道德实践冲动呢？康德说："因为对于我们所尊重的，却又（由于意识到我们的软弱）畏惧的东西，由于更加容易适应它，敬畏就变成偏好，敬重就变成爱；至少这会是献身于法则的意向的完美境界。"④ 显然，在康德看来，对道德的无限敬畏，就是对道德的爱，人类在这种至爱情感的驱动下，必然向善而行。敬畏感作为一种因道德本身的神圣感、崇高感唤发出来的激情，体现着人们的向善追求，推动着人们实

---

① ［德］康德：《实践理性批判》，韩水法译，北京：商务印书馆1999年版，第7页。
② 同上书，第79页。
③ 同上书，第85页。
④ 同上书，第91页。

现道德认知向道德行为转换。正是因为道德敬畏,道德法则才成为理性存在者的坚定意志、义不容辞的职责、神圣的使命和行为的法则;也正是因为道德敬畏,自由意志在道德实践领域才发生了积极效用。不容否认,康德把道德敬重心视为道德实践的唯一动力的观点有其先验唯心主义色彩,但这一观点对当前我国的道德教育实践,尤其是耻感教育依然具有重要启发和借鉴意义。

六、正义感

正义通常表现为两个方面:即制度正义和美德正义。所谓制度正义是指社会对公民权利和公民义务的公正分配;美德正义则是公民对自身所拥有正当权利和义务的自觉承诺和积极践履;二者密切关联。社会正义规则的产生、运行和发展有赖于公民的美德正义;公民的美德正义也需要制度正义作保障。换句话说,只有拥有美德正义的人才能按照正义的原则和程序建立、实施、遵守或维护正义制度;同样,也只有在正义的社会环境下,公民的美德正义才能产生,并得到保护。因此,罗尔斯认为,正义感(意指美德正义)源于正义的环境。麦金泰尔则指出,"只有拥有正义美德的人才可能了解如何运用法则。"[①] 那么,究竟什么是美德正义?它在社会生活发挥着怎样的作用?它又与耻感教育有着怎样的内在关联呢?

其一,正义感是公民有效协调个人与社会、他人利益之间矛盾的能力。我们知道,人是社会存在物,只有在社会群体中人的个体性、独立性才能得以体现。正如马克思所说:"人是最名副其实的社会动物,不仅是一种合群的动物,而且是只有在社会中才能独立存在的动物。"[②] 然而,在社会形成和发展过程中,又不可避免地存在着个人利益与社会利益、他人利益之间的矛盾和冲突。因此,作为社会存在物的个人,只有具备一种能够有效协调和处理个人利益与社会利益、他人利益之间矛盾,并实现三者利益之统一的能力,才能成为真正自由的社会人。罗尔斯认为,正义感便是这种能力的集中体现。因为只有正义感才能引导人们理解并接受正义的社会制度,并产生建立或维护公正制

---

① Macintyre Alasdlair,1981,After Virtue,University of Notre Dame Press,p. 158.
② 《马克思恩格斯全集》,12卷,北京:人民出版社1962年版,第734页。

度,以及改变不公正制度的强烈愿望;也只有拥有正义感的人,才会主动关注社会、他人的利益,并渴望通过公正的社会制度或自身公正的行为实现个人、他人、社会三者利益的统一。

其二,正义感是公民在社会生活中对其得其应得、付其应付的存在状态的认识或自觉。一个公正的社会环境,公民是在互尽义务的过程中享受权利的。倘若公民放弃自己在社会生活中应尽的义务,其权利将无从保证;同样,如果社会不能给予公民应得之权利切实保障,公民义务也将无法得到有效履行。因此,如果社会能够让每个公民在享有权利和履行义务之间保持均衡,使每个社会成员在享有自己理应获取的权利过程中,不要伤害到他人利益,便是一种正义的社会状态。从这个意义上说,公民只得其应得而不付其应付,或只付其应付而不得其应得,都不是正义的表现。因此,我们认为,正义感是公民在正义原则支配下形成的对自身理应享有权利和履行义务的意识和情感。罗尔斯说,正义感就是"使公民能够理解、运用并在行动上遵循理性的正义原则"。① 也就是说,正义感既是民众对正义原则的理性认识,也是民众主动运用正义原则的能力。

其三,正义感还是生发各种道德情感的源泉。一个拥有正义感的人,如果未能享有其应得的权利,正义感就会转化为一种愤怒的情绪;如果其正当需要或利益得到满足,正义感则会转化为一种满足感。相反,当他看到社会的不公正或丑恶现象时,正义感还会转化为对受害者的同情和对伤害者的愤恨。而一旦自身成为不义思想或行为的实施者时,正义感又会转化为羞耻感或愧疚感。而且,正义感还会通过人们对正义思想或行为的景仰和渴望,对不义思想或行为的鄙视和厌恶,以及对善有善报、恶有恶报的认同和期待等多种情感倾向表现出来,催促人们检验、判断或修正自己或他人的思想和言行。

其四,正义感是公民必须具备的普遍公共性美德。正义原则是维系社会存在的基础性原则,也是公民进行道德评价或判断的标准。在现实生活中,公民往往是依据正义与否作出道德与否的判断。因此,英国思想家亚当·斯密说:"虽然没有仁慈之心,社会也可以存在于一种不很令人愉快的状态之中,但是

---

① [美]罗尔斯:《正义论》,何怀宏等译,北京:中国社会科学出版社1998年版,第109页。

不义行为的盛行却肯定会彻底毁掉它……正义犹如支撑整个大厦的主要支柱。"① 总之，正义是支撑社会存在的根基。失去了正义原则，社会不可能长久存在。正义感也是公民必须具备的最起码、最普遍的美德。失却了正义感，个人无法作出客观的是非善恶判断，也不可能理解为什么只有在正义所允许的范围内行使自由才是真正的自由，更不可能在正义所允许范围内选择自己的价值理想和生活方式。因此，作为道德的基础，正义是公民处理个人与他人、社会，乃至自然之间矛盾的底线标准；正义感则是公民的其他诸种美德如诚信、仁爱、宽容、感恩、知耻等实现的前提。

众所周知，个人利益与他人、社会利益是密切关联的。现实生活中的任何不义行为都会对他人及社会利益造成损害，并最终伤害个人。因此，一个拥有正义感的人，不仅要确保自己不做不义之事，而且还要努力阻止那些不义行为的发生，更要确立以行不义之事为耻的思想意识。虽然，我们在前文将正义感视为公民必须具备最起码的基础性美德，但当行为主体将正义感上升成为以不义行为为耻，并为了捍卫社会正义赴汤蹈火、在所不辞的境界时，正义感则成为了一种崇高的境界、高尚的品质。

因此，加强耻感教育，必须重视对民众正义感的培育。从一定意义上说，一个拥有正义感的人，一定是有着极强的耻感意识的人；一个正义的民族，一定是知耻的民族；一个正义的社会，必然重视民众耻感意识的培育。

七、荣辱观

荣誉与耻辱是在人们人生发展过程中可能遭遇的两种客观境遇。它们是评价是非善恶的一对基本范畴。人是有主观能动性的，社会生活中的人们，总会按照自己对于善与恶的认同而行为，总会在心灵深处对自己的行为和后果产生感受和体验。当人们认识到自己的思想行为符合其确立的善恶观念时，就会产生自尊、体面的心理感受，就会感到光荣；反之，就会产生自责、内疚的心理感受，就会感到羞耻。荣或辱不仅是人们在进行自我评价时产生的自尊或自愧的心理体验，而且是社会在对人们的思想行为进行褒奖或贬斥评价时产生的自尊或自愧的心理体验。当人们按照自己生活在其中的社会主导价值标准、道德

---

① [英]亚当·斯密：《道德情操论》，蒋自强译，北京：商务印书馆1997年版，第109页。

要求去行为，并为经济社会的稳定和发展作出贡献时，就会受到社会的褒奖，反之，则会被社会贬斥。凡生活在社会中的人们，都有自己对于荣与辱的看法和理解，但未必是理性的、稳定的。

荣辱观与感性的、具体的荣辱观念不同，它是人们依据一定道德标准进行自我评价、社会评价活动中，逐渐形成的关于荣辱观念的总和，是个别的、零散的荣辱观念的理性升华，是人们对于什么是荣誉与耻辱，以及如何正确对待人生境遇中的荣誉与耻辱问题的总的看法和根本观点。它的具体内容不是主观的、任意的，而是植根于社会生活之中，由一定社会或时代发展的需要所决定，是一定社会特定历史时期的善恶判断标准的反映。任何一个社会和时代都应存在一种适应时代以及社会发展要求的具有普遍适应性荣辱观，它是行为主体产生和形成正确荣誉感和耻辱感的前提和基础。因为个体对荣与耻的接受、内化、体验和反映都基于其认同并秉承的荣辱观。一个坚持并奉行错误荣辱观的人，是很难产生正确的荣誉感和耻辱感的。当然，人们形成的关于荣誉与耻辱的根本看法的普遍态度，又源自其信守的善恶观念。善恶观念的变化，甚至生产技术的变化都会引发人们荣耻观念的变迁。所以，要端正人们的荣辱观，首先需要端正人们的善恶观，但是荣耻本身又不等于善恶，它是行为主体在面对善恶进行自我评价以及接受他人、社会评价时的主观心理反映。善恶是荣耻所据以反映的对象，行为主体只有在把握一定的善恶观念，并认同一定社会的荣辱价值观的前提下，才能在趋善避恶的感召下，产生荣誉感与耻辱感。

荣辱观无论是对于个人的自我完善还是对于经济社会的治理和发展，都具有其自身特有的功能和作用。一方面，个人有了一定的荣辱观，就会自觉地趋荣避辱，在感到光荣时，就会不断地激励自己追求荣誉并保护已经取得的荣誉，不断地增强自尊和自信；在感到羞耻时，就会产生良心的不安，改过迁善，雪耻求荣。因此我们说，知荣辱是道德品质养成的前提，是立身处世之本。另一方面，一定社会的荣辱观一旦为广大社会成员所认同，就能形成一定社会所需要的习俗和风尚，保障社会的安定有序和顺利发展；就能形成团结奋斗的强大凝聚力，促进国家昌盛、民族繁荣。马克思曾经指出："耻辱就是一种内向的愤怒。如果整个国家真正感到了耻辱，它就会像一只蜷伏下来的狮子,准备向前扑去。"① "耻辱本身已经是一种革命"②。因此,古今中外,许多思想家、政治家、有志之士都极为重视荣辱观在个人成才和治理国家中地位和作用。

荣辱观具有鲜明的阶级性。荣辱观古已有之,荣辱心人皆有之。不同的时代,不同的民族,不同的阶级,持有不同世界观、人生观、价值观的人们,其荣辱观是不同的。一定的荣辱观总是反映一定的社会经济关系。恩格斯在《反杜林论》中指出:"人们自觉地或不自觉地,归根结底总是从他们阶级地位所依据的实际关系中——从他们进行生产和交换的经济关系中,吸取自己的道德观念"③;在《致奥托?瓦克斯》的书信中也指出:"每个社会集团都有它自己的荣辱观"。④ 在资本主义社会里,金钱确定人的价值,"钱"就是社会的奖章。正如恩格斯在《英国工人阶级状况》中指出的那样:"金钱确定人的价值:这个人值一万英镑,就是说,他拥有这样一笔钱。谁有钱,谁就'值得尊敬',就属于'上等人',就'有势力',而且在他那个圈子里在各方面都是领头的。"⑤ 社会主义荣辱观,回答的是社会主义社会中,什么是光荣,什么是耻辱。在社会主义社会里,劳动是光荣、豪迈的事业,谁为社会主义建设事业作出了贡献,谁才有资格荣获社会勋章。社会主义荣辱观反映了社会主义国家的世界观、人生观、价值观的导向。这正如胡锦涛同志指出的:"在我们的社会主义社会里,是非、善恶、美丑的界限绝对不能混淆,坚持什么,反对什么,倡导什么,抵制什么,都必须旗帜鲜明。要在全社会大力弘扬爱国主义、集体主义、社会主义思想,倡导社会主义基本道德规范,促进良好社会风气的形成和发展。"⑥

我们认为,当前我国社会所倡导的以"八荣八耻"为主要内容的社会主义荣辱观,就是在世界经济全球化和我国改革开放进一步深化发展的历史背景下,适应当前我国社会主义市场经济快速发展需要而产生的。它反映了协调人

---

① 《马克思恩格斯全集》第1卷,北京:人民出版社1956年版,第407页。
② 同上。
③ 《马克思恩格斯全集》第20卷,北京:人民出版社1971年版,102页。
④ 《马克思恩格斯全集》第39卷,北京:人民出版社1974年版,第251页。
⑤ 《马克思恩格斯全集》第2卷,北京:人民出版社1957年版,第566页。
⑥ 《胡锦涛吴邦国温家宝贾庆林曾庆红吴官正李长春罗干分别看望出席全国政协十届四次会议委员并参加讨论》,载《人民日报》,2006年3月5日。

与社会、人与自然和人与人之间关系的时代呼唤,反映了构建社会主义和谐社会的客观要求。"八荣"所涉及的每一个善行都具有鲜明的时代特色和现实针对性,"八耻"所揭示每一种恶行都直指当前我国社会存在的价值颠倒、荣耻错位现象。社会主义荣辱观为全社会坚持什么、反对什么、倡导什么、抵制什么,树立了一个明确的标准,体现了我国社会主义社会人的存在的本体论意义,是对社会主义社会中人之为人的根本性规定,也是对社会主义社会人的社会性价值的最好概括。

总之,在现实生活中,人们的一切积极道德情感的形成,有赖于正确荣辱观的树立。一个缺乏正确的荣辱善恶观念的人,不可能萌生合宜道德情感。因此,社会主义荣辱观不仅是耻感教育的核心或关键内容,而且是耻感教育的出发点和归宿。

第三节 道德耻感教育的基本特征

19世纪末以前,情感教育一直属于人文科学。其人文科学性表现在"古典人文主义"的教化意义。从中世纪的教会学校,到法国启蒙思想家卢梭的自然教育、德国文化教育中的陶冶学派,乃至美国的永恒主义教育学派,情感教育始终表现着其鲜明的人文主义色彩。中国传统文化中的情感教育也有着丰富的"人文化成"意义。它通过"能近取譬"、"反求诸己"、"格物致知"、"推己及人"等教育方法,教育人们遵守君臣、父子、夫妇、长幼、朋友之间人伦秩序,恪守社会基本道德规范。《小戴礼记》中将这种教育形式,形象地称为"情深文明",即一种以理服人、以情动人、寓教于情、理从情出、合情合理的教育形式。

进入现代,情感教育的人文科学内涵更加丰富。这不仅表现在一大批新兴学科(如社会学、人类学等)的涌现,为现代情感教育增添了全新的指导思想和研究内容,更重要的在于它们也为现代情感教育提供了更为独特的研究视角和研究方法。这些方法也同样适用于耻感教育的全过程。例如,有学者提出,"当代情感教育与传统情感教育和近代逻辑理智教育的区别在于,它是科学与人性(价值)重新组合起来的新形态。"也就是说,现代情感教育应是一种将科学与人性有机统一起来的新的教育形态。同样，耻感教育也应是一种坚持科学与人性有机统一的情感教育形态。我们认为，我们可以从如下三个方面来把握耻感教育的这一具有鲜明时代特色的基本特征。

一、现实性与超越性的统一

情感教育古已有之。早在先秦时期，孔子就十分重视情感在教育中的重要性，如子曰："知之者不如好之者，好之者不如乐之者。"① "兴于诗，立于礼，成于乐。"法国著名的启蒙主义思想家卢梭提出的自然教育理论也为情感道德教育提供了丰富的理论资源。所谓自然教育就是服从自然的法则，听任人的身心自由发展。卢梭认为，实现这种教育的基本手段就是生活和实践，让学生在生活和实践的切身体验中，通过感官的感受获得他所需要的知识。因此，卢梭主张采用情感教育的方法，反对抽象地死啃书本。但卢梭自然教育的逻辑起点是强调人与自然的统一，排斥人类的文明进步，尤其排斥工业与科学，认为只有自然状态本身才是道德的、美好的；人类越文明，道德越堕落。显然，在卢梭的教育理念中，情感教育是与科学完全对立的。

随着现代科学技术的迅猛发展，卢梭的自然教育理论的局限性日益明显。实践证明，现代情感教育绝不是与科学或理性教育相对立的教育形式。相反，二者之间有着内在一致性。因为科学就是人的科学，离不开人的活动。科学既有其工具理性意义，也有其价值理性内涵。在现代教育理念中，突显情感教育，绝不是要否定科学教育的工具意义，片面强调情感的非理性意义，而是主张在充分挖掘科学、理性教育的价值意义的过程中，高扬科学的人文性，突显科学创造活动中人的意义和价值，认识到提升科学主体的人文素养的重要性。因此，现代情感教育主张将人的认识欲、创造欲、探索欲、好奇心等非理性因素融入科学教育中，并将道德感、责任感、使命感等道德情感作为科学教育的基础。并据此提出，现代情感教育的目的是防止人的异化，实现人自身的完美。从这个意义上，我们认为，情感教育一定是现实的、具体的。

作为现代情感教育重要组成部分的耻感教育也是现实的、具体的。这一方面是由情感教育自身的现实性特征所决定；另一方面也是由道德耻感本身的主

---

① 《论语·为政》。

观性与客观性相统一的特征决定。首先，耻感教育的内容是客观现实的。不同时代、不同国家的荣耻内容以及人们以何为荣耻的界定标准虽然会有差异，但这些内容一旦得以确定，就会长期存在，且不会轻易改变；理解并接纳自身所处社会及时代的普遍善恶价值观念和伦理道德原则，是社会成员真正做到趋善避恶、尚荣知耻的逻辑前提。从这个意义上，我们认为，耻感教育只有立足于社会现实，着眼于受教育者的生活时代，才能真正实现其增强受教育者正确辨别是非、善恶、荣辱、美丑能力的教育目的。其次，道德耻感作为一种情感体验，其表现形式又是主观的。一般说来，现实社会生活中伦理道德原则和荣辱评价标准能够有效发挥其制裁和规约作用的关键在于：受教育者自身对其的认同和接纳程度。同样的伦理道德原则和是非善恶观念，面对不同的个体，由于其接纳认同度不同，可能会产生截然不同的情感反应。也就是说，道德耻感的萌生是因人而异的。因此，耻感教育在注重受教育者所处社会现实的同时，还应关注受教育者的自身生活实际、个性差异及情感倾向。从这个意义上，我们认为，耻感教育也是具体的。

众所周知，若想把一个不谙世事的自然人培养教育成为一个成熟的社会人，至少需要20年的实践。因此，从本质上看，教育是一项指向未来的、面向未来的事业。教育的目的都是指向未来的，即为未来社会培养高素质的人才。从这个意义上说，现代情感教育也具有超越性，其超越性在于：为未来社会培养智商与情商协调、平衡发展的人。同样，作为情感教育重要表现形式的耻感教育也具有超越性特征，其超越性的功能在于：它希望通过这种特殊的情感教育形式，为社会培养出一批明辨是非、尚荣知耻的人；希望通过教育，让人们学会运用"自讼"、"内省"、"反求诸己"、"慎独"等形式，发现自身的不足与缺陷，实现自身的转化与完善。

二、主体性与适应性的统一

情绪心理学认为，需要在人的情绪发生、发展中起着重要作用。它既是人情绪发生必须具备的生物性根源，又是制约人情绪社会化的重要因素。任何有效的教育形式，都不是从外部强加的，而是从内部寻找根据。因此，教育必然关注人的主体性，强调人的适应性，并将满足、调节、引导和提升人的需要作为实现人由实然状态向应然状态转变的重要途径。情感教育也不例外，它也是一种主体性和适应性相统一的教育形式。首先,情感教育是一种适应人的向善需求的教育形式。其直接目的是让人的情感在兴趣、爱好、激情、愿望中获得满足。情感教育还会通过对人的多种需要的调节、引导、控制,使受教育者不断从自身的"完满"与"超越"性追求中获得满足,并在人们的内心世界形成一种合理恰当的情感"定势倾向"。当行为主体的恰当合理的选择或需要持续不断地得到实现或满足时,他就会感到不是客观外在的必然世界支配和控制着人的主观世界,人类自身完全可以通过自身主观能动性的充分发挥,改造或建立一个全新的适应人类自身发展需要的必然世界。行为主体也会因此在人的内心深处升腾出一种自我超越的满足感、幸福感或曰主体意识。从这个意义上,我们可以认为,情感教育不仅是一种适应性教育,而且是一种彰显人的主体性的教育。它突出了人自我实现的可能性、能动性,体现了主体的自由意志。

教育主体性是指教育在对外部社会的历史启示、现实要求、未来趋势及自身状况四种因素进行综合考察之后,就如何回应,以何种方式,进行何种程度回应社会要求的问题作出理性判断,并相应采取的行动。因此,我们认为,教育的主体性实质上是教育就如何处理其自身同外部社会的关系问题作出的一种主动的、积极的选择。它反映了教育自身与外部社会的一种继承与批判意识兼具、实然价值与应然价值互通的关系。它既要求社会尊重自己,也要求自己努力服务于社会。概括地说,教育的主体性就是教育系统在同外部社会的关系中体现出来的主体性;它展现的是教育本身的主体性。情感教育主体性则反映的是情感教育与其他一切学科研究之间的一种融合、贯通关系。它既要求社会重视尊重情感在教育本身中的重要作用,也要求情感教育服务并融汇于各种学科研究过程。实践证明,任何一门学科研究都离不开人,即使是自然科学也是人的科学、人的活动;任何一门学科都可能因为偏重人的主体情感功能而趋向人文化。依据此理,彰显耻感教育的主体性也是情感教育以及耻感教育本身的必然要求。耻感教育的主体性反映的是耻感教育与道德情感教育之间的一种融合、贯通关系。它既要求社会重视耻感教育在道德情感教育中的重要作用,也要求通过耻感教育自身的完善推动道德情感教育的发展。另外,耻感教育的主体性也是由耻感本身的主观性特征所决定的。虽然一定社会一定历史时期的善恶观念、荣耻标准是客观实存的,但这并不意味着每一个社会成员的会因此形成相同的荣耻感或善恶感。这是因为，任何一种客观普遍的道德原则或伦理规范若想真正转化为行为主体认同和接受的行为准则或价值评价标准，都要经历一个复杂的过程。不同个体的接受机制、转化机制各不相同，特别是当社会外在规范、原则和标准缺乏稳定性和说服力时，人们的荣耻感就会呈现出主观性、多元性。也就是说，个体道德耻感萌生是因时代而异，也是因人而异的。它会根据个体所处的时代不同，在社会生活中的参与程度不同，社会对其角色具体要求的不同，以及个体对自我行为的认知、评价乃至预期的意识的不同而不同。因此，耻感教育既要适应时代的需要，也要适应行为主体自身的实际需要。也就是说，耻感教育既是一种满足人们尚荣知耻向善需求的教育形式，也是一种适应社会成员的不同荣耻需求的教育。因此，真正切实有效的耻感教育应承认受教育者主体地位、尊重其主体尊严、提升其主体意识、培育其主体能力；应结合不同个体或群体的不同向善需求，建立一种适应不同个体或群体的教育引导机制；应通过对人们求荣避辱、驱善避恶等向善心理倾向的涵育和葆养，激发和强化人们的荣誉感和耻辱感，帮助人们建立起"善善""恶恶""荣荣""耻耻"的积极情感反应。

三、践履性与评价性的统一

马克思在《1857—1858年经济学手稿》中，曾经把人类把握世界的方式分为四种，即科学理论的、艺术的、宗教的和实践精神的。道德是一种社会意识、思想关系，因此它是一种精神。但道德这种精神与科学、艺术不同，它是一种以指导人们行为实践为目的，以引导人们形成正确的行为方式为内容的精神。因此，道德是一种实践精神。道德教育也具有践履性特征，具体表现为：道德教育必须适应社会道德实践的基本需要；必须以引导受教育者切实履行道德义务为目的。离开了实践性，道德教育就会沦为空洞的说教。同样，道德情感教育也与行为主体的行为实践有着必然关联性。这是因为，现实生活中的个体只有通过环境的熏陶、道德知识的学习和一定的道德行为实践活动，才能掌握、理解并接纳认同社会主流的道德原则和伦理规范，并具备一定的道德判断、选择和评价能力。也就是说，行为主体只有积极参与社会生活实践，创设道德情景，才能激发道德情感。因此，情感学习绝不是静观意义上的学习，而是一种强烈的情感体验与情感认同。它意味着教育者与受教育者身心的整体介入。同样，耻感教育本身也是具有鲜明的实践性，离开了具体的道德实践活动，耻感教育就会成为无源之水、无本之木。这是因为，如果行为主体脱离一定社会关系，不进行实际的道德实践活动，没有受到社会舆论、风俗习惯的影响，没有建立起自身理应遵从和信奉的社会普遍价值观念和道德原则的理念，人类不可能产生任何道德情感。因此，耻感教育具有强烈的实践性。这里所说的实践性，主要包括三个方面的涵义：一是耻感教育必须适应当前我国公民的实际道德状况和社会主义道德教育的实际需要；二是耻感教育的主要目的是引导受教育者明确社会的基本价值取向和行为准则，并在其内心深处树立一种以违背社会成员普遍认同和接受的荣耻标准、善恶观念和道德原则为耻的价值理念，进而成为社会主义荣辱观的主动践行者；三是从事耻感教育者本人应当首先成为社会主义荣辱观的积极践行者。总之，耻感教育绝不仅仅是一种静观意义的知耻学习，而应是一种强烈的耻感体验，真正地明耻尚荣的道德行为实践。

我们知道，道德耻感是行为主体对自身或他人的思想、动机或行为进行道德评价时产生的一种特殊的情感体验。从这个意义上，我们可以说道德评价是耻感产生的直接原因。在道德生活中，道德评价一般通过内心信念和社会舆论发挥作用。对此，罗国杰先生这样分析："道德评价之凭借社会舆论，主要是把个体和群体活动的善恶价值判断，反馈给行为者和其他社会成员，使人们通过舆论的谴责或赞许，自觉对照检查自己的行为，并为自己符合准则的、道德的行为而体验到一种道德崇高感和尊严感，进而使这种行为发扬光大；为自己违反准则的、不道德的行为而知耻、愧疚，进而能够及时改正，去恶从善。"[①]就是说，如果从情感的层面看，荣誉感和羞耻感是道德评价的两种基本情感表现形式。提高受教育者的情感评价能力应该是耻感教育的重要目的。耻感教育不仅使受教育者明确"何谓耻"，而且具有"应当以何为荣"的价值指向，其根本目的是提高广大社会成员的知善知恶的能力，使其养成向善去恶的自觉态度，进而使社会风气得到改善。而"知善知恶"、"向善去恶"本身就是行为主体在道德实践活动中道德评价能力的体现，因此，无论是从道德耻感本身来看，还是从耻感教育的根本目的的层面看，耻感教育都表现出明显的评价性特

---

① 罗国杰：《伦理学》，北京：人民出版社1989年版，第403页。

征。从这个意义上,我们甚至可以说,耻感教育本身就是一种道德评价能力的教育。它是一种自我评价教育,即对行为主体依据自身的价值取向,对自身思想或行为善恶的自我认识或自我判断能力的教育;也是一种社会评价教育,即行为主体依据社会普遍的道德原则和伦理规范,客观科学地认识、体认社会或他人对自身思想、动机、行为的判断能力的教育。

四、兼进性与多端性的统一

道德人格的形成和完善过程是道德认知、道德情感、道德意志、道德信念和道德习惯五种要素相互依存、相互促进、共同作用的过程。依据道德人格的形成、发展的一般规律,耻感教育也应是一个帮助受教育者提高道德认识、激发道德荣耻感、确立善恶观念、明确善恶标准、养成知荣明耻的道德习惯的过程。

其一,耻感教育的起点是提高道德认识。毛泽东说:"不论做什么事,不懂的那件事的情形,它的性质,它和它以外的事情的关联,就不知道那件事的规律,就不知道如何去做,就不能做好那件事。"① 在耻感教育中也是如此,要想使受教育者成为一名知荣明耻、尚荣避耻的人,就必须让受教育者了解和把握社会基本的道德原则和伦理规范,知道什么是善,什么是恶;应当以何为荣,以何为耻,有了这个前提条件,受教育者才能真正明确自己的道德追求方向和道德防范底线。其二,耻感教育的第二个环节是激发受教育者的道德荣耻感。列宁说:"没有'人的情感'就从来没有也不可能有对真理的追求。"② 同样,如果没有情感,人们也不会产生对善、荣的强烈追求以及对恶、辱的激烈拒斥。教育者只有通过实际道德生活中善恶、荣耻事例的鲜明对比,让受教育者真实体验到善的美好,恶的丑陋,才能使受教育者逐渐形成比较稳定的求荣避辱、向善去恶的积极道德情感。其三,耻感教育的第三个环节是确立受教育者的善恶荣辱信念,这是耻感教育的中心环节。这个环节是建立在前两个环节之上的。因为稳固的善恶观念或荣辱观念是建立在深刻的道德认识和强烈的道德情感倾向基础上的。稳固的善恶荣辱观念一旦形成,受教育者的荣辱感受就

---

① 《毛泽东选集》第 1 卷,北京,人民出版社 1995 年版,第 155 页。
② 《列宁全集》25 卷,北京:人民出版社 1988 年版,第 255 页。

不会轻易为外在的荣辱得失所左右。这种境界类似于庄子所说的："举世而誉之而不加劝（勉励），举世而非之而不加沮（沮丧），定乎内外之分，辩乎荣辱之境，斯已矣。"① 和司马光所云："誉之不喜，毁之不怒"②。如此坚定的善恶荣辱信念一旦确立，也就意味着受教育者的道德人格初步形成。其四，耻感教育的最后一个环节是道德习惯的养成，即让受教育者习惯于遵守社会普遍倡导的荣辱观、善恶观，并达到一种从心所欲不逾矩的状态。当然，要想达到这样的境界，还需要家庭、学校、社会联合起来，分阶段、分层次、循序渐进地对受教育者施行善恶观、荣耻观教育。

耻感教育过程中，四个教育环节是相互联系、相互影响的。道德认识的提高，总是伴随着好荣恶辱情感的加深；强烈的羞耻感也有利于人们加深道德认识、坚定道德信念、践履道德行为。也就是说，耻感教育诸环节具有同时性或兼具性特征。因此，我们在耻感教育中，不能片面地重视其中的某一环节，而忽视其他环节。正确的方法是：从多方面、多环节入手，同时进行道德认识、道德荣耻感、善恶荣辱观念及习惯的教育和训练，使其相互依存、相互促进、共同作用。

耻感教育各环节的相互影响和相互作用的特征也使耻感教育的起点具有了多端性特征。也就是说，进行耻感教育不能机械地将提高道德认识作为教育起点。因为历史时期、社会环境不同，与之相对应的社会道德关系和道德要求会表现出极大的差异；不同的受教育者，性格气质、生活经历以及人格状况不同，决定了其道德需要也各不相同，这要求教育者在耻感教育过程中应当根据不同时代、不同社会，乃至不同个体的实际需要，采用不同的教育方式，选择不同教育切入点。

---

① 《庄子·逍遥游》。
② 《温国文正司马公集》卷1，《灵物赋》。

第七章 道德耻感教育的过程、目标及模式

　　道德情感教育和道德认知教育作为道德教育过程中必不可少的两个环节和阶段是既相联系,又相区别的。其联系性在于:道德认知教育是道德情感教育的基础;情感教育则是认知教育的具体化、形象化、情感化。其区别在于:二者作为道德教育的不同发展阶段,必然具有各自不同的教育目标和教育运行机制。道德认知教育注重道德知识的传授和理论的灌输;而道德情感教育则关注教育过程中人的情感、感受、体验、经验的变化。耻感教育的过程是逐层递进的。它是一个由道德认知动情——道德感受体验——道德理解认同——道德观念人格化四个环节构成的教育过程,各环节之间是一种相互联系、相互过渡、逐层递进的关系。耻感教育的目标是具有阶段性的。它只有循着儿童、少年时期确立的感受快乐——兴趣,培养自信、自尊心,到青年时期培养道德同一感情感教育方向道德认同,并在原有的友谊、关爱、自尊的基础上,衍生出正义感、责任感、荣誉感、道德感等更广阔的情感范围和更丰富的情感内容的教育路径规划教育目标,才符合情感教育的发展规律。耻感教育的教育模式也极具典型性,本章主要介绍了情景教学、生命叙事和生态体验等三种模式。

第一节 道德耻感教育的内在发展过程

　　道德情感教育是一个由道德认知动情——道德感受体验——道德理解认同——道德观念人格四个环节构成的教育过程,各环节之间是一种相互联系、相互过渡、逐层递进的关系。这一发展过程,同样适用于耻感教育。

一、认知情动过程

道德耻感教育的过程首先是道德认知情动过程,认知情动是耻感教育的前提和基础。

(一)认知情动的涵义及其相互关系

认知是个体在道德实践过程中,通过感觉、知觉、表象和概念、判断、推理等形式,完成对社会现象的认识、理解与把握。情动,心理学称之为情绪。它是一种被激烈扰乱的感情过程或状态,是陷入非常状态的主观经验,它使精神和身体的能源突然改变分布状态和机能,也使人的感情充沛,活动能力提高。[1] 从伦理学的角度看,认知与情动是密切相关的。一般说来,个体道德知识储备得越丰富,道德认知能力越强,其行为就越可能合乎道德,其情感反应也就越可能合乎情理。与之相对应,强烈的道德情感反应又可以有效地影响和规约人们的道德认知和道德行为。以道德耻感为例,道德认知对道德耻感的定向作用是在道德良心的作用过程中体现出来的,尤其是当个体面对自身或他人违规的思想行为,因良心不安、良心谴责而羞耻并萌生道德顿悟时,更能凸现出道德认知的定向功能。因为个体只有具备一定的道德认知能力才可能借助自己丰富的道德知识,对自身或他人的思想行为进行理性思维和道德反省,并以此唤醒道德良心,激发道德耻感,进而作出正确的道德选择。据此,我们可以将认知与情动的关系概括为:认知可以激发或诱导情动,并决定情动的发展方向;情动则可以控制和调节人的认知和行为。正如情绪心理学者孟昭兰所说:"情绪自身的操作可以影响知觉中对信息的选择,监视信息的流动,促进或阻止工作记忆,干涉决策、推理和问题的解决。因此情绪可以驾驭行为,支配有机体同环境相协调,使有机体对环境信息作出最佳处理。同时,认知加工对信息的评价通过神经激活而诱导情绪。"[2]

总之,无论是情绪还是认知,都会对人的道德心理产生重要影响。认知是以行为主体对某种道德情境或现象自身意义的认识而起作用;而情绪则是以道德情境或现象对行为主体本身的意义,即通过让行为主体体验快乐、痛苦、羞

---

[1] 朱小蔓:《情感教育论纲》,北京:人民出版社2007年版,第142页。
[2] 孟昭兰:《人类情绪》,上海,上海人民出版社1989年版,第31页。

愧、恐惧、愤怒而发挥作用。情感的发生机制与认知又密切关联。倘若行为主体缺乏清晰而明确的道德认知能力，其道德情感的发生发展机制也就难以健全，也就难以产生合宜的道德情感。正因如此，我们才将认知——情动视为道德耻感教育过程中重要环节。

（二）人的认知——情感结构

心理学研究表明，人的认知与情感因素之间经过无数次的相互结合和相互作用，会逐渐形成一种较稳定的认知——情感结构。所谓认知——情感结构是指"某些特定的感情模式同特定的认知定势在长期中不断相互结合而形成的心理特征或心理结构倾向"①。由于这种心理结构是人们在长期生活中逐渐形成的，因而会对人们未来的行为产生动机或预示作用。事实上，认知与情感相互作用，往往会影响行为主体的道德选择和道德判断，人们会经常在认知与情感的相互影响和作用过程中从事这样或那样的道德实践活动。也就是说，认知——情感结构中包含着一种动力关系。人们通过自身的情感因素和认知因素的无数次结合和相互作用，建立起自己思想和行为的动机系统。

情感——认知学派伊扎德认为，认知——情感的相互作用是影响人情感发展的主要形式。它不仅在婴儿的前语言阶段起作用，而且在语言阶段也依然发挥作用。而且会随着个体年龄和阅历的增长而形成一种固定倾向，即形成某种认知——情感结构。这种结构一方面是个体先天预成结构，另一方面也与个体后天婴幼儿阶段所获得的培养密切相关。也就是说，父母、老师后天对婴幼儿各种主动情绪反应的敏感程度、应答态度和应答方式，直接影响其认知——情感倾向及图式的形成。因此，个体的认知——情感结构是情感教育实施的生物社会性前提。它意味着情感教育对象与认知教育一样，其所面对的教育对象是复杂多样的。教师在情感教育过程中，必须结合不同个体的不同认知——情感特征确定不同教育方法。如果教育者面对的是认知——情感结构不完善、倾向不清晰的个体，就需要教师给予学生新的认知刺激，促使其从根本上转换原有认知——情感结构，建立新的认知——情感图式；如果受教育者的认知——情感结构已然形成，且成为行为主体的主要动机系统。在这种情况下，如果教师

---

① 孟昭兰：《人类情绪》，上海，上海人民出版社1989年版，第107页。

给予的教育，不能得到受教育者的认同和接纳，这样教育一定是无效的。这就需要教师积极寻找适当的、能够为学生认同和接受的方式，引导学生用自身原有的认知——情感图式同化或吸纳新的外部刺激。学生的认知——情感结构就是在教师的教育和引导下，不断经历平衡——不平衡——新的平衡的发展过程中，逐渐走向成熟完善的。引导和帮助受教育者确立稳定平衡合理的认知——情感图式，同样也是耻感教育的首要环节。在耻感教育中，我们可以尝试探索培养学生这样一种认知——情感结构：积极鼓励学生崇尚光荣、畏惧耻辱，培养学生的敬重心、慎独精神、自讼意识和反躬自省的道德品性，并通过这些价值观念激发学生的道德荣耻感，进而使学生养成一种向善驱恶、尚荣知耻、敬重道德、尊重自我的认知——情感倾向。

二、感受过程

心理学研究表明：个体情感的信息加工过程与其感受状态密切相关。深刻的情感记忆是建立在强烈的感受体验基础上的，没有感受现象，就不会存在情感发展机制。正因如此，我们才把感受过程视为情感教育的重要环节。

从一定意义上说，情感教育的重要任务之一就是丰富人的感觉，使受教育者意识到人不仅生活在意义世界，而且生活在自然世界中。因此，有学者指出，现代人一旦进入了概念世界……就会忽视事物的很多真实情况。因此，语言文字往往限制个体在具体情境下的真实体验。有学者批评现代教育忽视了受教育者感受教育（如审美感受、艺术感受等）。他们认为，在精神情感匮乏、印象积累贫乏的情况下，单纯地掌握大量的知识只能导致人的感受萎缩。[①] 因此，我们认为，情感教育应该重视人非逻辑思维的发展，不要让人的社会感受、审美感受牺牲在强大的逻辑思维训练中，保护、培育和开发受教育者敏锐的感受能力、强烈的感受欲望应是情感教育的重要过程。笔者以为，情感教育的感受过程应包括如下几个方面：

一是对自然的感受。人与自然息息相关，自然界的各种自然现象、自然规律、自然生命与人的生命节奏、生命律动及生命活力是相互辉映的。对自然的热爱，就是人对自身的热爱的表现，二者是有机统一的。因此，康德说："对

[①] 朱小蔓：《情感教育论纲》，北京：人民出版社2007年版，第149页。

自然美抱有直接的兴趣，永远是人善良的标志。"的确，一个对自然充满崇敬和热爱之情的人，一定是善良、有良知的人。因此，将受教育者置于自然的怀抱，引领其观察、感受自然外物的崇高、优美、曲折和变化，激发其热爱自然、亲近自然，与自然和谐、统一的情怀，应是情感教育中不可或缺的重要环节。

二是对生命的感受。德国思想家康德认为，人类对自己的生命承担着完全责任。人应当尽己所能，维护、发展和提高自己的生命，使其具有最大的道德价值。事实上，道德教育本身也是指向个体的内在生命。其根本目的在于实现对个体生命的关切、规约与升华，帮助人们寻找和建构生命的真实意义。也就是说，道德教育是一种以个体生命本身为基础的存在，也是一种对个体生命实施引导和超越的存在。因此，道德教育应该回归现实，回归个体生命本身。同样，情感教育也应回归现实，回归生命。在实施情感教育过程中，让学生真实地感受生命的意义和价值，并引导其将自己的真实感受用语言和行动表达出来。人对生命本身的意义和价值感受越多，其对生命的热爱、敬重之情就越深，其提升自身生命意义的情感也就越强烈。

三是对美的感受，即美感。它是人所特有的一种高级社会情感和思想意识，是行为主体对客观世界中各种美事物的体验和反映。一般说来，行为主体在通过自己的感官、思维体验美，认识美的过程中，自身的情感受到激发，精神获得愉悦，思想得到启迪时，才意味着美感的形成。美感是由情感体验开始的，但最终还须由情感体验升华到理性判断才能得到深化。它是形象性与思想性、感性与理性的有机统一体。但是，并不是每个人都能感受美感的惠泽。正如前苏联著名美学理论家列·斯托洛维奇所说："不是每个人自童年起就有幸看到艺术天才的创作，接受文化价值，同精神丰富的人们接触。"[1] 因此，我们认为，教师应该努力通过艺术审美的途径弥补多数学生的美感缺陷。例如，通过音乐、文学、美术等多种艺术形式，激发和培育学生的审美感受。因为在文学、美术、音乐等各种形式的艺术作品中凝聚着创作者的情感倾向或情感模式，教师可以引导学生用审美知觉去感知、体验和欣赏各种不同形式的艺术作

---

[1] ［苏］列·斯托洛维奇：《审美价值的本质》，凌继尧译，北京：中国社会科学出版社1984年版，第191页。

品中蕴含的心理能量、生命律动和情感意境。事实上，对艺术的感受或曰美的感受，也要经历一个由感性向理性、由形象性向思想性的转换过程，而这一过程不仅是一种符号意义的推断过程，也是一个情感体验和把握过程。因为，人们对美的感受阅历越丰富，认知——情感模式就越稳定，情感评价体系就越完善，其情感认知评价的能力也就越强。同样道理，个体的美感感受力与其耻感体验力也同样表现出正相关倾向，即个体美感感受力越强，其耻感体验也就越强烈；相反，一个对周围美事物持漠然态度的人，其对周围恶事物的反感厌恶度也就越弱。

三、体验过程

体验是道德教育实践活动中不可或缺的重要环节。这是因为，社会生活中道德原则和伦理规范本质上都不是干巴巴的教条，而是一个个有生命力的、鲜活的行为规范。他们潜存于一切社会关系之中。只有行为主体真正置身于各种社会实践活动，才能切实地感受到道德对人们行为和思想的规约和影响，从而加深对社会伦理原则和道德规范的理解和认同。因此，有学者提出，在今后新的课程概念中应该建立新的教育秩序和师生关系，这种关系将不再单纯地体现为师生之间的单向教学关系，而应体现为师生在共同探究有关课题的过程中的相互影响。[①] 体验作为道德情感教育理论中的一个重要范畴，既具有认识论意义，也具有本体论意义。因为体验既是个体认识世界的方式，也是其追寻生命意义的方式；通过体验，个体不仅可以完成对事物的认识和理解，而且可以实现对生命价值意义的追问。因此，道德情感教育要想从传统单一的认识论领域步入本体论的研究视阈，就必须关注体验的独特意义和价值。换而言之，在道德教育过程中，教师不仅要关心学生是否有认知，而且要关注学生是否有体验，有什么体验以及需要什么样的体验等。那么，什么是体验？它有哪些类型？它们在情感教育中又各自发挥着怎样的作用呢？

体验是一个为多学科共同关注的重要范畴。由于各学科研究方向及研究定位不同，对其概念的界定内容也就各不相同。心理学者认为，体验是一种普遍的心理反应或心理感受。教育学者认为，体验是一种图景思维活动，这个

---

① 刘惊铎：《体验——道德教育的本体》，载《教育研究》，2003 年第 2 期。

"图景"中既包含着行为主体曾经的生活阅历、现实的生活情形,也包括其未来的人生期望。哲学意义的体验则指行为主体以自身为客体的感知方式。

关于体验的分类。依据体验的表现形式不同,我们可以将其划分为心理体验和实践体验两种形式。心理体验是指认识主体依据自己临时、预设的某种客体环境、立场、观点去观察事物、思考问题,并从中获取关于自身感性信息的感觉形式。概括地说,心理体验是认识主体在思想上把自己当做客体的一种感觉表现形式。实践体验则指行为主体不仅从思想上把自己当做客体,而且将自己置于现实的实践活动中,并站在他人或研究对象的立场观察思考问题,感知生活。

依据体验的产生原因不同,我们又可以将其划分为主动体验和被动体验两种形式。所谓被动体验是指体验活动是与行为主体的思想意识和行为实践相伴而生的直接、经常的感觉形式。它具有自发性、直接性的特点;不需要教育者有意识地设计场景,也不需要学生付出任何有意识的主观努力。这种体验转瞬即逝,往往不会给体验者留下深刻的印象。主动体验则是教育者为了解决现实生活存在的某些问题和冲突,有目的有计划设计某种情绪体验场景,用以引发学生情感共鸣的感觉形式。相对于被动体验而言,主动体验不是直接的、自然而然的体验形式;不是以直接达到某种体验结果而进行的体验活动,而是为了改变受教育者的某种思想意识、心理世界而有意识设计的体验活动。其目的不在于让体验者认识情景体验本身的意义,而是让体验者在体验中重建意义。因此,从一定意义上说,主动体验是一种以改造体验者的某种思想意识、心理情景和心理世界为目的的感觉活动。而被动体验只是一种渗透并熔铸于体验者的思想意识和心理活动之中的心理事实。它仅仅停留在人们的生活表层,一般不会引发体验者精神世界的彻底变化。主动体验则不同,"当行为主体的体验活动发展到主动体验的水平后,便不再停留于直接的、当下的满足,也不再受制于物欲和私欲,为了寻求和验证某种更高的意义关系,他宁肯承受痛苦的感受。因为在痛苦之后,人会因自己在对象化过程中体现出的本质力量感到自豪,甚至崇高。"[1] 因此,在道德耻感教育过程中,我们应当重视发挥主动体验的积极作用,把握被动体验向主动体验的转化规律。

---

[1] 朱小蔓:《情感教育论纲》,北京:人民出版社2007年版,第157页。

也有学者从体验情景的时间维度的不同,将体验划分为期待性体验和追忆性体验。所谓期待性体验是一种能够帮助人们憧憬未来、描绘未来、设计未来的感性认知形式。人是世界上唯一一种能够使自己生活在未来世界的动物;对于每一个有意识、有思想的人而言,没有期待,没有憧憬的生活将是不可想象的。期待未来,设计未来,思考未来,是人之本性,也是人与动物相区别的根本标志之一。文化人类学的研究表明:几乎每一个处在人生重要转折期的人,都是希望能够获得集体和他人的接受或认同。例如,从远古社会沿袭下来一些重要的仪式,如成人礼、婚礼、葬礼等,直至今天依然普遍流行于世界各个国家或民族中。体验活动也是现代情感教育的重要环节。在情感教育过程中,教师应当有意识地开展各种形式的具有期待性特点的体验活动:如开学典礼、毕业典礼、成人仪式、入团仪式、入党仪式等,或者在学生中举行歌颂青春、祖国、人生或理想等活动。从一定意义上说,适当合宜的期待性追忆活动对于激发学生责任感、使命感以及创造欲,都具有积极意义。这是因为,追忆性体验是一种能够帮助学生重新发现过去生活意义的感性知觉形式。通过它,学生不仅可以将已经逝去的、值得珍视和重温的美好生活记忆或生活体验重新提取出来,而且让学生从平淡的人生中发现美,进而热爱美,追求美;即便是人生的痛苦经历,教师也要积极引导学生学会从中探寻到积极的人生体验。这是因为,"人在幸福气氛中所体验的时间性,在某种意义上说,优于人在不安的气氛中所体验的时间性,这是因为人的信念更多的是在幸福瞬间树立起来的,只有在幸福瞬间人们才能感受到自己的完善性,以及周围世界的完善性和稳定性。生活的力量才能得到肯定,新的生活课题才能接踵而至。"[①]

我们知道,耻感教育的根本目的是让受教育者成为明辨是非、善恶、美丑,具有知耻尚荣、知荣明辱、向善驱恶等美好品性的情感健全的、内心世界丰富的人。因此,作为耻感教育的重要环节的体验活动应该按照学生的基本情感需求进行安排和设计。我们认为,心理体验、实践体验、主动体验、期待性体验以及追忆性体验等,都是教师在耻感教育活动中值得尝试的体验形式。

---

① 朱小蔓:《情感教育论纲》,北京:人民出版社2007年版,第155页。

四、价值体系化——人格化过程

　　道德耻感教育的重要目的之一就是培养学生对善恶、荣辱等价值观念的正确体验和感受，并逐渐将社会普遍或主流的善恶观、荣辱观等外在要求转化为学生的内在精神诉求，即在学生内心深处融合形成一种稳定而统一的荣辱价值体系。事实上，情感教育过程的每一步推进（即由认知——情动阶段逐渐向感觉、体验等阶段的发展），都意味着学生面临一次选择，而每一次选择都会让学生的内部价值体系经历一次建构，并逐步趋向完整化、体系化。美国教育家克拉斯沃尔和布鲁姆在其著作《教育目标分类学》中提出，当学习者连续地将各种价值观念加以内化的时候，会遭遇很多矛盾或冲突。这就需要受教育者学会（1）将各种价值组织成一个体系；（2）明确不同价值之间的关系；（3）确定占主导地位的和普遍的价值体系。① 他们认为，个体内在价值体系具有稳定、和谐、一致的特征，这一体系一旦形成，就会成为支配个体思想和行为的重要依据。可见，价值体系化——人格化应是情感教育过程中的最高发展阶段。所谓价值体系化是指对受教育者的思想和行为起着支配和控制作用的、由各种价值观念组合而成的价值观念整体。社会主义道德教育主张人的价值体系化必须以社会主义核心价值体系统领受教育者的整个价值序列。因为只有这样的价值体系统领的价值体系化过程才具有教育意义。

　　心理学者认为，在个体人格系统中，情绪居于核心位置。个体人格特征是可以通过其自身的复合型情绪特质表现出来的。因此，本书所说的"人格化"包含有人的情感发展状态，但又"不仅是心理层面上情绪特质的稳定状态或恒定状态，而且是……具有特定思想文化内涵，负载着具体教育内容，比较稳定或恒定的情感反应模式"②。它是指学生在教师的教育引导下，逐步使自己的情感走向体系化、整体化的、稳定的内在精神状态。

　　一些学者认为，情感教育应该包含有两个层面的教育实践活动：一是受教育者的外部感性物质活动，即实践；二是受教育者的思维内部活动。与前三个

---

　　① ［美］克拉斯沃尔、布鲁姆：《教育目标分类》第 2 分册，施良方等译，上海：华东师范大学出版社 1989 年版，第 205—206 页。
　　② 朱小蔓，《情感教育论纲》，北京：人民出版社，2007 年，161 页。

阶段相比较，情感教育在价值体系化——人格化阶段对教育实践活动提出的要求更高。首先，要提高教育主体实践活动的外向化水平。教师在此阶段应主动超越校园文化教育活动的界限，引导学生走出校园，走向社会，培养学生社会角色意识，提高学生充当各种社会角色的能力；帮助学生在真实的社会实践体验中逐步确立起稳定的价值取向。其次，提高受教育者思维活动的内向化水平。情感教育主体的内向化水平是指情感教育主体思维内部活动的深化程度。从心理发生过程的层面看，教育主体的外部感性物质活动与思维内部活动之间呈现出的是一种积淀延伸关系。也就是说，教育主体经历的外部感性物质活动内容越丰富，其思维内部活动就越深化，即其思维活动的内向化水平就越高。一般说来，人类的高级情感体验是在多种价值的矛盾、冲突体验中产生的。如果仅从情感的层面理解情感教育主体思维活动的内向化这一概念，我们认为其内向化水平提高的标志在于：教育主体能够体验到由多元价值冲突引发的焦虑、痛苦、忧患等复杂情绪。因此，情感教育只有深入受教育者的冲突世界，才能真正触及受教育者的灵魂，促进其人格成长及思维活动的内向化水平。一般说来，人类的冲突世界大致包含有三对基本矛盾：即个体意识与群体意识、理想自我与现实自我、社会主流价值和时尚价值之间的矛盾。从总体上看，在个体独立思维判断能力成熟之前，由于行为主体自主选择能力不强，这些矛盾都处于外在对立状态，即社会普遍存在的各种外在原则和规范，对于受教育者而言，只是一种外在的、他律性社会规范。面对社会上各种原则和规范，受教育者最大的痛苦在于：即使没有理解，也必须接受；虽然无法与之融汇，也必须认同。进入成年后，尤其是当受教育者的独立思维、判断和选择能力形成以后，情况就发生很大的变化。面对个体意识与群体意识之间的矛盾，受教育者不再一味地使个体意识盲从于社会群体意识，而是积极寻求建立二者和谐关系的契合点，努力实现个体对社会认同与社会对个人确认的有机统一。面对理想自我与现实自我的矛盾，受教育者能够对现实自我、理想自我以及二者之间的距离形成清晰认识，并积极通过理想自我引领、约束现实自我，将两者之间的矛盾张力保持在一个合理的限度之内。面对社会主流价值与时尚价值的矛盾，受教育者不再完全以社会主流价值为价值取向，而是将社会倡导的主流价值置于与个人相关的各种利益关系中进行权衡取舍。总之，此时人类冲突世界的三大矛盾的对立冲突已经趋于内在化，此时人类的痛苦在于：理解而不愿接受；

认同而无法融汇。因此，在这一阶段，耻感教育应该充分利用受教育者内心世界面临的诸多价值冲突，选取和创设合宜的价值冲突情景，有针对性锻炼受教育者的是非、善恶、美丑、荣辱的识别能力；尤其需要对受教育者经过艰难心理抗争而形成的符合社会主导价值观念的正向动机给予有力的支撑。总之，在耻感教育的价值体系化——人格化阶段，我们一方面让受教育者在教育实践活动中获得体验性理解，另一方面则是让受教育者亲身感受到冲突，在冲突中完成选择；感受到自身无法从矛盾冲突中挣脱时的愧疚和超越自我、挣脱束缚后的自豪、光荣。在这一阶段受教育者的道德情感经历了一个从自在统一状态经由自身分裂状态，最终进入自为统一状态的发展过程。

第二节 道德耻感教育的主要目标

人的情感发展是具有阶段性特征的。就是说，不同的人生阶段，人的情感发展状况不同。因此，为了增强情感教育的实效性，把握情感教育的关键时期，教育者应依据人的生命成长轨迹和情感本身的发展规律，科学地区分情感教育的发展阶段，科学地界定人生不同发展阶段的情感教育目标。

心理学常常将人心理发展过程按照年龄划分为三个板块，即儿童期、少年期和青年期，而且事实证明，人在生命成长的三个阶段中，其心理特征的确表现出明显的差异性、阶段性和发展性。因此，本书借鉴心理学的研究成果将情感教育目标划分为三个阶段。

一、儿童时期目标

儿童期是指年龄在3—7周岁的幼儿园和小学一、二年级的儿童。这一阶段儿童的思维水平处于皮亚杰发生认识理论中所分析的前运演阶段；道德发展水平处于"自我中心"阶段。皮亚杰认为，此时的儿童是典型的道德实在论者，他们几乎将所有道德原则现实化、具体化。在儿童眼中，各种道德规则都是来自成人的、必须接受的命令；只有服从成人的意志才是正确的，具有自己的意志则是错误的。因此，这一阶段的道德规则都或多或少地带有外在性和纯粹权威性特征。皮亚杰说："在这样的道德观里，根本就没有与'正确'或与纯粹的责任感相对照的、视道德家为'善'的那种东西的地位，因为善是一种比较自发的观念，这种观念是吸引心灵而不是强迫心灵的。"① 也就是说，由于思维能力的限制，处于儿童时期的孩子无法认识和理解抽象意义的善和理性层面的道德原则。皮亚杰认为，此时在儿童身上出现的责任感，对父母的关爱或对同伴的慷慨、同情等情感，只是一种自发或本能反应，而不是出于对社会道德原则或伦理规范的理解和认同；但我们却不能否认，发生在儿童身上的这些积极情感反应或行为实践却是善或道德的起点。总之，在儿童时期，孩子们的道德发展还处于客观责任或道德他律阶段；情感发展则处于一种单向尊重阶段（对道德权威或师长道德强制的单方面尊重），据此，有学者将此时儿童的情感特征概括为："成人的情感态度、是非标准是儿童情感发展参照系，是儿童兴趣和快乐源泉；感受性、模仿性和易劝导性强；情绪活泼、愉快、明朗，易任性。"②

根据上述儿童思维、道德发展及情感特征，有学者提出，儿童阶段应确定以感受快乐——兴趣为中心的情感教育目标。由于缺乏独立的思维、判断、反思和选择能力，此时儿童只能从感性层面体验快乐——兴趣，无法建立起对兴趣——快乐的理性认识。因此，儿童阶段情感教育的主要任务在于：教育者要思考用什么手段引发儿童的兴趣和快乐。例如，当儿童具有同情、关爱、责任的情感表现或助人为乐的行为举动时，家长和老师要及时给予肯定、赞誉和鼓励；面对儿童的任性、无礼或不礼貌行为，家长和老师应及时制止，并明确告知儿童这样的行为举动是老师、家长不希望看到的。由于此时儿童的情感具有感受性、模仿性和易劝导性强等特征，这种形式的教育可以为儿童的情感反应提供定向或引导作用。

如果从耻感教育的层面分析，我们认为，儿童时期的耻感教育应确定以培养儿童同情心、责任感，提高其移情能力为中心的耻感教育目标，而且在教育过程中，应注意以下几个问题：

一是借鉴美国教育心理学家科尔伯格的观点，在道德情感教育中，教师应当将儿童视为"道德哲学家"。科尔伯格认为，道德教育过程中，"教师与学

---

① [瑞士] 皮亚杰：《儿童道德判断》，傅统先译，济南：山东教育出版社1984年版，第233页。
② 朱小蔓：《情感教育论纲》，北京：人民出版社2007年版，第129页。

生之间价值交流的失败不是因为价值的不同或价值的相对性,而是由于教师与儿童在言词和思想方面的发展水平不一致。"① 科尔伯格认为,儿童有自己独特的价值思维模式。从一定意义上说,儿童的道德观念是自发形成的,儿童凭借自己自发的道德观念,又建立起了自己特有的有组织的思维方式。因此,教师或家长应当主动视儿童为道德哲学家。科尔伯格说:"如果儿童是道德哲学家,教师就必须是(1)能考虑他自己的行为和价值观之道德含义的道德哲学家,和(2)能理解儿童的思维以及儿童如何意识到教师行为之道德意义的那种方式的道德心理学家。"②

二是注重发挥道德说教在耻感教育中的重要作用。许多道德教育家认为,道德说教在引导儿童认识和适应社会的过程中发挥着重要作用,而且,从一定意义上讲,这种影响是无形的。他们认为,在道德教育过程中,教师的表扬和斥责是引导和帮助儿童完成社会化的必要因素。因此,在耻感教育中,教师也应充分发挥道德说教的作用,因为在儿童阶段,教师或家长是儿童心目中的绝对权威,教师或家长所颂扬的事物,一定是儿童向往的;相反,教师或家卡反对、斥责的事物,也一定遭到儿童的拒斥。

三是教师或家长在情感教育中应积极鼓励儿童的正向、积极的情绪反应。情绪分化理论研究证明:"在情绪领域,有两种正性情感状态可以用来解释人的动机。一是兴趣——兴奋及其知觉认知过程的相互作用。例如兴趣——兴奋作为感情因素,驱动外部感官指向一定的对象,从而产生注意,以及注意的选择与集中。二是享受——快乐状态也可用来说明内在动机。例如,快乐的享乐色调驱策个体展开于外,使个体处于最大的接收信息的准备状态。"③ 也就是说,处于儿童时期的孩子选择接受的事物、注意的目标以及行为趋向往往以能够给他们带来兴趣——快乐的情绪状态为前提。因为,此阶段儿童的内在动机主要根源在于外在、感性的兴趣、快乐和享受。

四是积极开展角色性或象征性游戏。心理学研究表明:儿童时期是人的一生中对游戏的操控机能组织最完善、最活跃的时期。因此,在这一时期教育者

---

① [美] 科尔伯格:《道德教育的哲学》,魏贤超、柯森等译,杭州,浙江教育出版社 2000 年版,第 15 页。
② 同上。
③ 孟昭兰:《人类情绪》,上海,上海人民出版社 1989 年版,第 330 页。

或家长应积极开展各种各样的角色性或象征性游戏，尤其是能够激发儿童责任心、道德感、同情心、敬畏感的游戏，让儿童在游戏中感受和体验道德规则的权威性和必要性。

五是在耻感教育中注意直观性。发展心理学研究表明：儿童的情感具有主观性、具体性的特点，即儿童的情感极易受具体事物的支配。因此，在耻感教育中，教师应积极创设各种条件，给予儿童更多实际践行美德的机会，使儿童在真实的道德实践活动中，实现情感与行动的有机统一；并在此基础上，通过多次重复、反复训练的方式，培养儿童优秀的情感品质（如同情心、责任感、敬畏感、移情、信任感等）和良好的行为习惯（如控制任性、助人为乐、关爱他人等）。

二、少年时期目标

少年期是指年龄在9—15周岁的小学中高年级到初中毕业的学生。这一阶段的少年儿童思维发展处于皮亚杰所说的从具体运演阶段（8—11岁）到形式运演阶段（11—15岁）。从思维能力的侧面看，皮亚杰认为，"处于具体运演阶段的儿童看待世界时有了更客观的观点，能够更好理解他人是如何看待事物的"，而处于形式运演阶段的儿童"不再受限于他们直接看到或听到的事物，也不再受制于手头的问题。他们现在能够想象问题的条件——过去、现在、未来——并对在因素的不同组合下逻辑上将会发生什么提出假设"[①]。如果说处于儿童阶段的学生的思维还受感知的束缚，那么进入少年时期的学生则能够从事独立于行为的纯粹思维活动了。到了15岁，青少年的思维框架就已经发展到成熟状态了，他们已经能够像成人那样进行各种形式的思维活动。这一时期学生的道德发展水平已经由儿童时期的客观责任阶段发展到主观责任阶段；道德认知发展进入第三个阶段，即道德相对论或自律道德阶段。这一阶段的儿童的道德认知也由前运演阶段的道德绝对论者转变为道德相对论者，认识到各种社会规则是人自己制定的，经过大家同意，是可以修改的；此时儿童的道德善恶、是非判断根据也由前运演阶段的结果论者转变为动机论者；惩罚方式上也

---

① ［美］R.默里·托马斯：《儿童发展理论》，郭本禹等译，上海：上海教育出版社2009年版，第158—159页。

主张使用补偿性惩罚。① 情感发展也由单向尊重进入了多向尊敬阶段。

少年阶段孩子的情绪——情感特征表现为：一是儿童的"自我中心"意识削弱，社会角色的采纳能力增强。在同伴交往中，他们渴望平等的交往地位。因为这种社会交往削弱了儿童对老师、家长权威的盲从，提高了他们的自尊和对同伴的尊重；二是此阶段儿童的自我确认需求强烈。他们重视集体评价、社会评价、他人评价，珍视友谊；学业中的优胜，伙伴之间关系的和谐、融洽，师生之间的友好、信任，是儿童快乐、自信、安宁感的主要来源；三是此阶段儿童的敏感性较强，心胸狭隘，易产生叛逆情绪。② 总之，进入少年阶段的孩子，情感内容丰富了，深刻性增加了，情感更加稳定了，绝大多数孩子能够合理地控制和调节自己的情绪。

根据上述儿童思维、道德发展及情感特征，我们认为，少年阶段应以树立学生的自信心、自尊感，培养儿童的荣誉感、信任感为中心确定耻感教育目标。心理学研究表明，少年周围正在形成的社会关系体系对于其心理发展具有重要的影响作用。这一时期少年对同伴的友谊、老师的信任、家长的理解的价值认识急剧增长。在此阶段，教师和家长应当最大限度地保证学生在集体和家庭中获得感情上的顺遂，才能使少年情感的健康发展奠定良好的心理基础。因此，此阶段情感教育的主要任务在于，尽量创造各种条件，使少年尽可能多地获得自尊、自信和荣誉的体验，并以此为基础，培养学生的责任感、义务感、荣誉感和信任感。同样，学生的道德感、正义感、敬畏感、尊严感也是在自我确认和情感顺遂的状态中得到发展、升华的。此阶段的耻感教育应重视如下几个方面问题：

首先，教师应努力创造适宜的情感教育环境，满足孩子的顺遂情感体验，减少挫败情感体验；为孩子创建能够充分表现其聪明才智，激发其尊严感、荣誉感、正义感的情景，并努力使孩子的自我评价和社会评价趋向一致，帮助孩子树立正确的荣辱观、善恶观。

其次，教师要重视班集体建设，引导学生共同营造良好的舆论氛围，确定正确的舆论导向；重视榜样教育，为孩子树立多种类型的道德榜样，提高学生

---

① 陈会昌：《道德发展心理学》，合肥：安徽教育出版社2004年版，第86页。
② 朱小蔓：《情感教育论纲》，北京：人民出版社2007年版，第131页。

的善恶、美丑、荣辱、是非识别能力。

再次,积极开展多种形式的集体道德实践活动,使学生在共同道德实践活动中,以他人为参照,确定自身的道德情感发展目标。

三、青年时期目标

青年期是指年龄在 15—22 周岁的高中阶段到大学毕业的学生。这是人从生理成熟走向社会成熟的阶段。这时青年的身体内部各器官、系统结构和功能已基本成熟,生理发育进入相对稳定阶段。由于学习和接受的知识越来越多,思维训练日益频繁、复杂,使他们的抽象思维能力获得迅速发展,思维的独立性、批判性、灵活性、创造性得到增强,思维的深度、广度也有长足进步。

从道德发展的层面看,青年阶段个体的自我认识、评价和调节能力得到显著增强。他们能够借助他人和社会评价来认识自己,具有较强的独立性、自主性、自信心和意志力。如果说儿童、少年时期个体的道德权威认同主要来自家长与教育者,那么处于青年时期的个体则更多受到尊严、公正等社会规则的影响。他们"主动选择和接受道德权威的意识以及强调自身发展的意识更加明显,开始考虑具有普遍意义的泛价值观念,其道德判断开始脱离世俗水平"[①]。他们将知识、情感、意志和行为有机统一起来,并逐步确立起自己独立的世界观、人生观、价值观、荣辱观和善恶观等。

从情感发展的层面看,处于青年阶段的个体情绪强烈,情感丰富,体验内容深刻,高尚情操发展迅速。从一定意义上说,人类所特有的许多高级社会情感都在这一时期获得充分发展。如友谊、爱情、道德感、尊严感、正义感、责任感和美感发展均趋于成熟,并在情感发展过程中居于主导地位;在情感的价值、社会公正、真善美以及人生理想等问题上具有与儿童、少年时期截然不同的见解和认识。其次,自我意识的独立性增强。处于青年阶段的个体深切地关心着自我的发展,他们的独立感、自尊心、自信心十分强烈;自我分析、自我评价、自我监督、自我教育能力大大增强。他们能够观察认识他人、社会,能够结合他人及社会评价深刻地剖析自己,并开始探寻人生的真实意义。第三,青年"对家庭与同伴影响源的认同开始减弱,但对社会和谐以及尊严公正的

---

① 杨韶刚:《西方道德心理学的新发展》,上海:上海教育出版社2007年版,第339页。

认同感增强。在价值取向方面也开始突出个人主义价值观……从单纯强调服从外界转到开始重视个人的内心表达,开始关注到社会同一性,不再单纯强调自我……高中以后,特别是大学生主要受尊严、公正等社会准则的影响"①。因此,处于青年阶段的个体更加关注他人及社会对自己的接纳和认同程度,道德敏感性、自尊心强,害怕挫折的焦虑感也十分强烈。从总体上看,处于青年时期的个体情感正处于迅速走向成熟,但又未实现真正成熟的阶段。在其心理及情感发展中,也会时常出现各种矛盾和冲突。如自豪感与自卑感、独立感与依赖感以及理想自我与现实自我的矛盾等。青年人就是在不断解决这些矛盾、冲突的过程中,使自己的情感、心理逐渐走向成熟。

依据青年人的上述思维、道德、心理以及情感发展的特点。我们认为,在青年阶段,应该以实现道德同一性为中心建构情感教育目标。具体地说,就是培养学生的道德同一感。那么,何谓同一性呢?从心理学的角度看,同一性是指人们在青年时期形成的对自我意识和自我角色的认同感,也是行为主体在与社会相互作用、相互影响过程中,在对自己的本质、信仰和人生价值追求等问题上形成的稳定、完满和一致的自我意识。具体地说,它是"个体关于自己是谁、在社会中应占有怎样的地位、将来准备成为怎样的人以及努力成为理想中的人等一系列问题的觉知"②。也有学者提出,同一性是"一种熟悉自身的感觉……一种从他人的信赖中获得所期待的认可的内在信念"③。如果一个人在自己的人生发展阶段,不能在思想、情感以及行为过程中实现自我同一,就会导致"角色混乱"、"角色错位"或自我不协调。情感教育就是通过精神抚慰、心灵沟通、情感激励等方式,引导学生实现理想自我与现实自我的协调统一。

道德同一性是个体对"自己想成为什么样的人"这一核心道德价值观的自我觉知,也是个体将社会普遍的道德价值、道德利益整合进自我内心深处的一种自我认同感。从某种意义上说,道德同一性源于个体道德行为与道德观念前后一致的心理需要。从作用的层面看,道德同一性是一种对道德行为具有激

---

① 杨韶刚:《西方道德心理学的新发展》,上海:上海教育出版社2007年版,第338—339页。
② 同上书,第320页。
③ 同上书,第232页。

发作用的自我调节机制。美国著名道德心理学家哈特认为,道德同一是个体与社会互动的产物,是行为主体与社会道德原则、伦理规范进行主动选择、加工和建构的结果,是个体对经历与选择亲社会自愿行为的自我觉知过程。① 概括地说,道德同一性是行为主体基于一定的道德原则和伦理规范,对"自己想要成为什么样的人"的自我觉知,也是个体基于一定的道德理想或道德目标,对自己成为一个有道德的人的连续、一贯的道德愿望或道德期待。

由于青年时期个体的生理、心理机能已经基本成熟,具备了独立的思维、判断和选择能力。因此,循着儿童、少年时期确立的感受快乐——兴趣,培养自信、自尊心,到培养学生道德同一感情感教育方向,使情感教育在原有的友谊、关爱、自尊的基础上,衍生出正义感、责任感、荣誉感、道德感等更广阔的情感范围和更丰富的情感内容的教育发展路径,是符合情感教育规律的。随着个体年龄的增长、阅历的丰富和社会交往的复杂,人的情感和经验常常会被周围的人同化,而且自己的情感和经验也会同化周围的人,慢慢地同一群体的不同个体之间会产生一种心理默契,人们常常将这种心理默契称为道德认同感。在道德情感教育过程中,教育者与受教育者之间能否产生道德认同感意义十分重大。因为具备道德认同感的学生,其思想、动机、情感和行为就会朝着教育者设计的方向发展,否则,则教育者就无法有效纠正学生的不良行为,更不利于提升学生道德境界。因此,有学者指出,"外在道德认同标准的消失会给个体带来一系列相关的心理后果,如社会信任不断降低、社会参与不断下降。"② 同样,外在道德认同标准的丧失,也是引发学生耻感淡薄、耻感缺失以及荣耻颠倒等社会现象的主要原因之一。因此,道德认同性也是青年时期耻感教育的中心目标,其教育方式包括如下几个方面:

一是鼓励青年积极参与各种道德实践活动。马克思主义认为,道德是社会关系的产物。道德是个体从个人与他人、社会、自然的关系中产生的,同样,个体也是在各种社会关系中给自己定位的。现实生活中,我们要想了解一个人的道德立场、道德倾向性,就需要了解他是如何在个人与他人和社会的关系中看待自己的。具有道德同一性的人会认为自己所实施的道德行为并无什么特别

---

① 杨韶刚:《西方道德心理学的新发展》,上海:上海教育出版社2007年版,第344页。
② 同上书,第333页。

之处，他们会觉得"我没做什么特殊的事情，我所做的是每个正常的人应该做的。"例如，杭州最美司机吴斌的故事，如果突发事件后的吴斌没有离开我们，我想他不会觉得自己的行为有什么特别之处，因为作为一名司机的基本的职业操守、职业道德早已经融入他的血液，成为他的行为习惯。因此，积极参与社会实践活动，是道德同一性形成的前提和基础。人们正是在自我与他人、社会的关系中，形成道德同一性，并表现出自我对他人和社会的尊重。因此，心理学家卢格文认为，真正的道德同一性是由青少年自己在各种社会实践活动中，通过自己在别人眼中的形象和他在……适合自己的职业活动中锻炼而成的。[1] 尤尼斯也提倡鼓励青年积极参与社会活动，并承当相应的社会公民角色。他认为，这种社会参与活动可以促进青年公民身份感的形成，可以强化青年的道德意识、道德行为，也可以帮助青年实现理想自我与现实自我之间的协调、统一。[2] 总之，通过参与各种各样的道德实践活动，可以帮助青年人建立起对自己的身份、义务的清晰意识，也能够让他们了解到自己作为一名社会成员理应具备的改造社会的能力，进而产生强烈的社会责任感、义务感，道德同一性也将由此而逐渐形成。

二是重视道德榜样学习。个体的道德情感、道德推理和道德行为等能力的提高很大程度上依赖于他对其面临的特定道德情境的认知程度。因此，在耻感教育中，可以通过强化、惩罚和道德榜样的学习，引导青年学生树立道德自我观念。有研究证明，给学生贴上善良、诚实、荣誉的标签，可以在一定程度上增加他们实施道德行为和抵制不良思想和行为的可能，因为一个认为自己是诚实、善良、知耻的人，其道德自制能力一定高于那些没有对自己进行这样内部归因的人。道德榜样是社会生活中自觉践行社会道德要求的典范，他们的思想和行为能够给予青年学生极大的精神鼓舞，而且对良好社会风尚的形成具有重要的推动作用。

三是注重青年学生道德敏感性的培养。美国心理学家莱斯特认为，道德敏感性是个体对现实生活中各种道德情境及道德行为对人们的觉知和领悟力。道德敏感性是个体进行道德决策的重要心理环节。一个缺乏道德敏感性的人，是

---

[1] 杨韶刚：《西方道德心理学的新发展》，上海：上海教育出版社2007年版，第341页。
[2] 同上书，第342页。

难以作出科学的道德决策和道德判断的,其道德行为的实施过程也无法顺畅。也有学者认为,"一个人如果对他人或社会的目的、利益、需要缺乏敏感性,其道德判断就不会有适当的材料和依据,就会出现冷漠或不道德的行为。"[①]对青年进行道德敏感性教育一般通过道德价值移入的方式实现,具体到青年人可以采取道德批判、反思和道德实践等方法加深对社会道德原则和伦理规范的理解、认同,并在此基础上培养青年学生的道德敏感性。

第三节 道德耻感教育的主要模式

20世纪中叶以来,在科技与信息革命,尤其是人文主义思潮的强烈冲击和影响下,许多国家开始尝试进行教育改革。在这场世界范围的教育改革运动中,一系列全新的教育理念和教学模式如雨后春笋般涌现出来。它们从不同的侧面或角度突破原有的教育局限,革新原有的教学方法,为各国的教育现代化目标的实现开辟了道路。本节选择一些与情感教育宗旨相关的教育模式,用以建立耻感教育目标实现的有效机制。

一、情景教学模式

情景教学研究起源于20世纪90年代,21世纪后开始广泛运用于各种教育实践活动。情景认知理论认为,学习不仅仅是为了获得事实性的知识,而且还要求将所学的知识落实到具体的思维与行动中,这就需要学习者在学习过程中,要有意识地主动地参与到直观生动的情景中。建构主义者也认为,仅仅是通过教师的传授是无法完成学习任务的,学习者只有在一定的情境中,通过与他人(教师、同学等)的合作,完成信息的提取加工以及自身知识结构的意义建构。所谓情景教学是指教师在教学过程中有目地、有计划地创设一种形象、生动、具体的场景,用以促使学生主动积极地投入教学活动,激活学生的情感体验,加深学生对知识的理解,提高学生的思想认识,进而使学生心智机能得到充分发展的教学方法。教师通过创设合理有序的教学情景,帮助学生在

---

① 杨韶刚:《西方道德心理学的新发展》,上海:上海教育出版社2007年版,第359页。

直观生动的学习情景中，拓展思考空间，明晰研究方向；在知识情景中，学生可以根据自己的实际需要领悟知识的内涵、探求获取知识合理方法；在实践情景中，学生可以通过真实的社会实践，运用自己所学知识分析和解决各种社会现象和现实问题。因此，从一定意义上说，情境教育就是通过创设一种和谐的师生人际情境和适宜的学习情境，缩短师生、生生以及学生与教学内容的心理距离，引导学生以最佳的情绪状态，主动投入、参与到教学实践活动中。它是激发学生情感内驱力，激励学生主动参与教学实践活动，提高其学习兴趣和效率的有效途径。

一般说来，情景教学应该包括创设情景、情景体验和情景教育三个阶段。创设情景是指教育者运用语言描绘、音乐渲染、图画或视频演示或角色扮演等方式创设出与教学内容直接相关的情景，目的是给学生营造一个广阔的心理场，引导学生积极主动地投入到教学实践活动中来；情景体验则是指教育者引导或帮助学生进入其预设的教学情景之中，使其在情景中加深体验，展开联想，萌生愿望；情景教育则是教师在自己预设的情景中完成自己的各种教育实践目标。如，情景中的美感教育，学生往往经历这样一个过程：感受美而入境——热爱美而动情——理解美而践行。同样在耻感教育中，我们同样可以运用情景教育模式，使学生在情景耻感教育中经历这样的过程：感受耻而厌恶恶——崇尚荣而追求善——明辨善恶而向善驱恶。在实际情景教学中，教育者可以采用多种形式和方法创设情景，如史料情景、故事情境、实验情景、日常生活情景、语言描述情景、多媒体虚拟情景等等。我们认为，这些情景创设形式，均可以在耻感教育采用。例如在社会公德教育中，我们可以开展"寻找身边的不文明现象"活动，让学生在自己日常生活的实际情景中，切身体验感受不文明行为的危害，进而主动萌生出以遵守社会公德为荣，违背社会公德为耻的情感。

情景教学为什么能够在道德教育，尤其是耻感教育中发挥作用呢？这是因为道德本身就是一个情境性存在，当我们判断某个人或某种行为是否道德时，一定会将其置于某种情景中进行判断。同样，当我们判断某种思想或行为是否可耻时，也一定会将其置于某种情景中。耻感教育并不是简单的善恶知识的传授，而是道德境界的提升、道德荣耻感的培育，而这一切都离不开行为主体的主动参与，需要教育者积极创设合理的道德情境。特别是在耻感教育中，教育者应当主动迎合受教育者的心理特征。将善恶思想外化或者幻化为学生易于接受的情景,使学生身临其境,直观形象的把握现实生活中存在的真假、善恶、美丑现象,并因此而产生强烈的向善驱恶、趋荣避耻的情感体验。从一定意义上说,情景教学是一种边感受体验边形成理念的教育过程。这种教学形式是一种典型的以情感作为内驱力的教学模式,因而有助于耻感教育目标的实现。在耻感教育中,教师可以创设各种各样的不同情景,通过有目的、有计划地激发学生的同情心、道德感、责任感、尊严感、正义感、荣誉感等基本道德情感,开发和培养学生知荣明耻的情感品质。

二、生命叙事模式

(一) 叙事与生命叙事

叙事,即讲故事。它是人所特有的能力。现实生活中的每个人、每一天都徜徉在叙事的海洋中。不同的人,以不同的方式叙述着各自不同的人生故事。这些故事记录着人们的过去、现在,也昭示着人们的美好未来。如果一个人能够把发生在自己身上点点滴滴的故事编织起来,就是一部个人成长史;倘若人们能够把一个国家或社会的故事编织起来,便是一部国家或社会发展史。因此,英国学者卡里瑟斯说:"讲故事是最强有力的人类活动。"[①] 从这个意义上,我们可以说,人类不仅像卡希尔所说的那样:是一种"符号动物",而且也是一种"会讲故事的动物"。所谓生命叙事是指叙事主体真实地表达和感悟自己或他人生命历程中的经历、体验和追求的故事。千百年来,生命叙事因其具有内容直观、过程自然以及与生命意义密切关联的特征,而被人们广泛运用于道德教育中。一般说来,有效的道德教育,一定可以让人们不同程度地感受到生命叙事;相反,无效或者低效的道德教育,一定缺失了生命叙事。生命叙事以其独有的方式,构建起故事内容与个体的生命经历、体验、情感和追求的契合点,有效地发挥着其道德教育功能,并因此成为道德教育的重要形式。

(二) 生命叙事模式与道德教育的关系

生命叙事模式是一种"以学生的道德学习为主线,借助学生的生命叙事,

[①] [英] 卡里瑟斯:《我们为什么有文化:阐释人类学和社会多样性》,沈阳:辽宁教育出版社1998年版,第85页。

在真实的情景中,讨论真实的道德问题,以提升学生的道德能力、促使学生生命健康成长为目标的"① 动态教育模式。在这种教育模式中,教师可以"将学生带入'动'的状态中,让学生的情感、思维、身体都动起来,打开记忆的闸门,在回忆、述说、聆听、思考、再述说等过程中,自然而然地学习道德"②。可见,以生命叙事为主要模式的道德教育过程,是师生之间、生生之间思想的相互碰撞、信息的相互交流、生命能量的相互交换过程;也是师生之间平等、民主、主动、自愿的表达过程。在这样的情景中进行道德教育,既利于调节学生的情绪,激发学生的道德情感,也有利于满足学生的道德需要,增强学生的道德实践能力。

我们知道,道德教育总是指向个体的内在生命,其根本目的在于实现对个体生命的关切、规约与升华,帮助人们寻找和建构生命的真实意义。也就是说,道德教育是一种以个体生命本身为基础的存在,也是一种对个体生命实施引导和超越的存在。因此,道德教育必须回归现实,回归个体生命本身。生命叙事,作为一种关注个体生命的重要存在形式。它直接触及个体生命的生活经历、情绪感受和生命体验,并能够再现个体的生命经验,展现生命意义。它通过对个体生命存在的关注,引导个体完成由个体性向社会性、自然性向道德性的转变,并在生命叙事的过程中,启迪学生的道德智慧,提升其道德境界,引导学生实现道德圆满或道德超越。可见,生命叙事本身就是一种道德教育过程,其本身蕴涵着促进个体生命道德潜能实现的功能。因此,从性质上看,道德教育与生命叙事之间具有天然的一致性。生命叙事是道德教育走近个体生命的主要形式。

在前文的分析中,我们已经谈到,道德是一种情景存在,这就决定了道德教育也必然具有情景性特征。生命叙事过程也是一个情景性存在。因此,我们可以说,情景性是沟通道德教育与生命叙事的重要媒介。在生命叙事模式中,所有的道德教育活动,如主题设计、过程安排、目标实现都紧紧围绕着生命故事。一个个鲜活的道德问题、具有生命意义的情景展现在师生的面前,形成一个直观生动的心理场。在这个场中,既有道德知识的传授,也有道德情感、态

---

① 朱小蔓:《情感教育论纲》,北京:人民出版社2007年版,第194页。
② 同上书,第195页。

度以及行为方式的传递。这样生动鲜活的场面，无疑会给受教育者留下深刻的印象。这种印象不仅会触动受教育者的现在，而且会影响到他的未来。

总之，生命叙事的过程是师生之间经验、情感与理性的融合与碰撞过程。在这个过程中，既有表达于外的言行，也有隐藏于内的情感或心理感受。这就要求教育者具备灵活的组织能力，采用多样的教学方法。我们知道，情景的出现是生命叙事模式的关键，因此创设怎样的生命叙事情景，可以吸引学生，让学生动起来是检验生命叙事教育模式成功与否的关键。真正有效的生命叙事模式，不仅表现为教育实施过程中学生的真实情感的流动，而且还应表现为当这一教育过程结束后，那些在教育过程中曾经被激发出来的感动、兴趣和思考依旧能够继续延续，并能在日后适当的时候再现出来，成为学生思想和行动的参照。

（三）如何运用生命叙事进行耻感教育

将生命叙事引入耻感教育中，是因为通过生命叙事，人们可以反观自身或他人的思想、情感或行为，可以在一个个关涉生命的故事中构建自己的善恶观念，可以对现实生活中各种关涉荣耻的人或事进行深入思考，并在自己内心的深处唤起对善恶、美丑、荣耻的深刻省察。其具体方法如下：

1. 注重情景设计

情境设计是生命叙事模式的重要环节。它要求教育者根据某种教育内容、目标以及学生的思想实际，设计一个可以吸引学生注意力，激发学生参与意识，触动学生道德情感的生命叙事场景。这种情境一般具有开放包容性、问题性和挑战性等特征。所谓开放包容性是指教师创设的情景能够给绝大数学生提供开阔的想象思维空间和自由阐述自己独特而多样的生命故事的环境，并在此基础上，引领学生进行深入的思考和行动；问题性就是指教育者情景设计要结合学生的思想及生活实际，针对现实生活中存在的困惑或争议创设场景；挑战性则是指教育者应该创设能够激发学生生命感动，唤起生命记忆和参与意识的叙事场景。总之，教育者创设的情境应该让学生感到"有话要说"、"有情欲诉"，能够引领学生进入主动的生命叙事状态。而将生命叙事模式引入耻感教育，则是要求教育者在耻感教育过程中，创设一个可以有效激发学生荣耻感、善恶感的生命叙事情景，使学生的生命真正动起来，让学生在特殊的生命叙事场景中，真实体验善的光荣和恶的可耻，实现思动、情动与行动的有机统一。

2. 重视主题把握

把握和确定道德教育的主题是生命叙事的关键环节。我们知道，生命叙事是一个动态的教育过程。它需要教师在教育过程中，明确教育的最终目标，把握学生的生命特点，激发学生的认知兴趣，引领学生进行深层的道德思考，进而使学生在生命叙事的过程中增长道德智慧，升华道德境界。我们知道，任何生命叙事的过程，都包含有多个有价值的主题。这就需要教师在生命叙事过程中，善于把握契合于道德教育目标的价值主题，善于将教学过程中出现的各种具有教育意义的现象转换为与道德教育目的相适应的主题。对于耻感教育而言，教育者在确定生命叙事主题时，一方面要给予学生足够的参与空间，关注学生的实际生命经历、生命需要、善恶取向、荣耻观念以及学生关心的热点问题等；另一方面主题设计要体现社会主导价值观念，将世界观、人生观、价值观以及荣辱观教育融入一个个具体、生动、鲜活的生命故事中。

3. 注重表达方式

方法会使意义凸显。在道德教育中，采用什么样的方式传达自己的教育理念和教育内容，对于教育目标的实现具有十分重要的意义。表达有许多形式，如肢体表达、音乐表达、图画表达、视频表达以及语言表达等。其中语言表达是最重要的表达形式。因此，德国思想家海德格尔说："语言是存在的家"。①在道德教育过程中，教师的表达本身就具有道德体验意义。这是因为，教师的合理恰当语言表达能够唤醒或诱发受教育者的道德体验，且能够让学生的道德体验通过生动、感人的语言表述逐渐清晰化。因此，倘若教师在教育过程中能够借助恰当合理的语言表达，让学生获得某种清晰直观的道德体验，这种体验就会逐渐深入学生的思想意识深处，并成为其未来道德行为选择的内在依据。因此，在耻感教育中，教师应当根据教学内容、教学目标的具体要求以及学生的思想及行为实际，积极探索多样的表达方式，让生命故事的意义得到生动呈现。

总之，任何人的人生都是由一个个鲜活的生动生命故事串联起来的，任何

---

① ［德］海德格尔：《海德格尔选集》，孙周兴选编，上海：上海三联书店1996年版，第358页。

人的人生都可以通过生命故事言说和展现。生命叙事的表达方式可以给学生营造一个自由、民主的学习氛围，可以引领学生进入一个自主自愿的道德学习过程，给学生创造一个自由广阔的表达空间，有效地激发学生的表达欲和求知欲。现实生活中的诸多道德价值观念、荣耻观念、善恶观念都蕴含于各种生命故事之中，并可以通过生命叙事的方式表达出来。将生命叙事模式引入耻感教育，借助一个个生命故事唤起学生的善恶意识和荣耻感，促进学生德性的生成，应该一种值得探索的道德教育方式。

三、生态体验模式

（一）生态体验教育的涵义

本书所说的生态不是一般或朴素意义上的生物与其居所之间的关系，而是一个经过引申的全新的生态概念。它包括自然生态、类生态以及人自身的内在生态等。其中，自然生态反映的是人与自然的关系；类生态则反映人与其所属族群的关系；人的内在生态则指人本身的身心关系或曰精神与肉体的关系。体验是人类社会中普遍存在的一种社会现象。体验在哲学、美学、伦理学、心理学、文学、社会学领域的出现频率很高，近些年，体验在教育学领域的探索也逐步走向深入。例如，哲学意义的体验是指一种生命认识方式；心理学意义的体验则指行为主体在"自我实现"过程中产生的一种内心感受；美学意义的体验则被视为是一种丰富、活跃，且深刻强烈的瞬间性存在感受，是行为主体的内在精神世界与客观外在世界的高度统一。如果从中西方文化差异角度来看，西方文化中的体验一般是指主体人对客体世界的感知；而中国传统文化中的体验则是指主体人的自我"反省"、"慎独"、"体证"等。如果从教育学的层面理解体验，有学者认为，体验是一种"以图景转换为主的图景思维活动。这种思维活动不是知识累加性的，而是在受教育者的大脑中发生着其生活阅历、生活场景和未来希冀蓝图的关系与结构的自组织转换活动。"[①] 具体地说，体验有时可能让人无以言表，但却是在行为主体头脑中时刻发生着的活生生的情景转换活动，即体验与情感渲染、生命感动同在。

---

① 刘惊铎:《体验——教育的本体》, 载《教育研究》, 2003年第2期。

生态体验则指个体将自身融于自然生态、类生态和内在生态三重生态关系之中,通过真实地感受、理解和体悟人与自然、族类以及个体身心之间的互摄关系,而生发生态智慧、生态意识和生态能力的过程。具体地说,生态体验就是让师生在体验中,理解、欣赏、亲近自然、社会的美好与和谐,建立与自然、族类以及个体身心的和谐圆润的生态关系,养成善待自我、善待自然以及善待他人的思想观念和行为习惯。马克思曾经指出:成熟的"社会是人同自然界的完成了的本质的统一,是自然界的真正复活,是人的实现了的自然主义和自然界的实现了的人道主义"①。从一定意义上说,生态体验就是马克思所说的"人的实现了的自然主义和自然界的实现了的人道主义"和谐状态,是人与自然、族类以及个体身心之间的本质统一的状态。具体地说,个体进入生态体验的境界后,他会不断领悟自身内部世界与客观外部世界之间的复杂关系,认识到人与自然、族类、社会以及文化精神之间应该保持多样统一的内在规律;为了实现生态和谐,个体还会主动自觉地调整或优化自己的生存态度和生存方式;个体进入生态体验的境界后,还会逐渐懂得尊重其他生命体,并对其他生命体产生亲近感、认同感,因为他意识到每一个生命体都和自己一样,不仅以自身特有的方式存在着,而且以自身认同的方式发展着;个体进入生态体验的境界后,还会努力挣脱自己固有的知识经验、思想观念和行为方式的束缚,向自然、他人、族群以及一切外在于自己的生命体主动开放,并在真实的生态体验过程中,感受并承认生物世界的无限多样性,寻求自身心性的宁静和道德境界的提升。

有学者认为,生态体验教育一种回归生活,回归生态,凸显体验的教育方式。也有学者认为,生态体验教育是一种臻于和谐美善境界的道德教育理念和模式。它是将引领者和体验者(即教育者与受教育者)置于一定的生态关系情境之中,使其全身心地感受、理解和领悟三重生态(即自然生态、类生态以及个体自身的内在生态)的运行规律,进而激发其生命感动,实现其内心自觉的教育过程。它能够以自然生态、类生态和内生态之任一向度为切入点,让师生共同领悟三重生态关系中的真善美,并围绕其开展开放性对话;共同解析生活中的假、恶、丑现象,并针对其展开反思性表达,最终触发和生成师生

---

① 《马克思恩格斯全集》42卷,北京:人民出版社1979年版,第122页。

的生态意识、生态智慧和生态德行。① 生态体验教育就是一种"从感性生命个体的生存实践出发,主张在自然生态、类生态和内生态的和谐与冲突性情景体验中,运用情感机制,重视体验作用,诱发与德性生长相关的情感体验,发展体验者与导引者的德性,凸显教育的践履性、享用性和反思性表达,凸显教育中的美善和谐因子,提升其道德境界"的教育模式。② 概括地说,生态体验教育是师生在一定情景中共同经历身心沉浸和内心感动的过程。

(二)将生态体验引入耻感教育的实践路径

为了使生态体验教育符合师生的生活逻辑和生命感受,生态体验教育一般遵循活动体验在先,领悟、结论在后的的发展流程。我们将其实践路径概括为如下几个方面:

其一,营造合宜的生态体验场。有学者将生态体验教育模式的实践路径简要概括为:营造生态体验场——师生全身心感受——实现开放式对话和反思式表达——生命经验的汇聚融通。其中,营造生态体验场是生态体验教育模式能否顺利实施的关键性环节。这是因为,教师和学生能否进入生态体验之境,将直接影响其生态体验式道德教育的效果。因此,教师所设计的生态体验场应当是一个能够充分反映学生的内在需要,集中体现社会的基本价值诉求,并将学生从其固有的知识经验、思想观念和行为方式的束缚下解放出来的和谐美善的境界。因为只有在这样的境界中,学生才能全身心地投入,并积极展开师生、生生之间平等对话和反思式表达,进而实现师生、生生之间生命经验的汇集融通以及个体道德人格的健康发展。

其二,在体验中优化生命样态。优化生命样态是指让学生的生命状态得到整体改善,生活质量得到全面提高。具体地说,主要包括改善生命状态、激发生命潜能,增添生命活力,提升生命境界。其中,营造生态体验场是实现优化生命样态的逻辑前提。因此,在生态体验教育中,教师应针对不同学校、不同学生道德发展过程中的不同需要,设计出一系列能够触动学生心灵的体验活动,使师生在真实体验中领略生命的感动,完成生命哲学的领悟,实现感性体验与理性思维的有机结合。实践证明,真实的生态体验场能够震撼师生心灵,

---

① 刘惊铎:《生态体验:道德教育的新模式》,载《教育研究》,2006年11期。
② 朱小蔓:《情感教育论纲》,北京:人民出版社2007年版,第201页。

引发生命感动,优化生命样态,提升师生的生命动力和生命境界。如在"假如我还有 30 天的生命"体验活动中,从学生一个个看似不同的人生选择中,引领学生体悟个人与自然、社会、他人之间的紧密关系,感受到关心他人、关照社会是人类生命的组成部分,也是个人及社会发展的必然要求。在"诚信与责任"活动中,广大师生的道德良心受到了巨大的触动,责任心、道德感和人生态度发生了实质性的改变,涌现出"做一个诚实的人"的喜人景象。总之,通过生态体验教育,不仅可以澄明师生生存境界,扩展他们的生命时空,而且能够让他们真实地感受到人间真情的美善和道德智慧的深远。

其三,在体验中实现道德教育目标。道德教育是教育者将社会生活中普遍存在的道德原则、伦理规范等道德理念外化为受教育者的道德行为,进而对社会和个体精神产生影响的活动。倘若教育者在教育过程中实施的道德教育不能进入受教育者的精神世界,不能内化为受教育者的精神要求,这样的道德教育充其量只是一种道德规则编码或道德规则知识的单项传输,而根本无法体现道德教育本身的价值诉求。我们知道,道德教育的根本目标是实现道德理性与道德实践的完美结合和有机统一。将生态体验引入道德教育,就是将社会生活中普遍存在的、客观理性的道德律令,变成一系列直观、生动、感性的道德关系、道德活动或道德情境,并通过它们激发师生丰富的道德体验,促使其对道德律令产生深刻认识和真心认同。事实上,只要师生在一定生态情境之中,发生了生态体验的事件并对之进行了某种反思性表达,就意味着他们进入了道德教育过程。因为,师生可以在体验中获得生命感动,发展个体德性,可以在体验中明确生活意义和德行发展方向,并在体验中完成对道德规范知识的接受、理解乃至内化。总之,生活、生态体验与道德教育是内在统一的。其中,生活实践是生态体验的场域基础,生态体验是生活实践的表现方式。教育者通过生态体验融通了道德教育所必须的各种道德关系、道德活动和道德情境,生态体验也因此成为道德教育目标有效实现的必然性选择。

最后,生态体验要秉承传统,回归生活。道德教育发生发展的原因是多方面的,既是人自身发展(如人的潜能、愿望、需要等)的需要,也是人类社会发展的必然。然而,道德教育实践的真正长足发展还有赖于生态体验。从某种意义上说,生态体验是对我国传统文化中人与自然、人与社会、人与人以及人与自我关系中"天人合一"、"身心合一"、"中庸"、"中和"思想的承接与彰显。让师生回归自然、回归社会、回归本心,以协和、圆融的精神去体验生活、体验人生,进而实现人与自然、社会、人与人,以及人自身身心的和谐统一,逐渐摆脱极端、狭隘、自私、片面等思想的束缚,进入一种安宁、祥和,不为外物所役使的诗意境界,是我国传统儒家文化的题中应有之义。另外,生态体验将道德教育的意义指向生活,认为师生只有在"社会、自然和自我"三重生态中,建立起道德教育与教育主体的现实关系,才能诱发其对现实生活的深刻领悟和切己反思,促使其萌生对生命的热爱,对生活的热情,对自然的敬重,对社会的亲近以及对他人的同情。并在此基础上完成道德主体由实然状态向应然状态的跨越。

总之,人生就是体验,成长离不开体验。将生态体验引入道德教育,使体验成为一种教育、学习和生活方式,就是让师生置身于一定的道德情景中,使其感受和理解自然生态、类生态和个体内在生态的运行发展规律,让师生在真实体验中,萌生生命感动,触发道德自觉,,确立道德理想,升华道德境界。从一定意义上说,生态体验式的道德教育是一种极具魅力的道德教育活动。它使道德教育逐渐脱离了强迫学生简单接受或行为就范的尴尬处境,具备了受人欢迎、让人尊重的精神与文化气质。它是一种引导人类由他律走向自律,由现实走向理想,由必然走向自由的重要教育活动。事实证明,能够进入学生的内心世界,并得到学生永久珍藏的东西,一定是学生亲身体验,并获得生命感动的东西。我们知道,真实的实践活动是体验产生、深化和发展的基础,也是建构人们精神世界的载体。人们在真实的社会实践活动中,明确自己的人生意义和价值,并在此基础上确定自己新的人生奋斗目标。因此,将生态体验引入耻感教育,让学生在真实体验中完成对社会主流道德价值观念、荣辱观念以及善恶知识的理解和内化,并以此为发端,激发学生的道德耻感,培育学生的耻感品性,引导学生逐步完成由道德他律向道德自律的根本性转化。

第八章 道德耻感培育的原因及路径

改革开放三十多年来，中国社会的面貌发生了翻天覆地的变化，中国人民的精神面貌也发生了历史性变化。随着社会经济成分、社会结构、社会组织形式、社会利益格局发生的深刻变化，人们思想活动的独立性、选择性、多变性、差异性日益增强，社会价值观念领域呈现出多元、多样、多变的纷繁复杂态势。随着多元、多样价值观念的潮水般涌入以及相互之间的交融碰撞，人们以往秉承的价值观念、善恶观念、是非观念、人生态度，似乎已逐渐失却其现实合理性而显得苍白无力，社会生活领域出现了某种程度的混乱和失序。道德耻感缺失、淡薄是社会道德失范现象在人们情绪、情感领域中的体现。

第一节 道德耻感培育的主要原因

分析道德耻感的内涵、本质、特征的根本目的在于，保护和培育人们的耻感美德，促进社会道德向个体道德的转化，消除人们由于耻感的缺失、淡薄而导致的道德冷漠和人际隔阂，促进个体道德人格的健全，实现民族道德情感的优化，使整个社会在尚荣知耻的道德氛围中在温馨和美的道德情感陶冶和浸润中和谐有序地运行和发展，进而推动社会主义荣辱观建设向纵深发展。然而，道德耻感的保护和培育，不只是个体自身的一种道德品性培养问题，也不只是道德教育工作的某个环节或教育者的教育职责，它既是完善个体自身的一个复杂的心理工程，也是推动社会发展的一个系统的社会工程。因此需要社会生活中的每一个人、每一个群体，甚至整个社会对之进行孜孜不倦地探索、追求，将其作为社会主义道德建设，尤其是社会主义荣辱观建设的关键性因素予以重视。大量事实证明,社会道德建设不力、松懈之时,也是社会秩序混乱,人们道德耻感缺失、错位和淡薄之日;而尚荣知耻、明辨是非、善恶分明的道德氛围产生之日,必然是社会主义道德建设健康、繁荣、昌盛之时。因此,加强道德耻感的保护与培育,采取积极措施实现道德耻感的健康培育与社会道德建设的协同发展,是当前我国社会主义荣辱观建设的重要任务,也是伦理工作者的不可推卸的社会责任。

一、改善我国公民道德状况的客观要求

改革开放三十多年来,中国社会的面貌发生了翻天覆地的变化,中国人民的精神面貌也发生了历史性变化。随着社会经济成分、社会结构、社会组织形式、社会利益格局发生的深刻变化,人们思想活动的独立性、选择性、多变性、差异性日益增强,社会价值观念领域呈现出多元、多样、多变的纷繁复杂态势。随着多元、多样价值观念的潮水般涌入以及相互之间的交融碰撞,人们以往秉承的价值观念、善恶观念、是非观念、人生态度,似乎已逐渐失却其现实合理性而显得苍白无力,社会生活领域出现了某种程度的混乱和失序。社会失范、道德失范成为社会生活中的各种丑恶现象的集中体现。所谓社会失范就是指以往社会生活中的各种原则和规范,失去了对现实社会生活进行有效的控制和调节的能力,致使人们的社会行为因失却了合理有效的规约和限制,而处于混乱、无序的状态。道德失范是转型时期社会失范的集中表现,是指因社会主导道德体系规范作用的丧失或削弱,不能对人们的社会生活发挥正常的调节作用,造成人们道德实践活动中思想行为的混乱、无序。耻感缺失、淡薄便是社会道德失范现象在人们情绪、情感领域中的体现。

(一) 当前我国公民道德耻感缺失的表现

道德耻感缺失是指以往人们在社会生活中秉承的是非观念、善恶标准和荣辱观念,已经不能有效地影响人们的行为选择和价值评价,从而使人们在社会行为层面呈现出一种"去羞耻化"或"去道德化"情感倾向。这种情感倾向,往往以耻感淡薄、荣耻颠倒、荣耻错位等形式表现出来。

案例一。记者在报纸上记述了这样一则消息:一位衣着破旧的母亲千里迢迢从河北到中国医科大学镇江校区看望儿子,儿子怕母亲给自己丢脸,不让母

亲进校门,还对着母亲拎来的粽子说:"谁吃这个?"母亲含泪离去。①

这个让人心痛的事例说明:这位学生已经不知道什么是真正的羞耻,什么是真正的光荣?其内心世界所追求的"荣",无非是一种"虚荣"、"势荣"而已。也正是这种荣耻颠倒、错位的价值观念驱使他撵走了自己的母亲,做出了真正可耻的事情。荣耻颠倒的价值观,是亲情的杀手,也是扼杀道德感、责任感、扼杀义务感、尊严感、扼杀荣誉感、同情心的刽子手。

案例二。20世纪90年代,中国文坛上出现了一种所谓解构"性耻感"的现象。一些作者不惜笔墨,运用大量篇幅描写个人的隐私、情感生活的经历,尤其是将性高潮体验和感受完全付诸文字,从卫慧、木子美,到目前网络上盛行的视频裸聊,性产业半公开化,等等。性生活在金钱交往过程中,似乎已经被减约成为一种纯粹的消费性活动,人之为人的最后一层遮羞布被彻底撕碎,人之为人的羞耻感也被彻底解构了。有学者在文中曾经记述了这样一则故事:

2004年1月,天涯虚拟社区,广州一大学女教师在个人博客上不时更新自己的裸照。她说:"我把我自己的裸照贴在文字后面,我并不觉得羞耻,因为我只把我自己的身体当成自然界中的某种物体来欣赏,而我这么做也是希望读者能够领会我的意图,把身体当做清洁的物体来对待。"②

这番话足以说明这位女教师人性中的最后一层遮羞的幕纱,已被她自己彻底撕碎了。这种极端的价值观念已经清楚地告示世人:人世间的一切伦理、道德、价值在她面前失去了任何意义。当她扬言自己已经还原了一个纯粹的物自体时,她已经否定了自己作为一个社会性、关系性存在这一事实。一个人一旦否定自己的社会以及关系属性,就意味着她将会抛弃一切责任和义务。因此,有学者指出:"作为人心潜藏最深的道德法则的性耻意识的解构,实际上已经导致生活世界的价值与意义彻底虚无化,其现实后果与社会影响无疑是灾难性的。"③

---

① 朱贻庭、赵修义:《社会风气·荣辱观·羞耻感》,载《伦理学研究》,2006年第4期。
② 余治平:《耻感教育——作为底线伦理之拯救》,载《上海交通大学学报(哲学社会科学版)》,2007年第3期。
③ 余治平:《耻感教育——作为底线伦理之拯救》,载《上海交通大学学报(哲学社会科学版)》,2007年第3期。

以上两个案例显现的道德耻感缺失现象，在我国社会生活的各个领域都程度不同地存在。在政治领域，表现为官员"权耻感"缺乏：由于权力腐败而使某些官场的潜规则堂而皇之地成为显规则，跑官买官、权钱交易、权色交易司空见惯；在经济领域表现为"利耻感"缺乏：为了利益，不法商人抛弃信用，制假售假、坑蒙拐骗比比皆是，假酒、假烟、假药、假种子、毒奶粉等一度使国人陷入恐慌、紧张之中；在医药卫生领域，表现为"业耻感"的缺乏：医生拿红包、吃回扣等等，在文化领域，表现为"文耻感"缺乏：学术腐败愈演愈烈，弄虚作假、剽窃抄袭蔚然成风；在社会生活领域，生活奢靡颓废、吸毒赌博盛行、婚外情、未婚先孕、网友"一夜情"、中学生堕胎等现象已引起全社会的关注。总之，许多在过去注定是耻辱不堪、难以启齿、羞于见人的事情，如今却一个个堂而皇之地登堂入室，摇身一变，以一种"时尚"、"前卫"或"后现代"的面目出现，这也许就是对"不以为耻，反以为荣"提供的最直接的时代注释。充斥于我国社会生活各个领域的耻感淡薄、耻感缺失、耻感错位现象，的确已经成为一种令人心痛、让人担忧、焦虑的社会现象，它让一切有良知的中国人开始为中华民族的前途和未来担忧。

（二）当前我国公民道德耻感缺失的原因分析

引发我国社会生活领域人们道德耻感缺失的原因极为复杂，概括起来，主要有如下四个方面：

首先，中国社会正在经历的社会转型是道德耻感缺失现象产生的根本原因。改革开放的不断深化和社会主义现代化建设事业稳步推进，使中国的社会面貌和人民的精神面貌都发生了巨大的变化。主要表现为：计划经济向市场经济转变；单一的公有制经济结构向公有制经济为主体、多种所有制经济并存的所有制结构转变；高度集中的中央集权到日益增多的地方自主、社会自治的转化；近乎绝对化的集体主义向国家、集体、个人三者利益的相对独立而又有机统一的方向转化，等等。所这些变化表明：当代中国正在经历一场深刻的社会变革，随着社会结构的转型，中国社会正在努力建构一种全新的生活方式、交往方式，正在确立一种与新的交往、生活方式相适应新的价值标准、价值体系。

在激烈社会转型过程中，人们长期奉行和坚持的价值体系、价值标准、荣辱观念在日渐丧失其合理性，致使人们对以往维系社会秩序的基本价值精神的权威性产生怀疑，并产生对现实生活中的一切进行价值颠覆和重估的心理和精神倾向，开始重新架构、思索和追寻人本身的存在意义、生命价值以及生活方式等根本性问题。在这种颠覆与重构的交织碰撞过程中，人们的精神迷惘了，灵魂无所皈依了，这是人类理性面对社会变革时的暂时受挫，也是人类理性发展的必然规律。这一现象反映在社会生活层面，表现为人们社会行为的失范；反映在道德生活层面，表现为人们道德行为失范。道德耻感的缺失与淡薄是道德失范现象在人们情感层面的鲜明体现。因此我们可以说，当前中国社会普遍存在的道德耻感缺失现象的根本原因是社会转型的事实所致，它是社会由前现代性向现代性转变过程中，传统的伦理道德秩序遭遇危机，而新的伦理道德秩序尚未生成的客观态势在人们情感、情绪层面的反应。

其次，市场经济自发作用的消极影响是道德耻感缺失现象出现的直接原因。发展社会主义市场经济，建立社会主义市场经济体制是改革开放以来，我国建设有中国特色社会主义理论和实践上的重大突破，其深远的历史意义在于调动了社会成员生产劳动的积极性，实现了社会生产力的巨大解放，使我国经济、政治、文化、社会等各项事业获得了前所未有的发展和进步。然而，市场经济本身所具有的自发作用又会产生诱导市场主体的私欲无限膨胀的效应，使市场主体在价值观上表现出唯利是图、见利忘义，退化为只有经济头脑的"经济人"。这也是造成我国社会经济领域诚信缺失泛滥、假冒伪劣盛行的"利耻感"缺失现象的直接原因。同时，这市场关系又表现出一种可能在社会生存各个领域无限扩展、蔓延的倾向。美国哲学家艾伦·布坎南曾经指出："市场关系倾向于扩展到人类生活的各个领域"。一旦各种市场规则扩展到各种非市场关系领域，"其结果，就是某些有价值的人类关系将被贬低。"[①] 意思是说，一旦在通行于经济领域的市场规则侵入并泛化到非市场关系领域，如政界、学界、学校、医院、家庭，甚至两性关系等领域，就必然会产生把荣辱、人格、良心、原则作为商品进行交易的丑陋现象。家庭关

---

① [美]艾伦·布坎南：《伦理学、效率与市场》，廖申白等译，北京：中国社会科学出版社1991年版，第141—142页。

系、师生关系、医患关系、上下级关系等都可能沦落成为赤裸裸的金钱关系、利益关系,在这种情景中,社会出现群体性的道德滑坡,道德意义上荣辱之辩消解、荣耻观念错位,以及社会成员道德耻感淡薄、缺失等现象的凸现,也就不足为奇了。

第三,某些社会机制的不健全、不完善也是导致社会成员道德耻感缺失的重要原因。一个由公平、正义观念有效调节的社会必然是一个良序运行的社会。在这样的社会里,每个人都接受着同样的公正原则,各种行为规则也基本趋于制度化,在这种情形下,社会成员会在付出与收益的权衡比较中倾向于选择善,由此而激发的道德情感也趋于健康积极,表现出强烈的责任感和自尊心、鲜明的荣耻感和同情心等。罗尔斯曾经指出,组织良好的社会是其社会成员正义感形成的前提,规则的权威性只有在良序社会里,才能与个体的情感相同一。罗尔斯的这一观点也同样适用于道德耻感的分析,即良序社会也是社会成员耻感美德形成的前提,只有在良序社会里,社会成员才会对自己或他人的违规思想和行为感到羞耻。这是因为,任何一种社会制度、规则体系的公正性只有得到社会成员的确认,才可能具有存在的合法性,才可能有效地发挥其规约和调节作用;只有社会成员认为这种社会制度规则是基本公正的,才会在情感上接受它、敬重它,也才可能产生自觉遵守的内在冲动,进而在自己或他人萌生或实施了某种违背这种社会制度规则的思想和行为时,产生强烈的内疚感和羞耻感。相反,如果社会成员认为某种社会制度规则是不公正的,他们就会认为这种社会制度缺乏存在的合理性,就会对之产生情感上的抵触,行为上的违背,或者阴奉阳违。当然更不会对自己所谓违规的思想行为感到羞耻和内疚。在我国当前社会生活中,某些领域的确存在着某些制度或体制的不完善、不健全的现实。以分配机制为例,由于社会分配机制不完善,尤其是社会再分配手段不完善,使得无法有效地消除或减少分配领域的行业、地区的差别现象,造成了社会财富分配的严重失衡,社会成员的收入差距和贫富差距拉大,导致部分人心理极大的不平衡,甚至开始对社会主义的分配机制的合理性、公正性产生质疑和不满的心理倾向,并奉行有权则以权谋私、权钱交易,无权则弄虚作假、行贿渎职的人生信条。再如,由于社会道德、法律制度以及执法机制的不健全、不完善,一些不道德、不合法的行为未能受到社会的应有惩罚,致使社会上出现了坏人得益、好人吃亏的反道德、反法律现象。这种现象也会极大地动摇社会成员的道德信念、法制观念。这种不正常心态如若得不到及时的纠正而扩展开来，可能导致社会成员正义感、责任感的普遍丧失，导致社会成员是非不明、荣辱不分、耻感淡化等不良社会现象的滋生、蔓延。

第四，传统耻感文化的断裂而引发耻感教育缺失、乏力，也是社会成员道德耻感缺失的重要原因。中华民族悠久的耻感文化传统和丰富的耻感思想资源源远流长，这种优秀的文化传统凝聚生成了中华民族"尚名知耻"的民族性格，塑造了中国人慎思高远的耻感情怀和凝重深厚的耻感德行。耻感是规约和调节人们思想行为的重要情感因素，也是中国传统伦理精神的本然之色和传统体系道德的基本构成要素。然而，自近代以来，不少仁人志士把近代旧中国积贫积弱的根源归结为传统儒家文化的保守与落后，儒家伦理思想，连同其丰富的耻论资源也被列为"封建思想的残余"遭受了无数次的批判、否定和清洗。新中国成立后，特别是"文革"期间，由于遭受当时处于社会主导地位的"极左"思想影响，社会思想道德领域的极端政治化、偏激化倾向，以"民族虚无主义"的形式表现出来，致使广大民众常常对民族道德传统持批判、否定、冷漠的错误态度。在这种情形下，传统耻感文化遭受冷遇也是不言而喻的。改革开放之后，面对在经济实力、科学技术等方面我国与西方发达国家之间的巨大反差，面对西方道德文化和价值观念的冲击和影响，忽视本民族优良传统文化的时代价值，甚至滋生否定民族传统文化的错误思潮再次凸现，传统耻感文化也因此而再度被冲击。长期以来，我国社会道德教育领域中忽视传统儒家中"慎独"、"自省"、"知耻"的道德教育和修养方式，片面重视道德知识的灌输、道德典型的引领和道德权威的树立的道德教育方式，虽然某种程度上推动了我国道德教育的发展，但也使我国社会道德教育 度流于理想化、政治化、知识化。从某种意义上说，我国民众的日常生活中似乎一直不缺少正面积极的价值宣传、榜样示范，但这种道德教育方式总是不能有效地发挥其应有的价值引领作用，总是让人觉得曲高而和寡，致使许多人对之产生一种因敬畏而疏离的情感倾向。因此，在道德教育过程中，不能与传统耻感文化相承接，忽视了耻感底线的防御和保护，也是我国社会转型时期耻感缺失、淡漠现象泛滥的重要原因之一。

二、现代道德教育规律的需要

科学合理的道德教育，应该坚持理想人格引领教育与底线伦理防范教育相结合，既要注重道德理想教育，又注重道德耻感教育。在社会主义荣辱观建设中，凸显耻感教育反映了现代道德教育的客观规律。这是因为：

道德耻感教育是道德教育的逻辑起点。任何人对道德原则或伦理规范的真正服从和遵守都建立在行为主体自律品性养成的基础之上，而行为主体的严格自律又往往以其自身强烈的羞恶之心为前提。人有了羞耻之心，才可能树立起真正的守法精神，从而自觉地奉行社会的道德原则、伦理规范以及法律法规。因此，一定意义上说，耻感意识是个体自觉遵守道德原则和伦理规范的前提。一个人只有树立了科学适度的耻感意识，才能明辨是非，才能抵御各种不良思想或行为的诱惑，才能真正做到自尊、自爱、自强、自律。正是基于羞耻感的这些深层社会意义，清代学者龚自珍提出了"教之耻为先"的教育理念。

道德耻感教育是升华个体道德人格的重要途径。道德人格是个体在一定的社会历史条件下，通过社会实践活动形成和发展起来的比较稳定的行为倾向和情感态度。情绪、情感是个体道德人格的重要组成部分。它影响着行为主体的行为取向和行为特征，是引发个体道德实践活动的根本动力系统。耻感作为人所特有的高级社会性情感，就是一种促使人们遵循道德规律，实施道德行为的道德情感。一个真正具有耻感美德的人，从不屈从于外在道德权威的震慑，也不盲从于外在道德原则、伦理规范的规约，而是相信自己的理性分析，敬重自己的道德信条、坚持自己的价值判断，一旦意识到自身或他人的思想行为违背了社会普遍认同的道德原则和伦理规范，觉察到现实我与理想我的差距、距离，就会主动萌生耻感，自觉实施某种弥补或补偿自己或他人过失、错误的道德行为，努力实现自身道德人格的完善。因此，在社会主义荣辱观建设中，凸显耻感教育，涵育和葆养公民的羞耻心、愧疚感，夯实人们内心深处的耻感底线伦理防线，最终为公民崇高道德理想的树立和高尚道德境界的实现奠定基础，是公民道德教育过程中，必须遵循的基本规律。

三、承接中国传统道德教育优秀成果的需要

源远流长的中国传统文化有着鲜明"耻感"色彩。先秦儒家学说,自孔子开始就有着强烈的耻感取向。孔子极为重视对"耻"德的涵育与葆养。首先,行己有耻是理想人格的基本要求。子曰:"行己有耻,使于四方,不辱君命,可谓士矣。"(《论语·子路》)意思是说,对自己的行为、活动有羞耻意识,出使异国不辜负君王的使命,可以称之为"士"。其次,"有耻且格"是德治社会的理想境界。子曰:"道之以政,齐之以刑,民免而无耻;道之以德,齐之以礼,有耻且格。"(《论语·为政》)孔子心目中的理想社会,是一个凭借德、礼建立起来的,和谐有序、"有耻且格"的自律型社会,而不是一个仅仅依靠外在刑罚的震慑而得以维持有序的"民免而无耻"的他律型社会。再次,"远耻"是理想人格实现的最高境界。子曰:"恭,宽,信,敏,惠""能行五者于天下者为仁矣",(《论语·阳货》)在孔子所列举的五种可以为仁的品德之中,"恭"居五者之首。何谓"恭"?子曰:"恭则不侮",《礼记·表记》中说:"恭以远耻",显然,"恭"本义在于远耻。孟子视"羞恶之心"为人性之本,他说:"无羞恶之心,非人也。"(《孟子·公孙丑上》)他特别强调"耻"在个体道德人格形成中的重要作用,他说:"耻之于人大矣!为机变之巧者,无所用耻焉。"(《孟子·尽心上》)意思是说,羞耻之心对于人至关重要,搞阴谋诡计的人是不知羞耻的。

荀子是先秦儒家思想的集大成者,他以独特的理论视角,全面深刻地阐发了儒家的耻感思想。首先,荀子认为,任何事物的产生,都有其根源;一个人的荣辱观念源于其日常习行,是行为主体的德性象征。他说:"物类之起,必有所始;荣辱之来,必象其德"。(《荀子·劝学》)其次,荀子在继承孔子"见利思义"、"义以为上"和孟子的"仁则荣,不仁则辱"思想的基础上,明确了荣辱的界定标准,他说:"先义而后利者荣,先利而后义者辱","君子苟能无以利害义,则耻辱亦无由至矣。"(《荀子·荣辱》)意思是说,君子如果能够做到不以利害义,那么耻辱就没有机会降临到你身上。第三,荀子还对荣与辱进行了性质区分,他认为,荣与辱各有两端,即"义荣"和"势荣","义辱"和"势辱"。荀子真正崇尚和赞誉的荣是"义荣",即道义的光荣,而非"势荣"。他指出,即使没有尊贵的爵位、丰厚的俸禄而身处贫贱,只要拥

有义荣，依旧可以称为君子，也能成就君王之业。

法家思想中亦含有许多有价值的耻论资源。如早期法家代表人物管子曰："国有四维，一维绝则倾，二维绝则危，三维绝则复，四维绝则灭。"（《管子·牧民》）"四维"，即礼、义、廉、耻。管子认为，倘若一个国家或民族失去了作为"四维"之一的"耻"，就会万劫不复。法家思想之集大成者韩非子在评价管仲雪桓公之耻的做法时，以"义"作为衡量耻荣的标准和原则，认为"遗义之耻"才是真正的耻辱，他说："虽雪遗冠之耻于小人，而亦遗义之耻于君子矣"（《韩非子·难二》），就是说，齐桓公以"遗义"为代价雪自己酒醉遗冠之耻，非但不能雪耻，反而因为"遗义"而招致更大的耻辱。

由可见此，在中国道德哲学传统中，无论是在传统儒家，还是在法家道德哲学体系中，耻感都具有基础性地位。耻感是中国传统道德体系的元素和中国传统伦理精神的原色。耻感教育也几乎具有与传统道德教育生命同在的意义。在社会主义荣辱观教育中，凸显耻感教育，涵育和葆养民众的耻感美德，不仅是对现代道德教育规律的遵循和践履，而且是对中国优良道德教育传统的弘扬和继承。

第二节　加强道德耻感培育的社会举措

道德耻感的保护和培育，既是完善个体自身的复杂心理工程，也是推动社会发展的系统社会工程。它需要社会生活中的每一个人、每一个群体孜孜不倦地探索与追求，更需要全社会将其作为社会主义道德建设的关键性因素予以重视。人是个体存在物，也是社会存在物，加强耻感教育，培育耻感美德固然要以个体德行修养为逻辑前提，但也离不开社会因素的影响和社会环境的塑造。尤其在社会转型时期，新旧道德观念的冲撞，多元价值观念的冲突，使得社会价值观念领域呈现出纷繁复杂的态势，致使社会道德生活领域不可避免地出现某种程度的混乱、失序现象。在这样的社会形势下，加强耻感教育，涵育人们的耻感美德，仅仅依靠个人的德行修养显然是不够的，还必须施以有效的社会举措。

一、实现制度伦理

制度就是用集体行动控制个体行动的运行规则。① 也有观点认为：制度是一种由某集团制定出来的，旨在约束个体福利以实现社会利益最大化的一系列行为规则、守法程序和道德伦理规范。② 罗尔斯则认为，制度是一种规定人们的职务和地位、权利和义务以及权力和豁免等方面内容正当与否的规范体系，它是一种具有公开性特征的规范体系。③ 概括地说，制度是一种由国家、集体、社会依据一定的程序制定出来的，并得到社会成员普遍认同的、相对稳定的规范体系和行为模式。作为一种既定的社会现象，它存在并作用于社会生活的方方面面，通过经济制度、政治制度、文化制度、教育制度、法律制度等多种形式表现出来。任何人一出生，就无可选择地置身于一定的制度环境（某种制度建设或制度安排下的社会生活空间）中。制度本身所具有的这种事实先在性，也必然使人们的道德生活实践、道德情感体验都不可避免地受到社会制度影响和规约。因此，建立马克思所说的"合乎人性"健康生长的制度环境，实现制度伦理，是道德情感培育的重要前提，也是道德耻感涵育的重要条件。

制度伦理也称为制度正义，或曰制度善？制度伦理通常包含有两层涵义：一是制度的伦理，即对制度的正当、合理与否的伦理评价；二是制度中的伦理，即制度本身蕴含着的伦理追求、道德原则和价值判断。④ 简单地说，制度伦理就是指制度本身（包括制度的产生方式、产生程序、制度内容、制度运作方式以及制度伦理诉求等）的合伦理性、合道德性。它强调的是社会制度本身的道义性以及社会制度对于个人应承担的责任和应履行的义务，并以此作为评价社会制度正义与否的重要标准。

究竟蕴含着什么样伦理价值精神的"善"制度，才能激发并保护社会成员健康、积极的道德情感，有利于人们耻感美德的培育呢？究竟什么样的制度才是"善"的制度呢？黑格尔认为，现代制度与前现代制度的重要区别在于：

---

① ［美］康芒斯：《制度经济学》，北京：商务印书馆1994年版。
② ［美］诺斯：《经济史中的结构与变迁》，上海：上海三联书店1999年版。
③ ［美］罗尔斯：《正义论》，廖申白、何怀宏等译，北京：中国社会科学出版社1988年版。
④ 方军：《制度伦理与制度创新》，载《中国社会科学》，1997年第3期。

它产生了具有独立人格和权利的个人,并实现了个人权利与义务的统一,而不再是一部分人仅履行义务,而另一部分人只享有权利。显然,在黑格尔看来,相对于前现代制度,现代制度是一种"善"制度,这种"善"体现在它实现了个体的人格独立以及个体权利与义务的统一。后世罗尔斯在其著作《正义论》中进一步指出,善的制度就是体现公平正义的制度。在这个制度中每个公民都具有平等的基本自由权利,体现在平等基本自由权利中的"自由"精神,是"善"制度的基本价值规定。显然,在罗尔斯的主张中内含着这样一个逻辑推理:"只有保证和促进所有公民的自由权利得到公正平等的发展,才能真正持久地保证和促进每一个人的基本权利和自由,从而最终较为稳妥而和谐地保持社会的秩序和稳定。"① 就是说,实现了社会秩序的和谐、稳定,即实现了制度善;保证了公民权利与义务的统一,即保证了制度正义;使每一个公民平等自由权利都得到实现,即实现了制度公正。

现代许多学者认为,德福一致是现代制度伦理的集中体现。因为德福一致的社会结构体系,是建立在公民基本自由权利平等基础上的社会结构体系,它不仅包含着公民权利与义务的公正分配制度以及机制问题,而且还包含着健全完善公民社会福利保障体系问题。"一个社会应当努力构建起依靠赏罚分明机制调节社会利益分配的公正的社会结构,在宏观上创造出'老实人'不吃亏的合乎人性生长的良好环境,保证德行是社会的通行证。"② 的确,在社会制度生活中,如果只承认社会成员的义务,而不使其应享有的权利获得合法地位,得到相应保护;如果只要求社会成员履行义务,而不对其无私的奉献、牺牲行为给予补偿和回报,就会出现由于社会赏罚制度不公正而导致的权利和义务、奉献与回报、德与福的二律悖反现象。长此以往,即便是在社会生活中,也会出现一种"劣币驱良币"恶性循环。因此,美国思想家莱茵霍尔德·尼布尔认为,如果一个社会好人得不到好报,恶人受不到惩罚,却仍然要求人要无条件地讲道德,把道德的本性看作自我牺牲,就会造成个体道德与社会伦理

---

① 万俊人:《制度伦理与当代伦理学范式转移——从知识社会学的视角看》,载《浙江学刊》2002年第4期。

② 高兆明:《制度公正论》,上海:上海文艺出版社2001年版,第176—179页。

的悖论——道德的人与不道德的社会。① 就是说，一个公平正义的社会制度，应该是一个善有善报恶有恶报、德福统一的社会制度；如果情形恰恰相反，在某种制度环境中，德行成为有德人的负担，缺德之人却大行其道，那么，伦理道德的崇高性、感召力，制度体制的合理性、权威性将会遭到质疑。社会风气会因制度的不公正而败坏，人际关系会因制度的不公正而疏离、隔膜，个人品质也将因制度的不公正而堕落；社会生活中出现道德耻感的缺失、淡薄以及荣辱观念的颠倒、错位等现象也就不足为奇了。

实现制度伦理，建立公平、正义的社会制度是涵育民众道德耻感的社会必然之举。公正的社会制度可以切实保障公民平等自由的基本权利，能够真正维护公民现实合理的基本利益，它体现了制度本身的正义与善，也使制度本身获得了其存在的合法性，使民众对制度本身产生信任与敬重，并形成一种主动自觉遵从的实践冲动。公正的社会制度对个体道德情感的培养，起到的是一种"润物细无声"的作用。在公正的制度情景下，行为主体因自身或他人的不当思想行为萌生的耻辱或羞愧感，可能会因其对社会制度本身所怀有的高度认同感和敬重感而表现得更加深刻而强烈。反之，如果制度不公正或者制度本身有严重缺陷，即社会成员生活于一个常常出现制度性失范或制度性腐败的制度环境里，其自身也会身不由己地趋于堕落或腐败，且不以为耻。因为这种社会制度本身就是滋生各种无耻行径的温床，也是扼杀和钝化人们的道德耻感的根源。正如高兆明教授所说：一个"奉公守法者寒酸，贪赃枉法者富甲；弄虚作假者升迁，据真禀实者遭贬；吹须溜拍者受宠，犯颜直谏者被整；走前门正道者被拒，歪门邪道者得逞"的社会制度、体制，可能会制造出更多的流氓、无赖、腐败政客等无耻之徒。② 因此，变革社会制度，实现制度伦理、制度正义，不仅是稳定社会秩序、规范社会行为、和谐人际关系的重要举措，也是加强耻感教育，涵育人们的耻感美德的重要举措。

二、优化道德环境

任何一种道德行为的发生，都不只是行为主体某种道德认知在道德实践活

---

① ［美］莱茵霍尔德·尼布尔：《道德的人与不道德的社会》，贵阳：贵州人民出版社1998年版，第209页。

② 高兆明：《制度公正论》，上海：上海文艺出版社2001年版，第134页。

动中的简单、机械再现。个体自身所处的社会伦理环境也是影响其道德行为选择、道德行为发生的重要因素。从某种意义上说，任何道德行为都是道德规范与社会环境共同作用的结果。只有认识到这一点，我们才能理解，为什么具有同样的道德认知、共同的道德价值取向的人，在不同的道德氛围中，会产生截然不同的道德情感；同样的人面对自身或他人的不当思想、动机或行为，在有的环境中会觉得羞愧难当，而在有的环境下却可能堂而皇之、不以为然。

人是环境的产物，人改变着环境，环境也在塑造着人本身。一般说来，人的活动环境包括自然环境和社会环境两大类。自然环境是一种显性环境，如生态环境、地理环境、气候环境等。它通常以物质的、具体的、可见的形式表现出来。社会环境是社会情感、社会舆论、社会风尚以及文化、历史传统等多种因素共同作用的有机综合体。社会环境是一种隐性环境，只有借助于人所特有的理性认识能力才能感受到它，如经济环境、政治环境、历史环境、文化环境、国际环境、道德环境等等。道德环境是一种社会环境，它反映了一定社会条件下人们道德生活的总体状况，是道德认识、道德关系、道德教育、道德舆论和道德修养等各种道德现象的综合体现。它是影响和制约人们耻感美德形成和发展的重要精神因素。马克思说："并不需要多大的聪明就可以看出，关于人性本善和人们智力平等，关于经验、习惯、教育的万能，关于外部环境对人的影响，关于工业的重大意义，关于享乐的合理性等等的唯物主义学说，同共产主义和社会主义之间有着必然的联系。既然人是从感性世界和感性世界中的经验中汲取自己的一切知识、感觉等等，那就必须这样安排周围的世界，使人在其中能认识和领会真正合乎人性的东西，使他能认识到自己是人。既然正确理解的利益是整个道德的基础，那就必须使个别人的私人利益符合于全人类的利益。既然从唯物主义意义上来说人是不自由的，就是说，既然人不是由于有逃避某种事物的消极力量，而是由于有表现本身的真正个性的积极力量才得到自由，那就不应当惩罚个别人的犯罪行为，而应当消灭犯罪行为的反社会的根源，并使每个人都有必要的社会活动场所来显露他的重要的生命力。既然人的性格是由环境造成的，那就必须使环境成为合乎人性的环境。既然人天生就是社会的生物，那他就只有在社会中才能发展自己的真正的天性，而对于他的天性的力量的判断，也不应当以单个个人的力量为准绳，而应当以整个社会的力量为准绳。"① 在此，马克思科学分析了人与社会的真实关系，揭示了改变环境与改变人自身的一致性。现实生活告诉我们：人在改变自身所处环境的丑陋的同时，也在改变自身的缺陷；人在使自身所处环境不断趋于完善的同时，也使自身趋于完善。因此，美国思想家杜威也认为，最良好、最深刻的道德训练莫过于使个体进入一个与他们有良好关系的道德氛围中。因此，从社会的角度看，仅仅通过一般意义的道德教育和榜样示范提高社会成员的道德水平的做法是远远不够的；不改变社会成员道德品质、荣耻观念赖以形成的社会环境，不改变隐藏在社会生活中支配人们思想和行为的社会价值精神，无法提升人们的道德品质，也无法培育合理的荣辱精神。

中国古代的先贤圣人也曾以独特的方式剖析道德品质与社会环境之间的内在关系。例如早在春秋时期管子就将"仓廪实"、"衣食足"视为"知礼节"、"知荣辱"的前提条件，他说："仓廪实而知礼节，衣食足而知荣辱。"(《管子·牧民》) 荀子曰："居越而越，居夏而夏，是非天性也，各靡使然也"，"习俗移志，安久移质"。(《荀子·儒效篇》) 荀子主张："君子居必择乡，游必择士，所以防邪避而近中正也。"(《荀子·劝学篇》) 同样，加强耻感教育，培育人们的耻感德性，也必须营造良好的社会伦理氛围，优化社会道德环境。这是因为：

其一，优良的社会道德环境可以通过改变人们的善恶观念，而影响人们的道德情感趋向。道德环境对人们道德情感的影响往往发生在个体道德行为之前，它通过行为主体对自己或他人即将实施思想行为的意义评估、价值判断表现出来。它是人们进行道德选择、产生道德情感的思想基础。个体在道德行为前，如果周围的道德氛围和他的道德意愿相一致，可以促使其迅速对自己思想行为的可能性后果作出判断，从而为其行为选择提供依据；相反，如果行为主体周围的道德氛围与其行为动机不相一致，就会对其道德认识或行为活动造成干扰，使他无法清晰地判断认识客体对自身行为的意义和价值，就可能导致个体道德行为判断上出现失误或迟疑，进而影响行为主体今后的道德行为活动的实施。例如，生活于一个尚荣知耻、赏罚分明、风尚清明的社会环境中的个体，当感觉到自身或他人的思想行为与周围良好的社会环境格格不入时，其羞

---

① 《马克思恩格斯全集》第 2 卷，北京：人民出版社 1957 年版，第 166—167 页。

愧、内疚之情就会油然而生。这种情感会促使其主动放弃或制止自身或他人的不当行为动机，或主动对自己不当思想行为所造成的消极后果实施弥补、补偿。

其次，优良的道德环境可以通过改变人们的道德选择而影响人们的情感感受。道德环境不仅能够规定或维护个体行为的发展方向，而且能够对个体的行为方针进行调节和控制，从而直接影响个体的道德行为选择。行为主体在决定做什么，不做什么以及怎样做时，会直接受到周围道德环境的影响。同样，行为主体的道德情感反应也与周围的道德环境状况密切相关。一般来说，道德环境对道德情感具有双重影响作用：良好的道德氛围会激发个体善的情感，抑制恶的情感，利于道德耻感的培育和保护；相反，不良的道德氛围则会抑制善的情感，助长不良情感的产生。例如，在一个耻感淡薄，荣辱颠倒的道德环境中，即使已为人们涵育养成的耻感美德也可能因周围道德环境的恶劣而降低，甚至丧失。例如：

美国斯坦福大学心理学家詹巴斗曾做过这样一项试验：两辆一模一样的汽车，一辆停在比较杂乱的街区，一辆停在干净有序的中产阶级社区。他把停在杂乱街区的汽车的车牌摘掉，顶棚打开，结果不到一天车就被人偷走了。而停在中产阶级社区的汽车过了一个星期还安然无恙，而当詹巴斗用锤子把这辆车的玻璃也敲了一个大洞后，仅仅过了几个小时，车就不见了。

依据詹巴斗的实验有学者提出了所谓"破窗理论"。这一理论认为，如果某建筑物的窗户玻璃被损，而未得到及时修理，这种现象就会起到一种暗示性纵容作用，驱使某些人去损坏更多的窗户玻璃。因为破窗给人一种无序、混乱的暗示。因此无序、混乱的环境，最容易滋生、蔓延犯罪现象。事实上，现实生活中的所谓"破窗效应"屡见不鲜。例如，在一个干净有序的公共场所，行人往往不好意思随地吐痰、乱丢杂物；相反，在肮脏混乱的公共场所，人们往往就会毫不犹豫地丢弃垃圾，而丝毫不觉得羞耻、愧疚。外部道德环境的优劣，对人们道德行为的实施、道德情感的升华、道德品质的养成起着至关重要的作用。不良的道德环境不但不能发挥环境本身给人们的不当思想行为造成心理压力的作用，反而会成为他们实施不道德行为的托辞和借口，因而无法产生让违规者主动为自身或他人的不当思想、动机、行为萌生道德耻感的道德情景；相反，相对于违规者而言，优良的道德环境本身就是一种无形的精神压力,尤其是当个体自身或他人出现违规的思想、动机或行为时,这种压力会通过羞耻、愧疚、畏惧等痛苦的情感体验表现出来,驱使行为主体主动消除自己与周围道德环境不相适应、不相协调的矛盾。

其三,建立善善恶恶、荣荣辱辱、抑恶扬善、崇荣避辱的优良社会伦理环境,是耻感教育的根本目的和归宿。优良的社会伦理环境孕育具有优良道德的人。众所周知,现实生活中的每一个人的人生发展过程都伴随着心灵的善恶斗争,而且任何人都是在心灵的善恶矛盾、斗争中逐渐走向成熟。由于人并不是主动、注定向善的,人类的成长过程就是心灵善恶的斗争过程,故建立一个以"荣荣辱辱、善善恶恶、抑恶扬善、崇荣避辱"为价值引导的优良社会伦理环境,用以呵护人们心灵中善的种子,是人类成长、成熟、成人的必要条件。所谓"善善恶恶、荣荣辱辱、抑恶扬善、崇荣避辱"的价值引导,是指在社会道德原则和道德规范的内容及要求得到确定的前提下,在社会成员中树立的一种"得所当得"、"予所当予"价值理念。它是人们高尚道德精神与正确荣耻情感体验生成的精神基础和土壤。社会成员在这样的社会伦理环境中获得的道德情感体验内容不是空洞的知识、乏味的说教,而是生活的智慧、行动的向导。在这样的社会环境中,民众不仅可以洞悉社会关于善恶荣辱的规定性知识,更重要的是这些知识就存在于日常生活实践中;在这里,不仅有一般意义上的道德规范,而且有民众对道德本身的敬重和社会对道德权威的维护;在这里,无论是社会舆论、风俗习惯,还是国家规章、法律制度,都与民众的日常行为规则融为一体;在这里,人们的道德行为原则与规范、道德评价与选择方向是一致的,人们的道德良知是敞亮清明的。总之,在这样的社会环境中,德行不仅是美好的,而且是有用的。在这种德性既美好又有用的社会伦理环境中,民众的合理道德意识、健康荣辱情感体验会自然形成,民众的人生价值与尊严会得到充分实现。因此,优良的社会伦理环境既是培育和滋养人们耻感美德的土壤,也是耻感教育本身所应追求的目标与归宿。

三、培育守法精神

日本著名法学家川导武宜在其著作《现代化与法》中指出,一个制定得良好的法律并不必然导致人们对它的服从,其中守法精神是一个不可或缺的中间环节。"近代化的法不同于其他各个历史时期的所有法律,它尤其不可缺少的条件是一定的意识性精神性的因素；没有这个条件，日本的民主化这一历史课题就不可能完成。"这里讲的意识性精神性的因素是指守法精神。同样，没有这个条件，中国建设社会主义和谐社会、社会主义民主法治国家的目标，也不可能实现。

(一) 守法及守法精神的涵义

守法是指行为主体对自己所处国度优良法律的维护与遵守。如果以行为主体的守法目的为依据，我们可以把守法划分为消极守法与积极守法。消极守法是指民众对法律规范的被动服从，即"不犯法"；积极守法则是指人们对义务性法律规范的自觉履行，对授权性法律规范的主动适用以及对社会不法行为或意向的合法抑制或反对。显然，积极守法应包括"不犯法"、"用法"、"护法"三重意义。它既是守法者对自我正当权益、幸福生活保护、发展和追求的体现，也是守法者对他人正当权益与社会公共幸福认同与维护的体现。从伦理的角度看，守法是道德要求，也是道德理想；从法律角度看，守法是主体义务，也是主体权利。

英国著名思想家米尔恩说："一项要求服从法律的法律将是没有意义的。它必须以它竭力创设的那种东西的存在为先决条件，这种东西就是服从法律的一般义务。这种义务必须，也有必要是道德性的。"① 意思是说，在现代社会中，如果没有服从法律的道德义务，服从法律就只是暴力强制下的被迫服从。这样的法律虽然能够在一定的时期内发挥其效用，但绝不可能长久地为人们所遵守。可见，米尔恩所说的法律所"竭力创设的那种东西"，即"服从法律的一般义务"是有道德性的。我们认为，米尔恩所说的道德性就是守法道德，或曰守法精神。

所谓守法精神，是指公民基于对法律的价值合法化（制度优良）和工具合理性（执法公正）的双重认同而形成的自发守法动机，体现了行为主体对自身所处社会优良法制坚定不移践履的态度，表达了民众对社会优良制度的认肯，对优良法律人（如法学家、法律职业者）的信任，对社会公共利益、社会行为规范的尊重，以及对自身自由权利和责任的深切理解。在这种精神的引

---

① [英] 米尔恩:《人的权利与人的多样性》，夏勇、张志铭译，北京：中国大百科全书出版社1995年版，第35页。

领下，法律不再是外在的强制，而是公民实现个人和社会价值的必要形式；守法行为不再是外在他律，而是内在自律，即守法已内化为一种道德义务、道德责任。正如美国思想家德沃金说："我们遵守法律，不仅仅是因为我们被迫遵守法律，而且是因为我们感到遵守法律是正确的，甚至在我们知道遵守法律并不有利于我们个人的直接利益的时候，在我们知道我们可以不遵守法律而不会因此受到惩罚的时候，还是感到有责任遵守法律。"① 可见，守法精神是公民理性自律精神的完美展现，体现了公民在精神与行为的层面，对法律的双重皈依。守法精神所涉及的，不仅仅是行为主体掌握法律知识的多寡，而且是其在多大程度上愿意且能够主动自觉地遵守法律。或者说，它是现实生活中的外在法律规范是否内化为行为主体的内在行为理念，是否转化为行为者的行为习惯或行为品格的鲜明体现。从这个意义上，我们可以说，守法精神既是行为主体对自身合法权利的充分行使，也是其对自身法律义务的自觉履行。它是行为主体理性自觉与道德自律的有机统一。

（二）倡导守法精神的历史及现实依据

在现代社会，引导公民树立主体意识、主体精神的公民精神无疑是必要的。然而，在我国这样一个缺乏民主精神和法治传统的土地上萌生的主体意识或主体自由精神，倡导守法精神也是绝对必要的。否则，主体意识、主体精神这种极富吸引力和活力的美德精神，给社会和民族带来的可能不是社会的繁荣、进步，而是社会无序、社会混乱。

从历史的角度看，中国古代社会民主精神和法治传统欠缺。其一，我们说中华民族缺乏法治传统和守法精神，不是说中国传统社会的民众普遍不守法，而是说中国古代传统社会一直秉承以经注法、父为子隐的伦理传统。中国传统社会，更多强调的是民众道德义务的履行，而较少关注国家法律的遵守。因此，中国古代社会民众极少能够将守法上升到自觉意识和主动作为的层面。虽然中国传统社会也主张"治官"，但习惯观念告诉我们，中国古代社会的法律从来就是用来对付老百姓的，如"刑不上大夫，礼不下庶人"②，管子曰："夫

---

① ［美］罗纳德·德沃金：《认真对待权利》，信春鹰、吴玉章译，北京：中国大百科全书出版社1998年版，第20页。
② 《礼记·曲礼上》。

生法者君也，守法者臣也，法于法者民也。"① 中国现代著名史学家吕思勉先生在评价中国古代社会法律的作用时也曾指出："法者，所以治民；术者，所以治治民之人者也。"② 这种思想观念的长期存在，必然强化民众对法律的漠然和屈从，弱化社会对政府、官员的守法要求，不利于中国传统社会民众守法精神的树立。

其二，传统中国社会始终信守的是家国一体、天下一家的政治理念，向往充满道德的"礼治"社会。中国古代的许多先贤圣人认为，在礼治社会中，只要依靠权威，家庭、社会就可以有序运作；只要人人遵循"仁义礼智信"的训诫，人际和睦、社会和谐就可以实现。在这种思想的影响下，形成了中国文化传统中较少承认守法是美德的普遍公众意识。即便是在中国传统法律文化中，法律的实体价值或内在精神也仅仅表现为治世工具、治国手段、权利守护神，而法律本身所具有的权利保障和权力制约意义常常被忽视。因此，在我国传统社会，乃至当今社会的许多民众普遍表现出对权力充满信心，对法律缺乏信仰，当然也就缺乏选择或寻找法律保护的意识或行为。相反，西方民族在其历史文化传统中，则有着悠久的守法自律精神的根基。例如，古希腊哲学家苏格拉底宁愿接受雅典城邦法庭的不公正判决，也不愿逃避不公正的审判。他以生命为代价向人们诠释了守法精神，即法是值得人们以生命为代价去追求的理想。虽然世俗现实的法律不能完全符合法治精神，但人们依然应该服从法律的判决。我们认为，唯有树立这样的法律信念，法律的尊严和权威才能得到维护，法治精神才能得到切实弘扬。可这样的守法典范在中国传统思想史上却鲜有记载。

从现实的角度看，建设现代法治社会急需守法精神。古希腊思想家亚里士多德曾说："我们应该注意到邦国虽有良法，要是人民不能全都遵循，仍然不能实现法治"③。日本思想家川岛武宜说："大凡市民社会的法秩序没有作为法主体的个人守法精神是不能维持的。"④ 可见，无论远古，还是现代，实现社会法治的关键不在于国家强制力，而是民众的普遍守法精神是否建立。因此，

---

① 《管子·任法》。
② 吕思勉：《先秦学术概论》，上海：东方出版中心1985年版，第92页。
③ [希腊]亚里士多德：《政治学》，吴寿彭译，北京：商务印书馆1985年版，第199页。
④ [日]川岛武宜：《现代化与法》申政武等译，北京：中国政法大学出版社1994年版，第19页。

英国思想家洛克在其著作《政府论》中说："如果法律不能被执行,那就等于没有法律。"①而一旦公民将守法精神孕育并作用于法律运行的各个环节,必然对现代法治社会的建立和发展产生巨大的推动力。

其一,守法精神是社会规则和法律体系有效运行的必要前提。现代社会要求公民不仅是人权、自由和民主权利的主张者和维护者,同时也应该是主动自觉的、以理性精神和法律意识进行自我约束和限制的自律者。众所周知,规则与法律体系是现代社会秩序形成的基本要素。规则体系被破坏,法律失去尊严,社会秩序难以形成,法治社会也就无法建设。因此,树立法律的尊严和权威,确保法律这一国家最重要规则体系的严格执行,是建设社会主义法治社会的根本。而社会秩序的形成、法律尊严与权威的树立均以公民守法精神的确立为前提。这是因为:只有社会成员的守法意识提高了,规则和法律才能发挥其维护社会秩序的作用;只有社会成员在规则与法律面前实现了真正的理性自律和道德自觉,法律与规则才能成为公民行使个人自由和权益的有效保证,法律才可能受到尊重,并产生权威。

其二,守法精神也是公民法律信仰生成的主体要件。美国思想家伯尔曼在其著作《法律与宗教》中指出:"法律必须被信仰,否则它形同虚设。"② 法律信仰是指行为主体基于对社会优良法律的理性认识产生的一种对法律认同、皈依和敬畏的神圣情感体验。在现实社会生活中,法律信仰可以通过公民的多种精神品质表现出来,如权利意识、义务意识、法律意识和守法精神等。其中守法精神是法律信仰生成的道德基础。德国思想家康德说:"尽管守法以法律义务的强制力为前提,但是对法律的尊重本身就是一种'精神气质',就是一种他律形式下的自律。"③ 显然,在康德看来,虽然守法是一种建立在法律义务强制力基础之上的思想或行为表现,但真正的守法是那种为守法而守法的道义追求,是一种视守法为道德律条的精神气质,这种精神气质体现了行为主体强烈的道德自律精神和道德责任意识。它是行为主体法律信仰生成的基本要素。若将这种精神作为法律信仰的道义根基,不仅有助于人们自觉地遵守和服从法

---

① [日]川岛武宜:《现代化与法》,申政武等译,北京:中国政法大学出版社1994年版,第19页。
② [美]伯尔曼:《法律与宗教》,梁治平译,北京:中国政法大学出版社2003年版,第3页。
③ [德]康德:《康德文集》,北京:改革出版社1997年版,第361页。

律，而且可以最大限度地避免或减少国家强制力的使用，从而降低法律的运行成本，进而为构建和维护良好的社会法治秩序提供道义支撑。

其三，培育以法律批判精神为核心的现代守法精神是建设法治社会的必然要求。维护和遵守宪法、法律的权威是现代公民的基本义务和职责，但这并不意味着鼓励民众应该放弃社会批判职责。相反，公民若想将遵守法律规范、维护法律尊严的社会承诺转化为实践精神，就必须与现实生活中存在各种有违法治精神的现象作抗争。因此，从守法精神的内容构成来看，守法精神不仅具有对良法的维护，而且含有对恶法的反对以及对有违良法精神的现象的斗争。唯其如此，守法精神才不致成为某些人逃避社会责任的美丽托词。对于这种社会现象，思想家巴恩斯在其著作《冷却的太阳》中曾经这样斥责：人们将"现存的法律或习俗与绝对的是非标准等同。……并把破坏它们的人视为彻头彻尾的恶人。这是荒唐的！"的确，如果我们离开了对宪法法治本身合理性的准确审视，片面绝对地视守法为美德，不仅是对守法精神本身的亵渎，而且也是公民对自身所应承担社会责任的消极逃避。事实上，在现实社会生活中，对法律的尊重与信仰，仅有民众的强烈的守法意识、执着的守法意志和坚定的守法行为还不足以完全体现现代守法精神的实质，真正的守法精神还应包括民众对法律的反思批判精神以及对法律批判职责的主动担当。

试想，在一个民众缺乏守法精神、缺乏法律敬畏感的社会中，还有什么规则制度不被肆意践踏，还有什么法律制度能够维持权威和尊严。现代法治社会，需要民众在规则与法制面前作出承诺，践履道义上的社会责任，彰显理性的自律精神，且表达出对社会正义制度的认肯与尊崇。我们认为，所有这些品质，在社会公共生活中，都可以通过守法精神体现出来。现实社会中的每一个人都生活在一个特定的社会制度背景中，个人的自由权利也只有在正义的社会制度和法制环境中，才能得到有效的保障。作为一个社会人，如果缺乏或疏离了守法精神，也就意味着自己在摧毁可以保障自己自由权利的规则制度。守法是现代人适应现代社会的基本美德之一。在现代社会中，一个缺乏守法精神的个体极可能走上歧途，一个缺乏守法精神的群体极可能是一群乌合之众，一个缺乏守法精神的民族或国家，绝不可能实现社会法治。因此，培育守法精神是现代国家克服无序失范等社会现象，实现社会和谐有序的最有效、最经济的精神法宝。

(三) 守法精神与耻感意识

耻感在中国传统道德中具有醒目的重要地位。无论是在传统儒家，还是在法家道德哲学体系中，耻感都具有基础性地位。从某种意义上说，耻感是中国传统道德体系的元素和中国传统伦理精神的原色。我们知道，耻感是行为主体在道德实践过程中产生的一种特殊情感。它是个体基于一定道德要求和伦理准则，在对自身或他人的思想道德行为进行自我评价或接受他人及社会评价时产生的一种否定性情感体验。它是行为主体自我意识能力、道德选择能力和道德评价能力的特殊情感体现。① 守法精神是一种守法的思想和行为取向，也是一种对法律信仰、敬重的美好德性。一个具有守法精神的人，一旦发现自己在现实生活中，出现了违背法律的思想或行为，定会产生强烈的耻感意识。因此，守法精神表达的是人们对外在规则的敬重，而耻感意识则是表达人们对内在法则的敬重。如果说守法精神是一个民族诸多德性精神中的肯定性美德，那么，耻感意识则是民族德性精神中的否定性德性。二者密切关联。

众所周知，公正的社会制度、有序的社会调节、优良的宪法法制只是一种他律性存在。只有当这种优良制度，与社会生活中行为主体之间发生作用，并逐渐演变成为行为主体的内在自觉，以至于当行为主体一旦发现自己产生违背这些规则的思想和行为，就会在内心深处油然而升腾起强烈的羞耻感时，人的行为才可以说实现了由他律向自律的转变。因此，中国传统儒家所倡导的"有耻且格"的理想社会，事实上就是一种法治与德治、他律与自律、耻感德性与守法精神相统一的社会。同样，我们所要建立的社会主义和谐社会，也应是一个既倡导无违法制，奉行守法精神，又主张有耻自律，坚守耻感美德的社会。亚里士多德指出，对耻辱的恐惧即是高尚的发端。② 反之，对耻辱的失落即无耻，是罪恶的发端。无论个人，还是民族，失却耻感意识都是可怕的。它一方面表明行为主体因自我意识能力、道德反思、判断能力的失落而麻木不仁；另一方面也意味着行为主体会因道德自律的失落、道德良知的泯灭而为所欲为。因此，在我国社会主义和谐社会建设过程中，应当高度警惕社会无耻、无赖现象的滋生。而杜绝这一可怕社会现象滋生的有效方法之一，就是培育民

---

① 吴潜涛、杨峻岭：《论道德耻感的涵义、本质及基本特征》，载《哲学研究》，2011年第8期。
② ［希腊］亚里士多德：《尼各马科伦理学》，北京：中国社会科学出版社1992年版，第53页。

众的普遍守法精神。这是因为,守法精神与耻感意识是两种相伴而生的美德精神,一个具有守法精神的人,一定是耻感意识极其强烈的人,一个具有耻感德性的人,也必然拥有积极的守法精神,二者互为前提、相辅相成,成为现代社会公民必须具备的基本美德精神。

伴随着人类文明发展的历史脚步,人类守法精神与耻感意识所关涉的内容可能会发生变化,但守法精神与耻感意识本身是绝不会失却或衰落的。因为,一个有生命力的文明形式,绝不会削弱耻感意识和守法精神;相反,它们会不断得到强化。耻感意识的强化、守法精神的彰显是社会文明进步的象征,耻感意识的退化、守法精神的失却则是文明退步的标志。

四、深化道德耻感教育

道德耻感是一种社会性情感,它不是与生俱来的,而是行为主体在后天的道德社会化过程中产生,并得以逐渐丰富和发展,因而其产生和发展必然受到行为主体所受的教育方式、以及所处的文化背景、环境氛围等因素的深刻影响。道德耻感也是一种主观性情感,行为主体唯有将客观外在的道德原则、伦理规范、价值观念认同、接纳、内化,并据此对照、评价自身或他人的思想行为时,才可能因自身或他人的不当思想行为感到羞耻、愧疚。因此,教育对于道德耻感的产生、发展至关重要。深化耻感教育是培育、激发和保护人们道德耻感美德的重要途径和方法。

耻感教育就是一定社会组织依据一定的道德原则、伦理规范和荣耻标准有目的、有计划、有组织地向受教育者施加的一种道德影响活动,目的是激发受教育者的羞耻心、愧疚感,增强其道德耻感意识,帮助受教育者树立正确的荣辱观念,养成知耻尚荣美好德行,进而促进受教育者整体道德觉悟提高和道德境界提升的情感教育活动。深化耻感教育,是培育和保护人们道德耻感美德的社会必然之举。

从道德教育本身来看,耻感教育是道德教育的逻辑起点。首先,增强道德耻感意识是个体自觉遵守道德原则和伦理规范的前提。任何人对道德原则或伦理规范的真正服从和遵守都是建立在行为主体自律品性养成的基础之上的,而行为体的严格自律又往往是以其自身强烈的羞恶之心为前提。因为,人只有具备了羞耻之心,才可能树立起真正的守法精神,从而自觉地奉行社会的道德原则、伦理规范以及法律法规。其次，道德耻感是社会进行道德选择、道德评价的最基本的价值尺度。处于同一社会环境的不同个体，其道德认知水平、道德觉悟程度、道德境界层次可能各不相同，但社会对所有社会成员却可以提出一项共同而基本的道德要求，即任何人都应该对违反社会基本道德要求的思想、动机或行为感到羞耻。总之，人们只有具备了科学适度的羞耻之心，增强了耻感意识，涵育了耻感美德，才可能明辨是非，才能抵御各种不良思想或行为的诱惑，才能真正做到自尊、自爱、自强、自律。或许正是由于认识到了羞耻感的这些深层的社会意义，清代学者龚自珍才提出"教之耻为先"的教育理念。

从个体德性养成来看，耻感教育是个体道德人格养成的需要。道德人格是指"人格结构中有着恒常的道德思维、道德情操和道德习惯，具有超越一己而趋向社群和类的势能"①。情绪、情感是个体人格的重要组成部分，也是引发个体道德实践活动的动力系统。当个体为外在的伦理原则、道德规范所规约和束缚，臣服于外在权威的震慑和威严之下时，因畏惧也易生羞耻、内疚感等。这种情感影响着行为主体的行为取向和行为特征。当这种羞耻、内疚感以行为主体良心发现的形式自觉呈现出来时，意味着道德耻感已成为个体道德行为实现的真正基础和前提。因为具有耻感美德的人不屈从于外在道德权威的震慑，也不盲从于外在道德原则、伦理规范的外在规约。而是相信自己的理性分析，信赖自己的道德信条，坚持自己的价值判断。一旦意识到自身或他人的思想行为违背了某种为社会普遍认同的道德原则和伦理规范，觉察到现实我与理想我的差距、距离时，即会自然而然地萌生内疚感、羞耻感，且能够自觉地实施某种弥补或补偿自己或他人过失、错误的道德行为，努力实现自身人格的完善。因此，道德耻感是沟通个体人格与道德的重要桥梁，加强和深化耻感教育，涵育和保护耻感美德也是升华个体道德人格的需要。

从我国社会的道德教育现状看，长期以来，我国的道德教育注重向受教育者实施正面积极的应然教育，重视道德教育的高境界，追求道德教育的高标准，形成了以理想人格教育为主导的道德教育模式。这种教育模式，对于人们道德境界的提升、道德人格的优化以及崇高道德理想的树立起到了积极引领作

---

① 肖雪慧主编：《守望良知——新伦理的文化视野》，沈阳：辽宁人民出版社1998年版，第367页。

用。同时，也应该承认，这种教育模式在某种程度上忽视了道德教育本身的层次性特征，脱离了不同个体身心发展以及修养境界参差不齐的实际，因而常常不能如愿以偿地实现其应有的教育目的，甚至有时会沦为一种苍白无力的道德说教。因此，加强和深化耻感教育，坚持理想人格教育与底线伦理防范教育的相结合，使受教育者在接受应然道德理想教育的同时，也受到道德底线伦理教育，即耻感教育，既符合道德教育的规律，也有利于增强道德教育的时效性和影响力。

加强和深化道德耻感教育，第一要务应是培养人们的耻感意识。美国著名心理学家詹姆斯·威尔迪认为，个体道德行为主要是由其道德情感和道德行为习惯决定的。一个人的道德情感反应情况和行为习惯往往表现出他对道德的敏感性，这种道德敏感性极易催生人们的道德责任感。道德耻感就是这样一种道德情感，它作为个体的自我心理体验，其独特性在于，它是个体对自我或他人本性的一种自我感觉能力。它是个体对自己或他人行为的一种痛苦的厌恶感，通常伴随着紧张感、悔恨、焦虑等情感感受，它来源于对公认或个体自身认同、接纳的道德原则和伦理规范破坏后的羞愧感受。一个人要想避免产生羞耻、愧疚的痛苦心理体验，就必须避免实施或参与违背其所认同、内化的社会普遍道德原则和伦理规范的行为，这就要求个体必须具备一定的道德选择、判断能力和预测能力。"如果一个人的理智发展处于如此低的程度，以致他无法预见即使是最一般的人类行为的后果，那么，这个人是不大可能作出明智的决策的。因此，教人们考虑各种行为过程的可能后果，是道德教育者的一个重要任务。"[1] 只有具备道德耻感意识的人，才会对自身或他人的思想行为进行谴责、拷问或评价，即孔子所说的"自讼"和"观过"，从而为其进一步作出明智的道德行为选择奠定基础。道德耻感意识就是人们对其行为动机、行为后果具有判断和预见能力的表现。加强和深化耻感教育的第一要务应是培养人们的耻感意识，让"耻"上升成为一种约束人们行为的坚定理念，成为人们力戒不当思想、动机、行为的坚强心理防线。

加强和深化道德耻感教育，必须健全耻感教育的运行机制。耻感教育是社

---

[1] [美]霍尔·戴维斯：《道德教育的理论与实践》，陆有铨等译，杭州：浙江教育出版社2003年版，第128页。

会主义荣辱观建设的重要组成部分,社会应该努力创建多种形式、通过多个渠道将耻感教育融入国民道德教育和社会主义精神文明建设全过程,引导公民在实际道德生活领域养成耻感意识,培养羞耻之心,启迪民众凡事从知耻出发,"将心比心"、"反躬自省";要加强端正党风、政风,加强对领导干部耻感教育,增强国家领导干部、公务员的耻感意识,党风、政风不正,领导干部耻感淡薄、缺乏,民风就不正,民众的耻感意识也会随之消解。因此应通过耻感教育充分发挥领导干部的示范作用,激励人们自觉履行社会责任、道德义务,构建知耻尚荣的良好道德氛围;要充分发挥社会舆论的道德评价作用,为耻感教育建立有效的话语机制。社会舆论是发挥道德规约作用的有效手段,它往往反映着广大社会成员的共同愿望、理想和利益,代表着社会的基本价值导向。广播、电视、报纸、刊物、网络等大众媒体,应把握正确舆论导向,敢于揭露和批评那些违背社会主流道德原则和伦理规范的思想和行为,形成抑恶扬善、尚荣知耻的良好的舆论氛围;要适应道德生活的实际需要,逐步建立和完善耻感教育的评价机制、监控机制和奖惩机制,让每一个公民无论走到哪里,无论成为何种社会角色,都能做到有章可依、有规可循,为形成扶正祛邪、扬善惩恶的社会风气提供制度保证。

　　加强和深化道德耻感教育,还必须坚持教育与管理的统一。教育与管理是两个不同的概念。教育是指教育者依据社会发展的要求,有目的、有计划、有组织地向受教育者传授知识,使其明理解惑的过程。耻感教育过程中所指称的教育,是指教学式的道德教育,它通过教育者与受教育者之间的教学互动,帮助受教育者理解、接受和实践社会道德原则、道德规范和道德要求,使其明确什么样的思想行为是光荣的,什么样思想行为是可耻的。管理即社会管理,它是人类的一项基本的社会活动,是人类一切有组织活动的必不可少的组成部分。马克思说:"一切规模较大的直接社会劳动或共同劳动,都或多或少的需要指挥,以协调个人的活动,并执行生产总体的运动——不同于这一总体的独立器官的运动——所产生的各种一般职能。"[①] 管理具有广泛的社会性和普遍性,凡有人类从事共同活动的地方,就必然有管理活动的存在,它伴随、融合于人类的一切认识和实践活动中,并从中起着指挥、调解和控制的作用。耻感

---

① 《马克思恩格斯全集》第23卷,北京:人民出版社1972年版,第367页。

教育作为道德教育的重要组成部分，也是一种社会实践活动，它是在一定社会历史条件下和特定的社会关系中进行的，它必然也需要采取一定的组织形式、一定的制度、法规来承担和执行管理的职能。耻感教育过程中所指谓的管理，也可称为制度式道德教育。这是一种特殊的道德教育，它传授道德的方式不是语言，而是强有力的制度规约和制度劝诫，帮助受教育者通过对某种制度、法规或规则的敬畏或服从而接受、实践社会道德的规范要求。从某种意义上说，这种特殊的道德教育，是一种高度自觉化的富有实效性的道德教育。这是因为，每一种管理制度中都蕴含着鲜明的道德取向，每一种良好的管理方法或制度安排都能产生稳定的道德秩序。具有硬性约束力量的管理或制度一经产生，受教育者就必须调整自己的思想和行为以符合制度的伦理要求，否则就要受到制度的惩罚。因此，深化耻感教育，培养民众的道德耻感，升华其道德境界，提高其道德觉悟，既要重视对其进行教学式的耻感道德教育，使其了解和掌握社会的基本道德原则、规范和要求，形成知耻尚荣的价值观念，树立科学正确的荣辱观；又要重视管理，充分发挥社会管理和制度安排的强大教育功能，使耻感教育和社会管理相互配合、相辅相成、有机统一于耻感教育的全过程。

第三节　加强道德耻感培育的个体修为

个人是道德耻感的基本承载者和拥有者，加强个体道德修养应是道德耻感培育的逻辑起点。个体道德修养形成的循序渐进性规律，决定了个体耻感美德的培育也是一个潜移默化、逐步形成发展的过程。探寻耻感教育的个体修为，应立足于道德耻感与道德认知、道德认同、道德生活、道德习惯、道德内化及道德信仰之间关系的分析，着力于道德认知、道德认同、道德生活、道德习惯、道德内化、道德信仰等要素的保护和培育。

一、增强道德认知

道德认知是个体在道德实践过程中，通过直观性的感觉、知觉、表象和理性化的概念、判断、推理等形式，实现对社会道德现象的认识、知觉、体会、理解、把握。美国著名的道德教育家托马斯·里克纳（Thomas Lickona）认为，道德认知是人们了解自身生活环境的道德尺度；是树立客观的、有价值的道德观；是在能够听取别人的观点的基础上设身处地去认识各种道德现象；是通过道德推理，知道为什么有些行为比其他行为更富于道义；是在危急关头，能够较周全地考虑事情的各方面及后果，进而作出符合道义的决定；也是个体具备自我认知能力的表现，其中包括自我批评的能力。① 笔者认为，个体道德认知过程是个体道德认识由浅入深、由现象到本质、由个别到普遍、由低级向高级的逐步转化的过程，它包括道德知识、道德思维、道德选择和道德智慧四个环节。其中，道德知识是指个体对社会道德原则和伦理规范的了解、认识和掌握，是个体道德认知形成的知识基础；道德思维是个体根据已有的道德知识，通过理性的判断、思考和推理，对社会道德现象进行鉴别、批判和评价过程；道德选择则是个体面对道德生活中多种可能性和复杂的道德情景，经过反复权衡所作的善恶选择和不同道德价值选择，它表明个体自愿接受某种道德原则和伦理规范，并主动承担起某种道德责任或道德义务。道德智慧是个体在道德实践活动中表现出来的判断是非善恶、把握社会公平正义、遵循道德必然性的智慧和本领，它是个体道德认知发展的最高阶段。以上四者相互渗透、相互作用，逐层递进，逐步实现，共同构成了个体道德认知形成的全过程。这四者，也是个体道德耻感形成与发展的必要环节、必备条件。如果缺乏道德知识，个体道德耻感的产生将失却理论依据；如果个体不具备道德思维、道德选择和道德反省能力，道德耻感的产生将失去事实前提；如果个体缺少了道德智慧，道德耻感也就失去其发展的可能。

  道德是人类认识、把握世界、维持生存的重要的方式。缺少了道德生存方式，人际关系的和谐将不复存在，人类文明进步的成果也会丧失殆尽，社会文明进步的脚步也将停顿。道德认知是人类适应和维持道德生存方式的前提和基础。运用道德的方式认识生活、把握世界，关键在于通过道德认知来理解道德和运用道德。培育耻感美德，必须通过道德认知来激发情感共鸣，唤醒道德良知。道德认知对于个体道德耻感的形成具有至关重要的作用。

  正确的道德认知能够为个体健康积极的道德耻感的形成确定方向。任何情

---

① 吴俊、木子：《道德认知辨析及其能力养成》，载《道德与文明》，2001年第5期。

感都是一定思想观念影响、支配下的情感,道德耻感也不例外,它与个体的道德认知能力、认知水平密切相关。个体道德知识储备得越丰富,道德认知能力越强,其行为就越可能合乎道德,其情感反应也就越可能合乎情理。这是因为,个体的道德行为选择方式、道德评价标准以及道德行为习惯都是在个体原有的道德知识和道德经验积累的基础上形成的。个体道德认知对道德耻感的定向作用是在道德良心的作用过程中体现出来的,尤其是当个体面对自身或他人违规的思想行为,因良心不安、良心谴责而羞耻并萌生道德顿悟时,更能凸现出道德认知的定向功能。因为个体只有具备一定的道德认知能力才可能借助自己丰富的道德知识,对自身或他人的思想行为进行理性思维和道德反省,并以此唤醒道德良心,激发道德耻感,进而作出正确的道德选择;个体只有具备了丰富的道德知识和经验、正确的道德选择、科学的道德思维和高超的道德智慧,才可能真正体知自身或他人的思想行为的过失及危害,才能真正觉知现实我与理想我之间距离和落差,并产生强烈的道德耻感,进而在这种情感的激励下,实施道德补偿,选择道德行为,追求道德崇高。

二、确立道德认同

现代汉语中关于"认同"有两种涵义:一是因事物之间有共同(通)之处而产生的亲切感;二对某事、某物的承认、认可。社会学者认为,认同是一种价值观念的内化过程,表现为个体对某种行为或思想的深层学习和模仿,它是个体社会化的重要手段。如果以人们认同的对象为划分标准,可区分为偶像认同和价值认同。偶像认同是个体因仰慕或崇拜某人或某集体而产生的一种对榜样的遵从或模仿现象。价值认同是人们因对规范本身的意义和重要性的深刻体知而产生的对规范的敬重和遵循现象。如果个体对某人或某事同时建立起偶像认同和价值认同,即是一种高水平的认同取向,此种认同状态极易向信念转化。心理学者认为,认同是人们在社会交往过程中,因彼此之间的情感和经验的相互感染、同化而形成的心灵默契。表现为情感与认识的一致、统一。国外学者通常赋予认同两种意义:一是自我认同,它表示个体人格发展、自我意识的一种成熟状态,是个体对"我是谁"、"我应该怎样"、"我想成为什么"等问题不再有彷徨困惑之感;二是社会认同,是个体对他人、集体或社会的行为方式、价值标准、伦理观念的吸收、接纳或遵从，从而使自身与他人、集体或社会趋向一致的心理过程。社会认同是个体对自己的身份、角色以及和他人、集体、社会关系的一种定位。简言之，认同就是"行为主体在认知或情感上对某一对象趋同一致，并自愿遵从的现象"①，它是个体在一定社会关系中对自我身份进行定义和定位的心理过程，是个体与社会互动的产物。

　　道德认同是人们在社会交往过程中对一定社会道德原则和伦理规范的意义深刻认识和理解的基础上，产生的一种对社会道德原则、伦理规范本身的敬重、接纳、遵从的态度体验。从这个意义上，我们可以说，道德认同是一种社会认同，是一种价值认同，也是一种情感认同。国外学者还将道德认同视为一种自我认同。认为它是一种"对道德行为具有激发作用的调节机制"，是一种道德自我的一致感和连续感，一种以"我想成为某种人"为核心的道德价值观。② 如心理学家尤尼斯认为，"道德行为导致了一种自我认同感，道德自我认同感反过来又促进了道德行为并且使道德自我认同感得到巩固。"③ 他认为，他的这一主张可以在某些道德榜样对自己的道德行为归因中得到印证。二战期间的犹太人营救者当被问及"你们为什么要冒着生命危险去帮助他们？"他们通常会平静地回答："除此之外，我还能做什么？"显然，他们没有把自我对别人的帮助看做一种自我牺牲。相反，他们认为那是一种对道德自我的强化。做道德的事就是在做一件理所当然的事，道德行为对于他们而言无非是一种惯常的行为习惯而已。从这个意义上说，道德自我认同就是个体的一种道德需要。因此，我们认为，道德认同是个体与社会进行深层道德交流与互动过程中形成的一种道德顿悟。它表达了个体对一定社会道德原则和伦理规范的一种自觉的接受水平，是个体基于一定道德需要，对社会道德原则、伦理规范的价值认同、社会认同、自我认同和情感认同的整合、统一。其中，价值认同是个体社会认同、自我认同实现的基础，情感认同则是道德认同实现的最高境界。个体道德耻感美德的形成是个体道德认同建立过程中情感认同实现的重要标志。一般说来，培育道德情感是个体德性修养过程中的重要环节。它的形成、变化

---

① 转引自杨韶刚：《西方道德心理学的心发展》，上海：上海教育出版社2007年版，第329页。
② 同上。
③ 陈会昌：《道德发展心理学》，合肥：安徽教育出版社2004年版，第222页。

和发展与个体的道德认同程度密切关联。个体能否建立起道德认同，直接决定其道德情感的内容和表达方式。个体只有对一定社会的道德原则和伦理规范建立起道德认同，才可能在自己的灵魂深处升腾起对自身应履行的道德义务、道德责任的强烈义务感、使命感和敬重感，才可能对自身或他人的不当思想行为或现实我与理想我之间的差距表现出焦虑、羞愧或内疚感。没有真切的道德认同，个体无法真正理解、认识社会道德原则和伦理规范的道德意义和社会意义，也难以对之产生强烈的情感共鸣，更不可能对某些不当思想行为萌生耻感。因此，建立个体道德认同，为社会成员确立共同的道德价值目标，促使其形成对社会主流道德原则和伦理规范的价值认同、情感认同，不断强化个体的社会认同和自我认同，是个体道德耻感培育的关键。

三、体验道德生活

对于道德主体而言，道德认知的形成和道德认同的建立只是完成了个体道德内化过程中一个阶段，即由外在道德规范向内在道德信念的转化。这种已然形成的道德信念只有再度回归于现实道德生活，为个体亲身体验，才能使其真正体会并把握善恶价值的真谛，从而产生刻骨铭心的道德情感，以至于在自身或他人的不当思想行为面前，萌生强烈的道德耻感。就是说，任何道德情感的产生都离不开个体真实的道德生活体验。

生活是人生的根本，也是道德的根基。道德源于人类现实生活的需要。人类最初道德的产生直接与维持人类生存的物质生活需要和维系人与人之间正常的社会性交往相关。由于原始社会的生产力水平极端低下，在残酷的自然界面前，人类只能以群体的形式从事物质生产活动，谋取生活资料。为了维护共同的利益、保持群体内部的和谐有序，人们逐渐明确了各自在群体内部的责任和义务，并日渐积淀成为社会成员的行为习惯和行为准则，从而使人类最初的道德得以产生。同时人作为关系性的存在本身以及人所特有的过有意义的生活的生命价值追求也决定了人需要道德的生活。然而，"随着社会机制日益发达，尤其是现代的生产、分配和传播制造了大量的表面目标和利益掩盖了生活的真实意义，各种体制和标准把生活规划为盲目的机械行为，人们在利益的昏迷中失去了幸福，在社会规范中遗忘了生活，就好像行为仅仅是为了实现体制的规范目标的行为，而不是为了达到某种生活意义。"① "伦理学的根本目标是为了询问生活的意义，它所关心的是什么样的行为方式、生活方式和社会制度最能够创造幸福生活。……人的行为是为了构成某种有意义的生活而不是别的。"② 显然，道德始终存在于人类的生活之中，人类涵育个体德性，完善社会道德的根本目的是为了幸福的生活；个体德性的完善、社会道德的进步也只有在现实生活中才能实现。脱离了生活的道德，会因其失却了生活的依托和生活的确证而流于空洞、无效或形式。因此，生活是道德的根基和归宿，道德又是生活的基础和力量，二者互为条件、相辅相成、不可分离。一个具有崇高道德追求的人，如果不热爱生活，不积极地投身于生活，不努力地体验生活，无法感受到道德的力量，更不可能产生真实深切的道德情感。生活是道德发展的源泉，也是道德感情迸发的源泉，也必然是道德耻感萌生的策源地。

个体要体验道德生活，首先应当了解和认识道德生活。笼统地说，道德生活是人类一切道德活动的总和，人类精神生活的重要组成部分。有学者从广义上将道德生活理解为"有道德意义可以进行善恶评价的生活，包含了善恶之间的斗争以及人们善善恶恶、弃恶扬善的心理和行为等过程"③。道德生活是人类所特有的一种高级精神生活，它源于社会生活，与其他社会生活相互关联、相互渗透，也有着不同于其他社会生活的显著特征。首先，道德生活是一种基于利益又高于利益的生活。物质生活是人类起码的本原性的生活，因此，物质利益是人类道德生活和一切精神生活的前提和基础。只有人类的基本物质利益要求得到满足，人类道德生活才有可能。然而，人类的道德生活的本质并不在于物质生活，道德本身也绝不能囿于物质利益的旋涡，它必须跃升于个人物质利益之上，从社会整体利益出发，以实现社会稳定、和谐、发展为目的，科学合理地调整各种利益之间的关系。其次，道德生活是一种基于个体自由意志又受社会规范制约的生活。英国学者奥克肖特曾经指出，道德生活是由人类情感和行为决定的，受艺术而不是人本性的左右；道德生活是人类一种可选择的行为活动。也有学者认为："自觉地自己支配自己的生活"乃是道德生活的

---

① 赵汀阳：《论可能性生活》，北京：中国人民大学出版社 2004 年版，第 9 页。
② 同上书，第 8—9 页。
③ 王泽应：《论道德与生活的关系及道德生活的本质特征》，载《伦理学研究》，2007 年，第 6 期。

本质。① 两种关于道德生活的观点的共同之处在于：他们都强调了自由意志在道德生活中的重要性，强调了道德生活的可选择性。的确，在道德生活中，没有自由意志，就没有道德选择，没有道德选择，就不存在道德责任，不承担道德责任和履行道德义务的生活就不可能是道德生活。然而个体的道德自由又不是不受任何约束绝对的自由，它总是受着社会整体道德规范的规约和限制。离开了社会道德规范的限制，离开了社会为个人行为选择与价值评价所提供的道德场景，失去了道德评价的依据和标准，也就无所谓道德了。因此，我们说，道德生活是建立在个体自由意志和社会规范的双重基础之上的，它既从个体自由意志的层面动态地展现了人类对善的、美好的生活的积极追求，又从社会道德规范的静态层面凸现了人类在不同社会历史阶段，追求善的、美好生活的现实道德情景。也正是在这个意义上有学者提出，道德生活可以理解为两种情形：一是人类合于德性的有目的性活动，二是人类合于道德规范的有目的性活动。由于德性在本质上是一种人格化的道德规范，而道德规范在本质上又是一种非人格化的德性，二者之间可以在一定条件下转化而共同构成道德生活的整体。② 再次，道德生活既是一种生活目的，又是一种生活手段。美国著名伦理学家威廉·K.弗兰克纳说："道德规范的目的在于使个人和社会的生活成为可能，道德行为具有促进个人和社会利益的倾向。可以说，道德划了个圆圈，人们在圈内可以安全地追求各自的目的而不会相互损害。"③ 意思是说，道德是人类的一种生活手段，生活需要道德，是因为道德有助于人类的社会生活，它使人类生活成为可能，它使人类生活更加富于秩序和理性，更加强化人的社会性和德性，使人真正地成为人。没有道德的规范和引导的生活，是不完善、不和谐的生活，也是一种无意义、无价值的生活。道德是一种生活目的，因为道德本身是有意义生活的最高价值追求。生活主体的充实感或意义感是在其永恒的道德追求中实现的，人类唯有在不懈的道德追求中才能体验到有限生活中的无限，世俗生活中的永恒。道德生活的这些特征，深刻地影响着人们在道德生活中的情感体验，也是影响个体道德耻感养成的重要因素。

---

① 唐君毅：《道德自我之建立》，南宁：广西师范大学出版社 2005 年版，第 15 页。
② 高恒天：《试论"道德生活"的特点与类型》，载《学术论坛》，2006 年第 5 期。
③ [美]威廉·K.弗兰克纳：《伦理学》，关键译，上海：三联书店 1987 年版，第 184 页。

认识道德生活的目的是为了投身于道德生活，个体唯有真实地投入道德生活，才能迸发出强烈的道德情感，才可能因切实感受到自身或他人的违规思想或行为的消极影响和后果而萌生羞耻感。美国著名的道德发展心理学家科尔伯格就十分重视青少年道德情感培育过程中的情景参与和角色认同的作用。他认为，要想使道德教育有所作为，必须鼓励人们参与社会生活，给予个体民主化的参与机会。科氏将民主公正的学校群体中的学生与传统的"家长式"学校中的学生进行抽样比较发现，前者比后者表现出更多的群体归属感、集体责任感和集体荣誉感。[①] 道德发展心理学家尤尼斯也认为，通过社会参与活动，可以使个体意识到作为一个社会成员的身份和义务，同时也意识到自己作为一个社会成员所具有的改造社会现实的能力，从而产生强烈的社会责任感。[②] 可见，道德生活虽然是一种理性的生活形式，但它又总是以情感的方式运行着、存在着，个体只有通过真实的体验、切身的感受，才能真正领悟道德生活的真谛，才能在切实体验过的道德生活基础上产生情感。道德耻感作为与个体责任感、义务感、归属感以及荣誉感密切关联的道德情感，也必然产生于行为主体真实的道德生活实践之中。因此，体验道德生活也是个体道德耻感培育的重要环节。

四、养成道德习惯

　　亚里士多德认为，人的德性是通过习惯养成的。自然赋予人类具备各种德性的能力，所有这些能力都是通过相应习惯的养成而得以完善的。美德在习惯中养成，也在习惯中丧失。同样，当行为主体将社会普遍的荣辱精神和善恶观念内化为自己的内在精神自觉，将尚荣知耻的价值理念落实成为一种行为习惯时，则标志着耻感德性的生成，也意味着主体道德人格的真正形成。

　　（一）习惯与道德习惯的涵义

　　依据黑格尔的观点，习惯是人的第二自然。他说："自然的质和年龄、睡眠与觉醒的变化都是直接自然的；习惯则相反是感觉、也是理智、意志等，它

[①] 袁贵林：《当代西方道德教育理论》，福州：福建人民出版社1994年版，第67页。
[②] 杨韶刚：《西方道德心理学的新发展》，上海：上海教育出版社2007年版，第342页。

们都属于自身感觉而言的那种被制作成为一种自然存在着的东西、机械性东西的规定性。习惯有理由被成为第二自然。"在黑格尔看来，习惯之所以被成为"自然"是因为它是"灵魂的一种直接存在"，具有机械性、本能性的特征；这种自然之所以是第二性的，是"因为它是由灵魂建立起来的直接性"①，是精神对感觉、表现和意志塑造和精制的结果。也就是说，习惯是被精神塑造而成的一种像自然一样的存在。

其次，习惯是一种解放。黑格尔认为，人在良好习惯中能够获得自由、解放。具体表现为：其一，从直接的感官经验中解放出来。黑格尔说：在习惯中"直接的感受被确定为被否定了的，即无关紧要的。……灵魂的普遍存在……作为抽象独立的被保持住，而自身感觉本身、意识、反思、其余目的和活动都不再与之纠缠在一起。"②譬如一个养成了读书思考习惯的人，在其思想和行为过程中，完全不会受到那些在常人看来难以抵制的各种诱惑（孤独、寂寞）的干扰、制约，而是将读书思考视为自己生活的自然组成部分。其二，从欲望和冲动中的合理解放。黑格尔认为，习惯是行为主体从欲望和冲动中的合理解放。僧侣式的戒绝和被迫或强制的实行是不符合习惯要求的，真正的习惯表现为"对满足的漠不关心"，是行为主体的理性或精神挣脱了欲望、冲动的直接支配，而直接表现为精神、理性自身。例如一个人的诚实、节俭习惯，既不是被迫所为，也不是刻意为之，而是一种美好的行为习性或自然而然的行为表现而已。其三，对身体自然性的解放。黑格尔说："在熟巧的习惯中……灵魂的抽象存在不仅要单独地留住，而且要……使身体从属，而且是毫无例外地从属于它。……这样的目的砌入到形体里……特定形体性的自在存在着的观念性被作为观念性建立起来，以便灵魂按照其表象和意愿活动的规定性作为实体而实存在其形体性中。……以至于表象一在我心中，身体也就无抵抗地和流畅地把他们正确地表达出来。"③简单地说，良好习惯的养成，意味着人挣脱了感官经验、欲望、冲动的束缚。在黑格尔看来，习惯是一种灵魂或精神般的特殊存在，人在习惯中能够获得是自由和解放。

---

① [德]黑格尔：《精神哲学——哲学全书（第3部分）》，杨祖陶译，北京：人民出版社2006年版，第188页。
② 同上书，第189页。
③ 同上书，第190页。

第三，习惯产生于反复的练习。黑格尔说："诸感觉规定的特殊东西或形体东西之这样深深砌入到灵魂的存在中去的过程表现为诸感觉规定的一种重复，而习惯的产生则表现为一种练习。"①"由于人的诸个别行动通过反复练习获得了习惯的性质，即某种被纳入记忆中、也就是精神内心的普遍性中的东西的形式，灵魂就把一种也能够传递给其他人的普遍的行动方式即一条规则带进它的种种表现中。"② 在黑格尔看来，不断地重复和反复地练习，是为了让那些特殊的经验形体纳入记忆，并转化为一种精神般的实存。

第四，习惯是一种自由精神的表现。黑格尔认为，习惯是灵魂的自为存在，是对精神的内在矛盾（如普遍与特殊、统治与被统治）的克服。他说："人在习惯中与之发生关系的不是偶然的、个别的感受、表象、欲求等，而是自己本身，即一个构成它的个体性、由它本身所建立起来并已成为它所有的行动的普遍方式，并正因此而显现为自由的。"③ 黑格尔进一步指出："尽管人通过习惯一方面变得自由，另一方面习惯却使人成为它的奴隶。"这是因为，"在习惯中我们的意识在同一时间既出现在这件事情中，对这件事情感兴趣，而反过来又不在它那里，对它漠不关心；我们自身同样地将这事物占有，就跟反过来从它那里撤退一样，灵魂一方面完全渗透进它的种种表现里，而另一方面又把它们丢开不管，因而赋予它们一种机械性的东西，即一种单纯自然作用的状态。"④ 显然，在黑格尔看来，人在习惯中是自由的，又是不自由的。习惯是行为主体将特殊的经验感受、形体转化为行为的普遍方式、精神。这种精神因对某种特殊化、具体化的形式极度熟悉，而将自身淹没在外在形体之中，因而成为一种不自由。因此，黑格尔说："正是对生活的习惯导致死亡，或者……对生活的习惯导致死亡本身。"⑤

那么，习惯究竟是什么？按照黑格尔的观点，概括地说，习惯就是行为主体在行动中通过反复练习获得的，已经深深嵌入其记忆或灵魂中的一种特殊的

---

① ［德］黑格尔：《精神哲学——哲学全书（第3部分）》，杨祖陶译，北京：人民出版社2006年版，第188页。
② 同上书，第195页。
③ 同上书，第192页。
④ 同上书，第195页。
⑤ 同上书，第190—191页。

精神性存在。它是个体精神的无感觉、无意识活动，是个体灵魂的自在存在，也是个体灵魂的不自觉的自觉活动。我们以为，在黑格尔上述关于习惯的思辨思想中蕴含着深刻现实意义：一是良好的习惯本身不仅是一种德性，而且是某种美好德性的显现。这是因为，任何美德都不是空洞、抽象的，而是存在于人们的实践活动中，人的一切有形的、可以被感知的活动，也都是某种德性精神的体现，道德耻感也不例外。二是个体习惯的形成过程，也是行为主体的社会化过程，或曰人格塑造过程。现实生活中任何一种美德的塑造，包括道德耻感，都离不开这样的过程。也有学者从个人、社会、民族三个层面定义习惯，认为，从个体角度看，习惯是经过长期强化、训练形成的一种心理定势或不易改变的行为和心理倾向；从社会的角度看，习惯是一种社会风尚习俗；从民族的层面看，习惯是民族传统、民族文化或民族精神的重要组成部分。① 具体到道德习惯，因其秉承主体不同，我们将道德习惯主体区分为群体道德习惯和个体道德习惯。群体道德习惯是指一定国家或民族在长期的历史文化发展过程中，形成的比较稳定的道德风尚或道德习俗。在广大社会成员看来，这些稳定的、具有悠久历史的道德风尚、道德习俗就是一种约定俗成的道德原则和行为规范，制约着他们的思想、动机和行为。个体道德习惯则指个体在长期道德实践活动中形成的比较稳定的道德思维模式、心理定势和行为倾向。本书主要从个体道德修养的角度分析道德习惯在道德耻感培育过程中发挥的重要作用。

（二）知耻尚荣之道德习惯的养成

如何才能成为一个有德性的人呢？亚里士多德认为必须具备三个条件："第一，他必须有所知；其次，他必须有所选择，并因其自身而选择；第三，在行动中，他必须勉力地坚持到底。"他说："公正和节制都是由于行为多次重复才保持下来。"② 可见，在亚里士多德看来，德行美德的形成与良好习惯的养成密切相关。亚氏认为，德性美德在习惯中养成，也在习惯中毁灭。同样，知荣明耻的荣辱感、善恶观也是在良好道德习惯的养成中确立起来的。优良的道德习惯有利于知荣明耻道德品性的形成与巩固。这是因为，道德习惯能够促使个体将社会普遍的荣辱价值精神（荣辱观、善恶观）内化、个体化、

---

① 高兆明：《荣辱论》，北京：人民出版社2010年版，第215页。
② 亚里士多德：《尼各马可伦理学》，北京：中国人民大学出版社2003年版，第30—31页。

人格化，使知耻尚荣的荣辱观深深嵌入人们的记忆或灵魂中，成为一种特殊的精神或灵魂般的存在，成为一种自知、自觉的真实情感品质。当个体身临一定的道德情境或道德境遇时，道德习惯会促使其不加思索、熟练而自然地产生正确的荣辱情感体验，主动自觉地遵守社会普遍奉行的荣辱、善恶价值原则和伦理道德规范。也就是说，行为主体经过长期、反复训练而养成的良好道德习惯，能够使其在是非善恶荣辱美丑等价值判断及行动选择方面达到自然、自觉的境界。

　　道德耻感是人类特有的一种否定性情感反应，也是积淀于人们心理和情感层面的善恶价值精神。其本身具有鲜明的价值判断性和价值选择性。因此，要想养成知荣明辱、尚荣知耻的良好道德习惯，首先要树立客观、科学的荣辱观、善恶观。因为只有科学、正确的善恶观、荣辱观才能为行为主体道德品质的塑造、道德行为的发生和道德习惯的养成指明正确的发展方向，而且这种善恶荣辱观一旦形成，就会贯穿行为主体道德实践活动的始终，并对其思想、动机、行为作出及时有效的评价。只有这样才能实现黑格尔所说的经过不断地重复和反复的练习，将那些特殊的经验形体纳入记忆，并转化为一种精神般的实存的境界。其次，要以明辨善恶、美丑、荣耻的态度审视自身思想、动机和行为的发生。这一环节主要发生在个体道行为产生之前，行为主体要依据社会普遍的善恶观念、荣辱价值标准判断并预测自己的思想动机和行为后果，进而确定该行为实施的可能性和必要性。第三，应该在不断重复、反复训练的过程中养成尚荣知耻的道德习惯。道德耻感的形成与尚荣知耻道德习惯的养成是统一于行为主体的道德实践活动中的。如果行为主体在日常道德实践活动中能够始终坚持"尚荣知耻"、"向善驱恶"的价值评价原则，并将其落实到自己道德实践活动的每个环节、每个阶段，并辅之以不断的重复、反复的训练尚荣知耻的道德习惯就会逐渐养成。应该说，人们正是在日常道德实践活动中，经过不断重复、反复训练养成"人有耻而有所不为"的行为习惯，产生"知耻而后勇"的道德实践冲动，并在此基础上确立"行己有耻"的道德追求，进而养成持久而稳定的耻感德性。

　　古人云："风俗之美，在养民知耻"，就是说耻感德性的养成，绝不是一个孤立的过程。它既是个体的自然养成过程，也是一个社会习俗的熏陶过程。因此，耻感德性的培育既需要行为主体在日常道德生活实践中不断重复、强化和巩固"尚荣知耻"的道德习惯,也需要社会着力营造"尚荣知耻"的社会氛围和社会风尚。宋代著名文学家苏轼说:"爱惜风俗,如护元气",的确,我们应该像爱护身体元气一样爱惜培育我们的社会风尚,为民众创造一个"知荣明辱"、"向善驱恶"的美好社会环境。

五、建立道德信仰

增强道德认知,建立道德认同,体验道德生活的最高境界是将个体的某种道德信念升华为道德信仰。信仰是人类所特有的精神活动。它是人类在认同"存在"的永恒价值和终极意义基础上形成的对人类自然生命有限性的精神超越方式,表达了人类对生命不朽的精神追求和生命永恒的终极归宿理念。信仰是人类作为有限的、未完成性存在的精神依托。康德在其著作《纯粹理性批判》中将信仰分为:实用信仰、学说信仰和道德信仰。他认为,医生在救治病势危殆之病人的诊断依据,"此种偶然的信仰,构成行动之实际行使方策之根据者,我名之为实用的信仰。"① 而宗教学说,"吾人能想象一种态度,对于此种态度,吾人自以为具有充分根据,但事实上并无达到其正确性之现存方策。故即在纯然理论的判断中,亦有实践的判断之类似者,就其心理情形而言,极合于信仰之名词,吾人可名之为学说的信仰。"② "至于道德的信仰则全然不同。盖在此处某事象之必须发生,即我在一切方面必须与道德律相合之一事,乃绝对必然者。"③ 康德认为,确立道德信仰的唯一可能的条件是,有"神"和"未来世界"的存在。康德所说的道德信仰就是个体的道德实践活动中,对道德律令的无限敬重,实现道德行为与道德律令的完全契合。弗洛姆曾把信仰分为非理性信仰与理性信仰。所谓非理性信仰是个体屈从于外在权威压力而形成的对某对象的信念。理性信仰则是个体在社会实践活动过程中,基于创造性地开发和利用自身潜能而获得的切身体会和独特经验而形成的一种独立的观察力、判断力和抉择能力,它是个体主观能动性的鲜明表现。总之,信仰作为人们对社会存在的一种把握方式,往往可以表现为多种形式,如宗教信

---

① [德]康德:《纯粹理性批判》,北京:商务印书馆1960年版,第565—566页。
② 同上书,第566页。
③ 同上书,第567页。

仰、政治信仰、科学信仰等。倘若我们把审视信仰的目光投向社会道德生活领域，对道德本身产生信仰的情感，即为道德信仰。传统的观点认为，道德信仰就是人们"对某种道德目标及其理论的信服和崇拜"①。也有学者指出，道德信仰具有"将道德作为一种信仰确立于心中"和人类对善（人类趋于最高道德境界的伦理精神或对存在价值与意义的不懈追求）的终极追求两重规定性。我们认为，道德信仰是人们对某一道德体系或道德理想及其现实依据的笃信和奉行。这也是康德最初认定的道德信仰。例如，康德在其著作《纯然理性限度内的宗教》中谈到，那些能够在道德信仰中找到灵魂归宿的人，把道德法则对自由意志的要求，即道德责任，视为神圣的、不可侵犯的。事实上，在现实的道德生活中，那些具有道德信仰的人，的确奉行着一种善的生活方式，他们执著于一种善的生活信念，并努力与恶的原则进行艰苦的内心抗争，而且愿意为此承担一切苦难和牺牲。因此，从某种意义上说，信仰是道德的力量源泉。

道德不是对现实社会的直接呈现。它源于现实，又高于现实，对现实具有调节和引领作用。因此，道德与信仰之间有着天然的联系，道德天生就具备信仰的品格。道德唯有依托于信仰，才能发挥其在道德实践活动中的动力功能。正如康德所说，道德法则"让我们觉察到我们自己的超感性存在的崇高性，并且从主观方面在人之中产生了对于人自己高级天职的敬重，而这些人同时意识到他们感性的此在，意识到与之连结在一起的对于他们易受本能刺激的本性的依赖性。"② 可见，个体只有将某种道德纳入自身的观念之中，化为一种道德信仰，才能充分发挥其规约、管理和引领的作用。信仰程度越高，道德规约和引领作用就发挥得越充分。因为，具有道德信仰的人，往往不满足于自身的"实然"状态，而是力图超越"实然"，实现"应然"。在他们的意识中，"应然"作为一种善被追求，"不应该"则作为对善的否定而被抑制；"应然"会因其善而使个体感到愉悦、获得宽慰，"不应该"则会因其恶而使人羞耻、令人厌恶。这就使人必然竭尽全能完成对善的追寻和拥有，尽其全力避免因不善而蒙羞，也恰恰是在这种善生追求中，人们找到了自身的价值与意义，升华了

---

① 李德顺：《价值学大辞典》，北京：中国人民大学出版社1995年版，第90页。
② [德] 康德：《实践理性批判》，韩水法译，北京：商务印书馆1999年版，第96页。

自身的道德情感,超越了自身的实然存在。涵育了自身的耻感美德。美国著名法学家伯尔曼说:"法律必须被信仰,否则它将形同虚设。"① 这一观点也许更适用于道德,"道德也必须被信仰,否则它也形同虚设。"信仰是道德的根本。没有信仰的保证和支撑,道德只是一种外在于行为主体的社会现象,是一种缺乏活力的、僵死的教条,毫无意义可言。它不可能给人以生活的指导,更不可能成为人类精神的自觉。尤其是当个体自身或他人在道德实践过程中出现违背某种道德原则和伦理规范的思想行为或个体的实然状态与应然状态存在差距时,一个缺乏道德信仰或未能形成道德信仰的人的灵魂深处将难以升腾起强烈的道德羞耻感。正如康德所说:"对于道德法则的敬重是唯一而同时无可置疑的道德动力。"② 道德信仰是个体道德行为的动力,同样也是个体激发个体道德情感的动力。维特根斯坦说:"信仰是我的心灵、我的灵魂所需要的。"③ 同样,信仰也是培养道德情感、培育和保护耻感美德所需要的。

---

① [美]伯尔曼:《法律与宗教》,梁治平译,北京:三联书店1991年版,第28页。
② [德]康德:《实践理性批判》,韩水法译,北京:商务印书馆1999年版,第85页。
③ [英]维特根斯坦:《文化与价值》,黄正东、唐少杰译,北京:清华大学出版社1987年版,第47页。

主要参考文献

一、中文文献

(一) 著作

1. 《马克思恩格斯全集》，1、2、3、20、23、39、42、46 卷，北京：人民出版社 1956—1980 年版。
2. 《马克思恩格斯选集》1—4 卷，北京：人民出版社 1995 年版。
3. 《列宁选集》1—4 卷，北京：人民出版社 1995 年版。
4. 《毛泽东选集》1—5 卷，北京：人民出版社 1995 年版。
5. 《邓小平文选》1—3 卷，北京：人民出版社 1994 年版。
6. 马克思：《1844 年经济学哲学手稿》，北京：人民出版社 1979、2000 年版。
7. 马克思：《资本论》第 1 卷，北京：人民出版社 1963 年版。
8. 列宁：《哲学笔记》，北京：人民出版社 1974 年版。
9. 亚里士多德：《尼格马科伦理学》，苗力田译，北京：中国人民大学出版社 2003 年版。
10. 柏拉图：《理想国》，郭斌、张竹名译，北京：商务印书馆 1997 年版。
11. [德] 康德：《实用人类学》，邓晓芒译，上海：上海人民出版社、世纪出版集团 2005 年版。
12. [德] 康德：《纯粹理性批判》，蓝公武译，北京：商务印书馆，2003 年版。
13. [德] 康德：《道德形而上学原理》，上海：上海人民出版社 1986

年版。

14. ［德］康德：《纯然理性限度内的宗教》，李秋零译，北京：中国人民大学出版社2003年版。

15. ［德］康德：《实践理性批判》，韩水法译，北京：商务印书馆1999年版。

16. ［德］康德：《康德文集》，北京：改革出版社1997年版。

17. ［德］黑格尔：《精神哲学——哲学全书（第3部分）》，杨祖陶译，北京：人民出版社2006年版。

18. ［德］黑格尔：《精神现象学》，贺麟译、王玖兴译，北京：商务印书馆1996年版。

19. ［德］黑格尔：《逻辑学》，北京：商务印书馆1981年版。

20. ［德］黑格尔：《法哲学原理》，范扬、张企泰译，北京：商务印书馆1996年版。

21. ［德］莱布尼茨：《人类理智新论》，陈修斋译，北京：商务印书馆1982年版。

22. ［荷兰］斯宾诺莎：《伦理学》，贺麟译，商务印书馆1995年版。

23. 《费尔巴哈著作选集》上卷，北京：商务印书馆1984年版。

24. ［德］费希特：《人的使命》，北京：商务印书馆1982年版。

25. ［英］亚当·斯密：《道德情操论》，蒋自强译，北京：商务印书馆1997年版。

26. ［法］萨特：《存在与虚无》，陈宣良译，北京：三联书店1997年版。

27. ［法］萨特：《萨特哲学文集》，潘培庆等译，合肥：安徽人民出版社1998年版。

28. ［德］马克斯·舍勒：《价值的颠覆》，刘小枫编，罗悌伦等译，北京：三联书店1997年版。

29. ［苏］科恩：《自我论》，北京：生活·读书·新知三联书店，1986年版。

30. ［德］包尔生：《伦理学体系》，何怀宏、廖申白译，北京：中国社会科学出版社1988年版。

31. 车文博主编：《弗洛伊德文集》，长春：长春出版社2004年版。

32. 刘小枫主编：《20世纪西方宗教哲学文选》中卷，上海：三联书店1991年版。

33. ［法］拉法格：《思想起源论》，王子野译，北京：三联书店1978年版。

34. ［德］恩斯特·卡西尔：《人论》，甘阳译，上海：上海译文出版社1988年版。

35. ［美］伯尔曼：《法律与宗教》，梁治平译，北京：三联书店1991年版。

36. ［美］查尔斯·L.坎默：《基督教伦理学》，王苏平译，北京：中国社会科学出版社1994年版。

37. ［英］维特根斯坦：《文化与价值》，黄正东、唐少杰译，北京：清华大学出版社1987年版。

38. ［美］梯利：《伦理学导论》，广西师范大学出版社，桂林2002年版。

39. ［美］康芒斯：《制度经济学》，北京：商务印书馆1994年版。

40. ［美］诺斯：《经济史中的结构与变迁》，上海：上海三联书店1999年版。

41. ［奥地利］阿德勒：《自卑与超越》，北京：作家出版社1986年版。

42. ［美］本尼迪克特著：《菊与刀》，吕万和等译，北京：中国社会出版社2005年版。

43. ［法］雷蒙·阿隆：《社会学主要思潮》，葛志强等译，上海：上海译文出版社1988年版。

44. ［英］罗素：《伦理学和政治学中的人类社会》，肖巍译，中国社会科学出版社1992年版。

45. ［英］马丁·霍夫曼：《移情与道德发展》，杨韶刚等译，哈尔滨：黑龙江人民出版社2003年版。

46. ［法］爱弥尔·涂而干：《道德教育论》，上海：上海人民出版社2001年版。

47. ［美］A.班杜拉：《思想与社会行动的社会基础》，林颖、王小明等译，上海：华东师范大学出版社2001年版。

48. ［美］威廉·詹姆士：《实用主义》，北京：商务印书馆1983年版。

49. ［美］乔治·H. 米德：《心灵、自我与社会》，赵月瑟译，上海：上海文艺出版社1992年版。

50. ［美］麦金太尔：《德性之后》，龚群、戴扬毅译，北京：中国社会科学出版社1995年版。

51. ［美］麦金太尔：《三种对立的道德观》，万俊人译，北京：中国社会科学出版社1999年版。

52. ［美］罗尔斯：《正义论》，廖申白、何怀宏等译，北京：中国社会科学出版社1988年版。

53. ［美］弗罗姆：《为自己的人》，孙依依译，北京：三联书店1988年版。

54. ［英］达尔文：《人类的由来》，潘光旦、胡寿文译，北京：商务印书馆2005年版。

55. ［美］路易斯·亨利·摩尔根：《古代社会》，北京：商务印书馆1977年版。

56. ［美］莱茵霍尔德·尼布尔：《道德人与不道德的社会》，蒋庆、王守昌等译，贵阳：贵州人民出版社1998年版。

57. ［英］大卫·休谟：《人性论》，关文运译，北京：商务印书馆1987年版。

58. ［瑞士］皮亚杰：《儿童道德判断》，济南：上东教育出版社1984年版。

59. ［美］艾伦·布坎南：《伦理学、效率与市场》，廖申白等译，北京：中国社会科学出版社1991年版。

60. ［英］汤因比：《历史研究》［中册］，曹未风、徐怀启等译，上海：上海人民出版社1962年版。

61. ［德］胡塞尔：《纯粹现象学通论》，李幼蒸译，北京：商务印书馆1996年版。

62. ［法］梅洛·庞蒂：《知觉现象学》，姜志辉译，北京：商务印书馆2005年版。

63. ［美］威廉·K. 弗兰克纳：《善的求索——道德哲学导论》，黄伟合等译，沈阳：辽宁人民出版社1987年版。

64. ［美］威廉·K.弗兰克纳：《伦理学》，关键译，北京：三联书店1987年版。

65. ［英］黑尔：《道德语言》，万俊人译，北京：商务印书馆2004年版。

66. ［英］吉尔伯特·赖尔：《心的概念》，北京：商务印书馆2006年版。

67. ［美］布尔特曼：《生存神学与末世论》，李哲汇译，上海：上海三联书店1995年版。

68. ［法］雷蒙·阿隆：《社会学主要思潮》，葛志强等译，上海：上海译文出版社1988年版。

69. ［美］霍尔·戴维斯：《道德教育的理论与实践》，陆有铨等译，杭州：浙江教育出版社2003年版。

70. ［德］赫尔曼·施赖贝尔：《羞耻心的文化史》，辛进译，北京：生活·读书·新知三联书店1988年版。

71. ［德］埃利希·诺伊曼：《深度心理学与新道德》高宪田、黄水乞译，上海：东方出版社1998年版。

72. ［美］科尔伯格：《道德发展心理学》，上海：华东示范大学出版社2004年版。

73. ［法］保罗·里克尔：《恶的象征》，公车译，上海：上海世纪出版集团2005年版。

74. ［苏］彼得罗夫斯基：《普通心理学》，朱启智等译，北京：北京人民出版社1980年版。

75. ［美］K.T.斯托曼著：《情绪心理学》，张燕译，沈阳：辽宁人民出版社1986年版。

76. ［美］诺尔·曼丹森著：《情感论》，魏中军、孙安迹译，沈阳：辽宁人民出版社1989年版。

77. ［苏］德·莫·乌格里诺维奇著：《宗教心理学》，沈翼鹏译，北京：中国社会科学文献出版社1989年版。

78. M.埃克森主编：《心理学——一条整合的途径》，上海：华东师范大学出版社2000年版。

79. ［美］赫根汉：《人格心理学导论》，何谨、冯增俊译，海口：海南人民出版社1986年版。

80.《日本四书——洞察日本民族特性的四个文本》,北京:线装书局 2006 年版。

81. [日] 小仓志祥:《伦理学概论》,吴潜涛译,北京:中国社会科学出版社 1990 年版。

82. [日] 石井 透《日本战后教育的回顾与反思》,广州,暨旦大学出版社 1991 年版。

83. [日] 中村雄二郎:《日本文化的罪与恶》,孙彬译,北京:北京大学出版社 2005 年版。

84. [日] 森三树三郎:《名与耻的文化——中国伦理思想透视》,乔继堂译,兰州:甘肃人民出版社 1989 年版。

85. [德] 海德格尔:《海德格尔选集》[M],孙周兴选编,上海:上海三联书店 1996 年版。

86. [日] 西田几多郎:《善的研究》,北京:商务印书馆 1965 年版。

87. [苏联] 科恩:《自我论》,佟景韩译,北京:三联书店 1987 年版。

88. [苏联] 阿尔汉格尔斯基:《马克思主义伦理学》,北京:中国人民大学出版社 1989 年版。

89. [美] 简·卢文格:《自我的发展》,韦子木著,杭州:浙江教育出版社 1988 年版。

90. [苏] 列·斯托洛维奇:《审美价值的本质》,凌继尧译,北京:中国社会科学出版社 1984 年版。

91. [美] 克拉斯沃尔 布鲁姆:《教育目标分类》第 2 分册,施良方等译,上海:华东师范大学出版社 1989 年版。

92. [瑞士] 皮亚杰:《儿童道德判断》,傅统先译,济南:山东教育出版社 1984 年版。

93. [美] 科尔伯格:《道德教育的哲学》,魏贤超、柯森等译,杭州,浙江教育出版社 2000 年版。

94. [美] R.默里·托马斯著:《儿童发展理论》,郭本禹等译,上海:上海教育出版社 2009 年版。

95. [英] 卡里瑟斯:《我们为什么有文化:阐释人类学和社会多样性》,沈阳:辽宁教育出版社 1998 年版。

96. ［英］米尔恩：《人的权利与人的多样性》，夏勇、张志铭译，北京：中国大百科全书出版社1995年版。

97. ［美］罗纳德·德沃金：《认真对待权利》［M］，信春鹰、吴玉章译，北京：中国大百科全书出版社1998年版。

98. ［希腊］亚里士多德：《政治学》，吴寿彭译，北京：商务印书馆1985年版。

99. ［日］川岛武宜：《现代化与法》申政武等译，北京：中国政法大学出版社1994年版。

100. ［美］伯尔曼：《法律与宗教》，梁治平译，北京：中国政法大学出版社2003年版。

101. 《圣经》：《诗篇51》，北京，中国基督教两会2000年版。

102. 杨国枢：《中国人的心理》，南京：江苏教育出版社2006年版。

103. 杨国枢：《中国人的性格》，南京：江苏教育出版社2006年版。

104. 黄国光编订：《面子——中国人的权力游戏》，北京：中国人民大学出版社2004年版。

105. 何友晖 彭泗清 赵志裕著：《世道人心——对中国人心理的探索》，北京：北京大学出版社2007年版。

106. ［苏］雅科布松：《情感心理学》，王义琴、李春生等译，哈尔滨：黑龙江人民出版社1988年版。

107. 张林：《自尊：结构与发展》，北京：中国社会科学出版社2006年版。

108. 孟昭兰主编：《情绪心理学》，北京：北京大学出版社2005年版。

109. 孟昭兰：《人类情绪》上海：上海人民出版社1989年版。

110. 陈会昌：《道德发展心理学》，合肥：安徽教育出版社2004年版。

111. 吴万森 姚清如编著：《普通心理学》，哈尔滨，黑龙江教育出版社1986年版。

112. 朱小曼：《情感教育论纲》，南京：南京出版社1993年版。

113. 武怀唐主编：《思想教育心理学》，北京：华夏出版社1987年版。

114. 潘菽主编：《教育心理学》，北京：人民教育出版社1996年版。

115. 林崇德：《品德发展心理学》，上海：上海教育出版社1989年版。

116. 张林：《自尊：结构与发展》北京：中国社会科学出版社 2006 年版。

117. 颜世元：《情感认识论》，郑州：河南人民出版社 1993 年版。

118. 杨韶刚：《西方道德心理学的心发展》，上海：上海教育出版社 2007 年版。

119. 黄希庭、徐凤姝：《大学生心理学》，上海：上海人民出版社 1988 年版。

120. 袁贵林：《当代西方道德教育理论》，福州：福建人民出版社 1994 年版。

121. 鲁洁：《道德教育的当代论域》北京：人民出版社 2005 年版。

122. 鲁洁、王逢贤主编：《德育新论》南京：江苏教育出版社 2000 年版。

123. 蔡元培：《中国伦理学史》，上海：东方出版社 1996 年版。

124. 费孝通：《乡土中国》，北京：北京出版社 2005 年版。

125. 罗国杰、宋希仁主编：《西方伦理思想史》［上、下卷］，北京：中国人民大学出版社 1986 年版。

126. 罗国杰主编：《伦理学》，北京：人民出版社 1989 年版。

127. 罗国杰主编：《道德建设论》，长沙：湖南人民出版社 1997 年版。

128. 张岱年：《中国伦理思想研究》，南京：江苏教育出版社 2005 年版。

129. 周辅成主编：《西方伦理学名著选辑》［上、下卷］，北京：商务印书馆 1987 年版。

130. 黄伟和：《欧洲伦理思想史》，上海：华东师范大学出版社 1991 年版。

131. 李泽厚：《波齐新说》，香港：天地图书 1999 年版。

132. 陈瑛：《中国伦理思想史》，贵州人民出版社 1985 年版。

133. 张岂之、陈国庆：《中国近现代伦理思想史》，北京：中华书局 1993 年版。

134. 朱贻庭：《中国传统伦理思想史》，上海：华东师范大学出版社 1989 年版。

135. 朱贻庭：《当代中国道德价值导向》，上海：华东师范大学出版社 1994 年版。

136. 唐凯麟、龙兴海：《个体道德论》，北京：中国青年出版社 1993

年版。

137. 唐凯麟：《伦理学》，北京：高等教育出版社2001年版。

138. 曾钊新、涂争鸣等著：《心灵的碰撞——伦理社会学的虚与实》，长沙：湖南人民出版社1993年版。

139. 曾钊新：《道德认知》，长沙：湖南人民出版社2008年版。

140. 曾钊新：《人性论》，长沙：中南工业大学出版社1988年版。

141. 曾钊新、李建华：《道德心理论》，长沙：中南大学出版社2002年版。

142. 陈根法主编：《心灵的秩序——道德哲学理论与实践》，上海：复旦大学出版社1998年版。

143. 赵汀阳：《论可能性生活》，北京：中国人民大学出版社2004年版。

144. 吴潜涛：《伦理学与思想政治教育》，郑州：河南人民出版社2003年版。

145. 吴潜涛：《日本伦理与日本现代化》，北京：中国人民大学出版社1994年版。

146. 万俊人：《现代西方伦理思想史》，北京：北京大学出版社1992年版。

147. 焦国成：《中国古代人我关系论》，北京：中国人民大学出版社1991年版。

148. 焦国成：《中国伦理学通论》（上），太原：山西教育出版社1997年版。

149. 王小锡：《伦理与社会》，南京，江苏人民出版社1998年版。

150. 樊浩：《伦理精神的价值生态》，北京，中国社会科学出版社2001年版。

151. 夏伟东：《道德本质论》，北京，中国人民大学出版社1990年版。

152. 葛晨虹：《人性论》，北京，中国青年出版社2001年版。

153. 龚群：《道德乌托邦的重构——哈贝马斯交往伦理思想研究》，北京，商务印书馆2003年版。

154. 王海明：《新伦理学》，北京，商务印书馆2002年版。

155. 高兆明、李萍：《现代化进程中的伦理秩序研究》，北京：人民出版社 2007 年版。

156. 高兆明：《道德生活论》，南京：河海大学出版社 1993 年版。

157. 高兆明：《制度公正论》，上海：上海文艺出版社 2001 年版。

158. 李建华：《道德情感论》，长沙：湖南人民出版社 2001 年版。

159. 李建华：《罪恶论——道德价值的逆向研究》，沈阳：辽宁人民出版社 1994 年版。

160. 何怀宏：《良心与正义的探求》，哈尔滨：黑龙江人民出版社 2004 年版。

161. 何建华：《道德选择论》，杭州：浙江人民出版社 2000 年版。

162. 彭柏林：《道德需要论》，上海：上海三联书店 2007 年版。

163. 周文彰：《狡黠的心灵——主体认识图示概论》，中国人民大学出版社 1991 年版。

164. 唐君毅：《道德自我之建立》，南宁：广西师范大学出版社 2005 年版。

165. 任建东：《道德信仰论》，北京：宗教文化出版社 2004 年版。

166. 李玉洁：《中华伦理范畴—耻》，北京：中国社会科学出版社 2006 年版。

167. 罗卫东：《情感 秩序 美德——亚当·斯密的伦理学世界》，北京：中国人民大学出版社 2006 年版。

168. 高全喜：《自我意识论——"精神现象学"主体思想研究》，北京：学林出版社 1990 年版。

169. 张世英：《论黑格尔德逻辑学》，上海：上海人民出版社 1982 年版。

170. 邴正：《当代人与文化——人类自我意识与文化批判》，长春：吉林教育出版社 1998 年版。

171. 张志平：《情感的本质与意义——舍勒情感现象学概论》，上海：上海人民出版社 2006 年版。

172. 高兆明：《荣辱论》，北京：人民出版社 2009 年版。

173. 汪凤炎、郑红：《荣耻心的心理学研究》，北京：人民出版社 2010 年版。

174. 陈真：《荣辱思想的中西哲学基础研究》，北京：人民出版社 2010

年版。

175. 赵志毅：《荣辱观教育的当代路向——给予城乡中小学的实证研究》，北京：人民出版社2010年版。

176. 樊浩：《道德与自我》，长春：吉林教育出版社1994年版。

177. 肖雪慧等：《守望良知》，沈阳：辽宁人民出版社1998年版。

178. 梁漱溟：《中国文化要义》，上海：上海世纪出版集团2005年版。

179. 顾明远：《教育大辞典》，上海：上海教育出版社1998年版。

180. 《心理学百科全书》，杭州：浙江教育出版社1996年版。

181. 朱贻庭：《伦理学大辞典》，上海：上海辞书出版社2002年版。

182. 李德顺：《价值学大辞典》，北京：中国人民大学出版社1995年版。

183. 高亨编注：《诗经今注》，上海：上海古籍出版社1980年版。

184. 于夯译注：《诗经》太原：山西古籍出版社2004年版。

185. 张文修编注：《礼记·表记》，北京：北京燕山出版社1995年版。

186. 林尹注译：《周礼今注今译》，北京：书目文献出版社1985年版。

187. 杨伯峻译注：《论语译注》，北京：中华书局1980年版。

188. 杨伯峻译注：《论语译注》，北京：中华书局1960年版。

189. 陈鼓应：《老子译注及评介》，北京：中华书局1984年版。

190. 陈鼓应：《庄子今注今译》，北京：中华书局1983年版。

191. 韩非子：《韩非子》，姜俊俊标校，上海：上海古籍出版社1996年版。

192. 章诗同：《荀子简注》，上海：上海人民出版社1974年版。

193. 朱熹：《朱子语类》，北京：中华书局1986年版。

194. 朱熹：《四书集注》，北京：中华书局1983年版。

195. 陆九渊：《陆九渊集》北京：中华书局1980年版。

196. 周敦颐：《周廉溪集》，光绪六年公善堂校刊本版。

197. 阮元校刻：《十三经注疏》，北京：中华书局1980年版。

198. 檀作文：《颜氏家训》，北京：中华书局2007年版。

199. 李禺页：《四书反身录》，清康熙二十五年刻本版。

200. 龚自珍：《龚自珍全集》，北京：中华书局1959年版。

201. 顾炎武：《日知录》，上海：上海古籍出版社1985年版。

202. 顾炎武：《顾亭林诗文集》，北京：中华书局1983年版。

203. 康有为：《孟子微》卷6，北京：中华书局1987年版。

204. 《清朝野史大观》，北京：中华书局民国7年版。

(二) 期刊文章

1. 袁贵仁：《试论人格》，载《北京师范大学学报》，1993年5期。

2. 陈建明：《罪的定义——从旧约圣经到新约圣经》，载《中国天主教》，2004年第3期。

3. 陈少明：《关于羞耻的现象学分析》，载《哲学研究》，2006年12期。

4. 方军：《制度伦理与制度创新》，载《中国社会科学》，1997年第3期。

5. 樊浩：《耻感与道德体系》，载《道德与文明》，2007年第2期。

6. 高侠丽：《儿童自尊的研究及其家庭培养》，载《教育教学研究》，2008年第9期。

7. 高兆明：《耻感与存在》，载《伦理学研究》，2006年第3期。

8. 高春花：《论孔子耻感道德品性》，载《道德与文明》，2008年第1期。

9. 贡华南：《孔子的"向耻而在"与"成人之道"》，载《齐鲁学刊》，1999年第1期。

10. 刘金平：《个性结构的系统分析》，载《心理学探析》，1988年第4期。

11. 倪梁康：《关于"羞耻心"的伦理现象学思考》，载《南京大学学报（哲学社会科学版）》，2007年第4期。

12. 宋希仁：《八荣八耻的道德哲学》，载《伦理学研究》，2007年第1期。

13. 沙莲香：《耻感作为一种心理现象》，载《道德与文明》，2008年第1期。

14. 肖立斌：《析中世纪基督教的道德情感》，载《石家庄学院学报》，2006年第6期。

15. 吴俊、木子：《道德认知辨析及其能力养成》，载《道德与文明》，2001年第5期。

16. 高恒天：《试论"道德生活"的特点与类型》，载《学术论坛》，2006

年第 5 期。

17. 万俊人：《人为什么要有道德》，载《现代哲学》，2003 年第 1 期。

18. 万俊人：《制度伦理与当代伦理学范式转移———从知识社会学的视角看》，载《浙江学刊》，2002 年第 4 期。

19. 王泽应：《论道德与生活的关系及道德生活的本质特征》，载《伦理学研究》，2007 年第 6 期。

20. 吴潜涛、杨峻岭：《社会公德与公民耻感涵育》，载《道德与文明》，2008 年第 1 期。

21. 谢劲松：《什么是羞耻》，载《江苏行政学院学报》，2008 年第 2 期。

22. 廉清：《耻感生成机制研究》，载《求实》，2008 年 4 期。

23. 燕良轼：《论羞耻感教育》，载《东北师范大学学报（哲社会版）》，2006 年第 3 期。

24. 燕国材：《谈谈道德内化问题》，载《中学教育》，1997 年第 6 期。

25. 易建法：《论道德内化》，载《长沙电力学院学报（社会科学版）》，1998 年第 2 期。

26. 杨峻岭：《先秦儒家耻感思想的基本内容主要特征及其现实意义》，载《伦理学研究》，2008 年第 2 期。

27. 余治平：《耻感教育——作为底线伦理之拯救》，载《上海交通大学学报（哲学社会科学版）》，2007 年第 3 期。

28. 周晖、朱桂林：《自恋与移情及亲社会行为》，载《考试周刊》，2008 年 35 期。

29. 朱贻庭、赵修义：《社会风气·荣辱观·羞耻感》，载《伦理学研究》，2006 年第 4 期。

30. 张任之：《舍勒的羞耻现象学》，载《南京大学学报（哲社版）》，2007 年第 3 期。

31. 曾建平：《耻恶荣善——道德心理学视野中的荣辱观》，载《江西师范大学学报（哲学社会科学版）》，2007 年第 3 期。

32. 张慧君等：《责任对后悔强度的影响》，载《心理学报》，2009 年第 5 期。

33. 刘惊铎：《体验——道德教育的本体》，载《教育研究》，2003 年第

2 期。

34. 陈新汉：《论耻感的哲学意蕴》，载《上海财经大学学报》，2009 年 5 期。

二、英文文献

1. Michele S. Reimer "Sinking into the ground": The Development Consequences of Shame in Adolescence. Developmental Review 16, 1996.

2. Lzard. C. E. Human Emotion. New York: Plenum Press, 1977.

3. Ferguson T. J. Stegge H. & Daphnis I. the understanding of Children's guilt and shame. Child Development, 1998.

4. Michele. S. Reimer. " Sinking into the ground: The Development and Consequences of Shame in Adolescence. Developmental Review, 1996.

5. L. Kohlberg, Continuities and Dies Continuities in Childhood and Adult Moral Development, Revisited in Bales&Schaie (Eds.), life – Span Development Psychology: Research and Theory, New York Academic Press. 1973.

6. L. Kohlberg & C. Gilligan, The Adolescent as a Philosopher: The Discovery of the Self in a post conventional world, in Daedal, Journal of the American Academy of Arts and Science, 1971.

7. Holland, on Shame and the Search for identity, p. 18. N. Y, Harcourt Brace Jovansvich, 1958.

8. Paul Tillich Biblical Religion and the Search for Ultimate Reality, Chicago: The University of Chicago Press, 1955.

9. L. Kohlberg & C. Gilligan, The Adolescent as a Philosopher: The Discovery of the Self in a Post conventional World, in Daedalus , Journal of the American Academy of Arts and Science, 1971.

10. Paul Tillich. Biblical Religion and the Search for Ultimate Reality, Chicago: The University of Chicago Press, 1955.

后 记

2009年6月，带着诸多的不舍与依恋离开了中国人民大学。记得在我的博士论文后记中我曾写过这样一段文字："三年的艰辛、论文的煎熬终于结束了；我的求学之梦，到此也算是画了一个相对圆满的句号。本以为论文交稿之时，我会欢呼雀跃的，然而，从昨日起，即使驻足于缤纷绽放的玉兰树前，一种不愿听到的声音也时时萦绕耳边：不管你的羽翼是否丰满，不管你是否愿意，该是被母亲放飞的时候了……我的心情陡然低落到了极点。三年来，人民大学赐予我的恩泽实在太多了，望着熟悉的校园和不时擦肩而过的熟悉的身影，听着宿舍楼里传来的阵阵欢声笑语，感受着宿舍里家一样温馨的氛围，凝望着办公室里导师忙碌的身影、盈盈的笑脸，聆听着他殷切而真挚的教诲，我的眼泪不由自主地淌了下来……一直以来，我不喜欢'颠覆'这个词，总觉得它太过激烈了。什么事情总有它的可爱、可取之处，怎么可以完全地被颠覆呢？可这些日子里，它却频频出现在我的脑海里，撞击着我的灵魂。三年的人大生活，对于我的人生而言，简直就是一种颠覆！我的人生价值、人生意义、人生追求在此被彻底解构了；同时也是一种颠覆后的重构！在这里，我学会了读书，学会了思考，学会了写作，学会了生活，学会了感受和发现人世间的美……一切的一切似乎从这里才重新开始，一切的一切似乎从这里才刚刚感悟……"

的确，三年的博士生活已经让我习惯于充实快乐的学生生活，习惯于图书馆的静谧与安宁，习惯于学术沙龙中激烈的思想碰撞与交锋，习惯于老师们的谆谆教诲和不时显露的大师风范，习惯于清晨校园里的朗朗读书声，习惯于人大校园春夏秋冬的四季轮回……当所有的记忆从身后轻轻涌来时，我的目光却模糊了。直觉告诉我：我的求学历程也许不能就此戛然而止！几经周折，2010

年 7 月我如愿进入清华大学马克思主义学院博士后流动站，再度师从吴潜涛教授，在清华园开始了我博士论文的后续研究。

两年的清华生活转瞬即逝。2012 年盛夏，在我的书稿即将付梓之际，我再次回到清华园。本以为 2009 年离开人大时的不舍与伤感还会重新袭来。然而，当我驻足于工字厅前的参天古木，近春园幽静的荷塘，清华学堂门前的盈盈草坪时，我的心情竟然感受到了一种从未有过的安宁。蓦然间，我明白了，也许这就是我十几年艰辛求学的最大收获吧？许多年来我在不停地追逐着一个又一个梦想，却发现梦想实现的同时，又是另一个梦想追逐的开始，自己想要的那份充实、快乐和满足似乎从未降临过。美丽的清华园赐予了我一份最珍贵的人生财富——心灵的宁静，美丽的清华园见证了我心智的成长与成熟，美丽的清华园伴随我进入了人生的不惑之年。感谢清华！在此，我的求学生涯落下了光彩的帷幕；在此，我的人生征程展开了新的篇章！

深深感谢我的导师吴潜涛教授，这篇论文从选题、运思、行文、斧正，乃至标题的设定、词句的斟酌、标点的对应，皆凝结着吾师的心血。值此陋文即将完稿之际，请容弟子深深道一声：谢谢恩师！

感谢五年来给予亲切教诲的所有老师，感谢五年来给予无私帮助的所有同学和朋友，感谢我的家人给予我成长的空间和自由，给予我无私、坚实而厚重的支持，尤其是女儿的健康成长和母女每日的温馨连线，成为我安心笔耕的心灵支撑。

当我将论文交稿的消息告知母亲时，妈妈的失声哭泣，让我真切地感受到五年来母亲对女儿的依依牵挂和惦念；父亲，一位行医近 50 年的老军医，每日忙碌工作之余，总忘不了将女儿的论文研读几页，使我深深感受到了父爱的深沉与父望的高远……所有这些都是激励我在今后的学术道路上不断跋涉、不敢懈怠的不竭动力。

2012 年 6 月于清华大学 19 号楼 203 室

图书在版编目(CIP)数据

道德耻感论 / 杨峻岭著.
—北京：中央编译出版社，2013.10
ISBN 978-7-5117-1781-8

Ⅰ.①道…

Ⅱ.①杨…

Ⅲ.①道德感-研究

Ⅳ.①B842.6

中国版本图书馆 CIP 数据核字(2013)第 224554 号

道德耻感论

出 版 人	刘明清
出版统筹	薛晓源
责任编辑	王丽芳
责任印制	尹 珺
出版发行	中央编译出版社
地　　址	北京西城区车公庄大街乙 5 号鸿儒大厦 B 座(100044)
电　　话	(010)52612345(总编室)　　(010)52612349(编辑室)
	(010)66161011(团购部)　　(010)52612332(网络销售)
	(010)66130345(发行部)　　(010)66509618(读者服务部)
网　　址	www.cctphome.com
经　　销	全国新华书店
印　　刷	河北下花园光华印刷有限责任公司
开　　本	787 毫米×960 毫米　1/16
字　　数	310 千字
印　　张	19
版　　次	2013 年 10 月第 1 版第 1 次印刷
定　　价	58.00 元

本社常年法律顾问：北京市吴栾赵阎律师事务所律师　闫军　梁勤
凡有印装质量问题，本社负责调换。电话:(010)66509618